重生的觀音

第三個西藏的故事

李江琳

目次

第二部　朵拉達山脈下的小鎮

第三部　聖地，在喜馬拉雅山南

出版序

二〇〇七年十月，我第一次去達蘭薩拉。那是我深入研究西藏當代史的開端。旅行期間，每天採訪、參觀之後，我會盡可能詳細地記錄見聞。這本書就是那次達蘭薩拉之行後寫的，初稿完成於二〇〇八年。寫完之後未及修改，我又束裝出發，第二次去達蘭薩拉，就這樣與達蘭薩拉結下了不解之緣。

此後的幾年中，我的全部時間和精力都用來研究一九五〇年之後的西藏歷史。《一九五九：拉薩！》和《當鐵鳥在天空飛翔：一九五六—一九六二青藏高原上的祕密戰爭》這兩本書出版後，我才有了一個寫作「空檔期」。二〇一二年，我在中國大陸和印度旅行期間，抽空對這本書作了一些修改。

幾年來，達蘭薩拉已經有了很大的變化。英國人留下的舊房已經不多，新建了不少樓房，手機、Wifi都已相當普及。來訪的人也愈來愈多。隨著研究和採訪的逐漸深入，我曾想對這本書作較大修改，加入更多的採訪故事。然而，這本書裡的很多內容，是發生在特定時間中的片段，它已經成為歷史，保留這一點歷史紀錄，並非毫無意義。因此，我對文字作了一些潤色，插圖還是採用二〇〇七年拍攝的照片。

二〇〇七年在達蘭薩拉，很多人為我提供了種種幫助。在此，感謝那次為我翻譯的達瓦才仁先生和茨仁紮西先生，感謝喇嘛嘉瓦、阿尼諾宗、頓珠諾布、塔丁才旦、措姆、多傑紮西以及「甲喇嘛」圓祥法師接受我的採訪。他們有的還在達蘭薩拉，有的移民去了西方國家，有的返回西藏，有的已經去世。他們的經歷是藏民族集體記憶的一部分，我希望，有更多的漢人來傾聽藏人的故事。

前言

達蘭薩拉，進行中的故事——給友人的信

有關達蘭薩拉的敘述並不容易。

達蘭薩拉是個很特別的地方，從某種意義上來說，她是西藏文化的濃縮版和精華版。假如沒有西藏，就不會有達蘭薩拉。

說起西藏，作為同時代人，你知道，在我們的成長過程中，西藏只是個傳說。在我有限的知識版圖裡，「西藏」不過是個地名，「達蘭薩拉」及其所代表的一切則根本不存在。那時候，我對西藏的全部了解，來自於一部電影和幾首歌。電影是你我這代人可能都看過的《農奴》，歌是〈逛新城〉、〈在北京的金山上〉，還有文革期間廣為流傳的〈洗衣歌〉。

官方話語中有兩個西藏，一個「舊西藏」，一個「新西藏」。幾十年的宣傳中，「舊西藏」的一切都被妖魔化，「新西藏」的一切都被浪漫化。可是，「舊西藏」和「新西藏」到底是怎麼回事，我其實並不了解。小時候，我被老師們帶領著去看《農奴》的時候，我不知道那裡曾經發生過什麼；當我們看著一群女紅衛兵穿著藏服、唱著〈洗衣歌〉，在舞台上跳舞的時候，也不知道那裡正在發生著什麼。如果說，那時候的中國是個藏在鐵幕後面的國家，西藏則被掩藏在雙重鐵幕之後。那時，我對那片土地和那個民族，以及在那

裡發生的一切，均一無所知。

現在，去拉薩的火車一票難求，坐在供氧車廂裡欣賞高原風光的人們，同樣也未必知道，有些人正在一步一步地走向另一個方向，前去朝拜他們心中的觀音菩薩。對許多藏人來說，「香格里拉」不在喜馬拉雅山之北，而是在喜馬拉雅山之南，一個叫作達蘭薩拉的地方。從文化而非地理的意義上來看，以達蘭薩拉為中心的西藏流亡社會，可以說是第三個西藏。

我是到了美國之後才開始接觸西藏文化的。我所了解的一切顛覆了官方話語中的「新、舊」兩個西藏。然而在美國，有關西藏的一切又被推到另一個極端。對於物質過於充足，生活過度優裕的美國人而言，這個被封閉在雙重鐵幕之後的民族，幾乎成了一個當代神話。

很長時間裡，我對宗教相當困惑。我在一個沒有宗教信仰的社會裡長大，成長過程中，所有宗教都被妖魔化。如果說五四運動為古老的中國帶來現代的曙光；五四時代的知識分子們卻有鮮明的反宗教傾向。他們認為，中國需要的只是「德先生」和「賽先生」，宗教屬於一個落後的時代，中國不需要宗教。

一九四九年以來，宗教信仰經歷了一次又一次的衝擊。文革初期的「破四舊」活動中，宗教遭到毀滅性打擊。在那場對文化本身的「革命」之後，我們民族所剩無幾的傳統，包括傳統的信仰，以及建立在信仰基礎上的道德觀、倫理觀和風俗習慣幾乎被摧殘殆盡。我對文革最初的記憶，就是一堆被砸爛的佛像。

以佛教信仰為文化底蘊的西藏，宗教文化所受到的打擊可想而知。就在歡快的〈洗衣歌〉唱遍大江南北的同時，西藏有無數的寺院被摧毀，佛像被砸爛，價值連城的宗教文物被破壞。然而，當破壞者在聖殿的廢墟中歡呼的時候，他們不知道，當聖地成為廢墟之後，他們自己也將失去生命中最值得珍惜的一切。如今我們的民族正是如此：物質的豐裕並不能帶來精神的充實，除了錢我們一無所有。我們有了高樓大廈，卻丟失了靈魂。

「革命」是一場集體狂歡，但也是一場假面舞會。但假面被拆下後，我們還得面對自己，並且面對一個可怕的事實：在集體狂歡的過程中，人生中最寶貴的一切不是被粉碎，就是被抽離。革命是集體的，革命後的心靈重建卻是個人的。我們每個人都不得不獨自去尋找通往精神家園的路。

我想我還是相當幸運的。命運把我從中國帶到耶路撒冷，又從耶路撒冷帶到達蘭薩拉，讓我有機會在神聖與世俗、出世與入世的兩極之間，尋找自己的中道。說到底，有關彼岸的追求本是為了此岸，有關去處的追問原是為了當下。頭頂的星空和腳下的草地，都是生命中不可缺少的風景。

心靈重建是一種漫長而且艱苦的過程。那是條孤獨寂寞的路，你只能千山獨行。出發的時候，你不知道有沒有終點，也不知道終點在哪裡。你得擺脫理性的傲慢與偏見，學會聆聽來自自己內心的聲音，讓冥冥中的神祕力量帶領你，走向自己的精神家園。沿途你得一次次俯身，拾起破碎的靈魂，一點一點地重新拼接。很多固定的觀念將被顛覆，很多習慣的行為將會改變。路的盡頭就是你的聖殿，它可能是一片森林、一條河流、一朵沾著晨露的花；也許是羅馬、耶路撒冷，或者達蘭薩拉。

我該怎樣形容達蘭薩拉呢？藏民族的政教領袖，第十四世達賴喇嘛駐錫的小鎮，官方地名叫馬克利奧德甘吉。這個小鎮很特別，不是我能「一言以蔽之」的地方。

馬克利奧德甘吉雖在印度，我卻不能用「一座印度小鎮」來形容它。鎮很小，一座小廣場，幾條窄街，兩邊擠滿了高高低低的房子，有低矮的破舊木板房，也有三、四層樓高的磚石建築，靜靜訴說著這座小鎮的獨特歷史。房子以實用為主，用途不是餐館旅社就是禮品店。各種簡陋的小攤子，賣藏式披肩、廉價首飾、蒸的或者煎的「饃饃」（包子或餃子）、甜茶、藏式面餅、糌粑。

不管從世界哪個地方出發，去達蘭薩拉都不大容易。你得先飛到新德里，在德里乘一整夜火車，再坐幾小時汽車。從德里的西藏難民定居點「桑耶林」乘長途汽車也行，這是最簡單、最便宜、最直接的方式，也是最常用的方式。不過，那得在印度北方的公路上顛簸一夜，約十三小時，其中一半是在山中夜行。夜間上山至少有一個好處：印度司機開著大客車飛馳，在不合規範的狹窄公路上翻山越嶺，你呢，眼不見，心不顫。

藏在深山裡的達蘭薩拉是座名滿天下的小鎮。在中國之外的世界裡，她的名聲不亞於西藏本土。這些年來，她已變成了一個旅遊勝地，反而讓人忘記，這座小鎮實質上是座難民營。我在馬克利奧德甘吉的小街上漫步時，看著街上來來往往的各國遊客，常常覺得不可思議：這是座難民營啊！她怎麼變成「旅遊點」了呢？也許，宗教、政治、流亡、「神祕雪域」等等「當代神話」的因素，在激起人們同情的同時，也引發人們的好奇？

達蘭薩拉也是海外藏傳佛教的中心。由於達賴喇嘛和十七世噶瑪巴的緣故，對於虔信佛教的藏漢洋各色信徒來說，她已經成為一個新興的佛教聖地。每年都有大量佛教信徒和準信徒從世界各地前來，參拜達賴喇嘛，聽經、參加法會和其他重要佛事活動。在達蘭薩拉街頭，常常看到裹著絳紅袈裟的洋喇嘛和洋尼姑。他們神色安詳，步履從容，走過身穿藏袍，手握轉經筒的西藏老人。還有些人乾脆就是來「避世」的，哪怕是短暫的避世，以獲得片刻的寧靜。

表面上，這座小鎮也像其他國家的小鎮一樣寧靜安詳。可是，它平靜祥和的外表下暗流洶湧。街邊商店的牆上貼著下落不明的小班禪照片，到處可見雪山獅子旗，一家小商店的玻璃窗上貼著告示：「本店不售中國貨」，奧運倒數計時牌問每一個路過的人：「二〇〇八年，你將在哪裡？」這一切都提醒外來的人們，這座小鎮與藏民族的現狀與未來密切相關。小鎮的平靜中因此有一種不確定感。如果說絡繹往來的過客是「流水的兵」，小鎮本身也未必是「鐵打的營盤」。從某種意義上來說，這裡的每個人都是過客，只是逗留的時間有長有短。

達蘭薩拉有很多層面，每個層面都有故事。那個地方有故事，那裡的人也有故事，不管是定居的西藏難

奧運倒數計時牌

民，還是絡繹不絕的各國來客，都有獨特的故事。藏人基本上都是失去了一切的人，他們翻山越嶺，一路漂泊到這裡，在遠離故土的深山小鎮裡安家，重建自己的生活和信仰。他們故事裡的關鍵字通常是「逃離」和「捨棄」。這裡的每個藏人都有一個關於逃離和捨棄的故事，當這些故事被普通人用平淡的口吻敘述時，令人倍感驚心動魄。

許多難民生活困頓，光是國際兒童緊急救助會（SOS-Kinderdorf International）之下的西藏兒童村裡，就有一千多名孩子，必須通過外界的援助在那裡生活學習。有些孩子已經得到了資助，有的還在等待善心人士慷慨解囊。年輕人前途渺茫，很多人靠小本經營勉強維生。他們一日一日地面對貧困，面對失望，面對不可知的未來。然而，達蘭薩拉的平靜並非麻木，也不是逆來順受。達蘭薩拉的平靜源於外人難以理解的精神底蘊。因此，這種平靜本身就是一種力量，它體現著生命的尊嚴和風度。

我在達蘭薩拉記錄了不少故事。這些故事都是私人講述，是一個個普通人的生命歷程，是一些男人、女人、老人、青年和兒童，身不由主，在政治、民族、宗教和歷史的漩渦中浮沉的故事。這些故事集中起來，就是一個民族的集體記憶。不可否認，藏民族的集體記憶帶著深重的悲情。然而，藏民族的集體記憶並非僅限於悲情。

藏民族還有另一部分集體記憶：當聖殿成灰，家園盡毀之後，流亡境外的難民在他們精神領袖的感召和領導下，以非凡的勇氣和毅力，在異國他鄉重建物質與精神的家園。達蘭薩拉不僅記錄了苦難，更重要的是，達蘭薩拉還記錄了超越苦難的力量、決心和勇氣。

如果我講述的達蘭薩拉顯得支離破碎，那是因為每個人的故事，以及達蘭薩拉本身的故事，都還在進行之中。這些故事早已開頭，尚無結尾。因此，我所記錄的故事，以及我所看到、聽到和經歷的一切都是不完整的。我只能把一些碎片交給你，由你自己去拼接這個尚在進行中的故事。

第一部

走向達蘭薩拉

達蘭薩拉位於距印度首都新德里西北五百二十六公里，有「小喜馬拉雅山脈」之稱的朵拉達山脈，一道較低的山梁上。行政上，達蘭薩拉屬於印度北方的喜馬偕爾邦，是該邦康加拉縣政府所在地。

達蘭薩拉分為兩部分，山下的喀特瓦利市場（Kotwali Bazaar）稱為「下達蘭薩拉」，海拔約一二〇〇公尺；山頂的馬克利奧德甘吉（McLeod Gunj）稱為「上達蘭薩拉」，海拔約一八〇〇公尺。

十九世紀六〇年代，英國人把達蘭薩拉闢為避暑勝地。他們先在最高的山梁上建了一座兵站，然後在海拔一八〇〇公尺左右的狹窄山頂建了一座小鎮，名叫馬克利奧德甘吉。這個名字來自於殖民地時期的旁遮普邦副總督，英國人大衛・馬克利奧德和區行政長官弗爾西斯・甘吉。距離馬克利奧德甘吉不遠處有個印度小村，就以這位行政長官的全名命名。

離小鎮不遠的山腰，英國人用石頭壘了一座聖公會教堂，名叫「荒野中的聖約翰」。這座教堂至今仍在使用，附近的印度村莊有近百名皈依了基督教的印度人，他們每週會到教堂來做禮拜。高大茂密的喜馬拉雅雪松林間，零星地散布著一百多座小屋，山頂上的馬克利奧德甘吉有座森林公園和幾間小雜貨店。

彷佛是某種命定，在西藏近代史上留名的英國軍官榮赫鵬，與達蘭薩拉也有一段鮮為人知的淵源。在他出生前幾年，他的父母曾經住在達蘭薩拉，離聖公會教堂不遠的一座小屋裡，還在這一帶買了一片茶園。他的兩個哥哥和一個姐姐就生在達蘭薩拉。

達蘭薩拉本來有可能成為喜馬偕爾郡的首府，可是一九〇五年四月，達蘭薩拉地區發生了一場地震，聖公會教堂的鐘樓尖頂被震落。地震後，英國人放棄達蘭薩拉，選擇西姆拉為首府，並且把山頂上的設施轉移到山腳，也就是現在的下達蘭薩拉。一九四七年印度獨立之後，英國人離開印度，達蘭薩拉隨之衰落。

山腳的下達蘭薩拉是印度社區，住在這個社區的有印度人、拉達克人、嘎第人，也有一些藏人。上下達蘭薩拉相距約九公里，中間還有一個社區，即西藏流亡政府祕書處所在地。現在，有「小拉薩」之稱的馬克利奧德甘吉，已經是一個繁華熱鬧的小鎮。在整個達蘭薩拉地區，約有一萬多流亡藏人。

褲子街

1

回到紐約後，我常常想起那兩條小街。不知道有沒有街名，我在兩頭的街口都找過，沒看到街名牌。我的朋友達瓦管它們叫「褲子街」。廣場是「褲腰」，他說，從廣場一邊延伸出去的兩條老街是「褲腿」。從地圖上看，兩條平行的老街還真挺像條褲子的。

達蘭薩拉不是一座自然形成的城鎮。她的歷史軌跡清清楚楚，而且都與「外國人」有關。往遠裡說，達蘭薩拉的歷史是從十九世紀六〇年代開始，跟幾個英國人有關；要是往近裡說呢，那就得從一九六〇年四月三十日，一位西藏人算起。

一九六〇年四月底的那天傍晚，當達賴喇嘛的車隊到達馬克利奧德甘吉的時候，前來歡迎的人群除了當地印度居民，只有二百多名西藏難民，他們比達賴喇嘛早來一個禮拜，是專程從築路營前來歡迎他的。

達賴喇嘛遷居達蘭薩拉之後，分散在各地的西藏難民紛紛追隨而來。馬克利奧德甘吉所在的山頂，是一道山梁的最高處。朵拉達山脈山峰陡峭，山坡上松林茂密，只有山頂的公園還算平整。難民們用木板和石塊作為建築材料，在公園裡蓋了幾排小房子，房子之間的狹長空地，就形成了最早的兩條街道。山梁狹長彎曲，兩條最早的街道順著山勢彎曲，從山梁的一端走到另一端。

將近五十年後，馬克利奧德甘吉可不止兩條街了。好幾代西藏難民在這裡安身立命，重建人生，昔日的荒山野嶺如今已是名滿天下的小鎮。環繞廣場有好幾條街口，通往不同的方向，上山，或者下山。山上山下處處可見飄揚的五彩經幡。

不過「褲子街」還是最熱鬧的街，或許也可以說，是最亂的街。

「亂」好像是印度的常態，馬克利奧德甘吉也是這樣，熱熱鬧鬧，生氣勃勃地亂著。房子之間橫七豎八地掛著違章電線，猴子把電線當作棧橋，從街那邊的屋頂跳上電線，順著四通八達的電線網竄來竄去，野狗追著電線上的猴子狂叫。有一天，我站在廣場邊的新旅館門口，跟一個澳大利亞人聊天，幾條躺在街邊的流浪狗突然跳起來，竄到小街中間，仰頭狂吠。猛然間，一個黃乎乎的東西從天而降，落到我面前，嚇了我一大跳。原來是隻猴子從屋頂上掉下來，落在街中間。狗狂叫著追，路人

褲子街

東倒西歪地閃避，猴子竄過馬路，攀上電線杆，後腿一蹬躍上屋頂。

牛在街上東遊西逛。有幾頭牛以小鎮為家，每天都看到牠們在「褲子街」裡慢悠悠地走。有頭大黑牛常常獨個兒在街上逛，邊走邊低頭覓食。牠體型龐大，性情卻很溫和。有時候，牠從我身邊走過，我拍拍牠的大腦門兒，黑牛抬頭看看我，目光小鹿般溫柔。

鋪著水泥的老街很窄，兩邊的屋簷下各有一道深深的排水溝。達蘭薩拉是印度降雨量最高的地區。雨季裡，街上的雨水淌進排水溝，形成兩條小溪，流過家家門前。街邊沒有人行道，汽車開進小街，行人閃到路邊，汽車一路按著喇叭，貼著行人開過。

從馬克利奧德甘吉往上走，山愈來愈高，路愈來愈險。公路只通到海拔約二五〇〇公尺的嘎魯廟，再往上就只有在密林中彎曲的小路了。現代交通工具無法進入高山裡的村莊，貨運就得靠馬幫來往。在馬克利奧德甘吉，時常會看到趕馬人趕著一隊馬或者毛驢，沿街走來，牲口背上馱著各種各樣的貨物，慢條斯理地走著。汽車猛按喇叭，摩托車在馬幫中竄來竄去，驢馬早已習慣了人的喧鬧，牠們氣定神閒，不緊不慢，頸下的銅鈴一路叮叮噹噹，清脆地響過小鎮。

向晚時分，霧氣從樹林裡嫋嫋升起，縹縹緲緲，漸漸填滿山谷。落日蒼蒼，霧海茫茫，遊牧的嘎第人披一身晚霞，趕著羊群下山，浩浩蕩蕩走進鎮裡，滿街的人、車、牛、狗紛紛為羊讓道。牧羊人身穿長袍，頭戴繡花小帽，皮膚被陽光曬成古銅色，又被風刻出深深的皺紋。他一臉見慣風雲變幻的淡然，不理睬汽車的喇叭，不在意拍照的遊客，走過網吧，走過金頂佛塔，走過賣「安多餅」的女子，穿過小街，走過廣場，下山，回到山腰的村莊。

達蘭薩拉如今相當國際化。「褲子街」上有取款機，用各國的銀行卡可以隨時取款。街上的行人來自世界各地，有背著大背包的登山者，有遠道而來的朝聖者，也有髮型怪異的「龐客」。印度中學的學生成群結隊到這裡參觀，各國的出家人前來參訪。在「褲子街」的商店和小攤上，可以買到藏式披肩、喀什米爾繡花長袍、開司米圍巾、拉達克的佛教藝術品、漢地的茶磚、藏地的首飾，還有喜馬拉雅山區特產的各種寶石。

清早，我到嘎其素餐館去吃早飯，常常看到打扮得半印半藏的西方女人，穿著「旁遮普套裝」、印度式拖鞋，裹著藏式披肩，從街上走過。有些西方人已經在達蘭薩拉居住多年，還有些裹著袈裟的洋喇嘛和洋尼姑，在達蘭薩拉的各寺院裡學經修行。牆上貼的告示，不僅有藏語和印地語，還有希伯來語、英語、法語。

比鄰而居多年，藏人學會了一些印地語，印度人也學會了一些藏語。在「褲子街」裡遇到的印度乞丐，一見我就伸出手：「Madam，Good Morning！紮西德勒！拿瑪斯特！」

夜晚，「褲子街」滿街燈火，晚上跟白天一樣熱鬧。路邊小攤裡掛著燈泡，暈黃的燈光下，神色疲倦的老人把一條條披肩折好，準備收攤回家。初次上山那天，我曾在他的攤子上買了一條僧人用的絳紅披肩。

賣明信片的小攤旁，幾個外國遊人停下腳步，在燈下挑選達賴喇嘛和十七世噶瑪巴的照片。廣場邊那座新旅館的外牆上，垂下一條條彩色燈飾，家家餐館燈火通明，裡面坐著各國來客。

將近五十年了，難民營成了繁華的城鎮。建造城鎮的第一代難民在異鄉老去，日漸凋零，「褲子街」也有了很多變化。街上的老房子很多已經消失，被新建的樓房取代。一座樓房的底層正在裝修，雖未完工，牆上已經掛滿了唐卡，地上放著幾尊大銅佛。佛像旁邊，一公尺多高的濕婆神在火圈中舞蹈。在濕婆神優雅的舞姿中，世界輪迴往返，生生滅滅。佛祖在蓮花寶座上跏趺而坐，雙目低垂，注視著來往不息的芸芸眾生，嘴角一絲淡淡微笑。

「褲子街」上，還剩下為數不多的木板房。這些小木房有的已經傾斜，看上去搖搖欲墜。它們在喜馬拉雅山南的小鎮裡，經歷了將近五十個雨季，木板已然褪色，年輪依舊清晰。

達蘭薩拉的故事，就從這裡開始。

2

有天清早，一出門就看到街上亂成一團。

一輛花裡胡哨的大客車從廣場拐過來，開進小街。街太窄，大客車卡在街口，進退兩難。車身緊挨兩邊的商店，後視鏡幾乎碰到櫥窗。對面來的小車堵了一長溜，行人停下來，邊等邊看熱鬧。我跳過街邊的排水溝，站到麵包店的玻璃門前。我身邊的金髮女孩舉起相機，對著混亂的街一通猛拍。

幾個熱心的路人又喊又叫，指揮司機倒車，大客車裡的印度乘客望著窗外，面無表情，好像街上的混亂跟他們全然無關。客車一點一點地後退，車與商店之間的間隙漸漸加寬，行人立刻開始穿行。賣票的印度青年站在車門邊，往外探出半個身子，衝著人群叫喊，人群裡馬上擠過來幾個人，拉著車門上的把手，鑽進客車。

不耐煩的小車司機們開始按喇叭，指揮倒車的路人用各種語言叫喊，混亂中，街那邊過來幾頭牛。大黑牛打頭陣，老黃牛斷後，像一隊裝甲車，朝客車和人群走來。街中央站著一老一少兩位僧人，老僧彎腰駝背，看上去好像有八十多歲，小僧眉清目秀，看樣子不滿二十。老僧停下腳步，望著亂哄哄的街，張開缺牙的嘴，好脾氣地笑起來。小僧趕緊搶上一步，將老僧攙到路邊。大黑牛領著同類們，旁若無人地從車邊擠過，走進廣場。

車後突然響起哨子聲。兩名穿著白上衣，藍長褲的印度警察趕來指揮。他們用印地語喊了幾聲，命令眾人停下，然後一前一後，又吹口哨，又打手勢，指揮司機倒車。熙攘一陣後，客車終於倒回廣場。

我剛要跨過排水溝走上街道，街上又是一陣喧嚷。一個裹著紗麗的印度女人揮著小樹枝，趕著三頭牛走來，三頭牛兩大一小，精神抖擻地一路小跑，印度女人邊嚷邊追。汽車趕緊剎車，行人四處閃避。

麵包店斜對面有家名叫「月光咖啡」的印度小餐館，餐館又小又破，裡面光線暗淡，昏黃的燈泡發出憂鬱的光。男店主站在煤氣灶前翻炒著什麼，他的妻子，一個裹著紗麗，面容清瘦的女人走過來，揭開鍋蓋，握著平底鍋的柄，在火上翻動。聽到喧嚷聲，她從騰騰熱氣中抬起頭，朝街上張望。收回目光時，她看到了我，對我抿嘴一笑，放下平底鍋，蓋上鍋蓋。我回她一笑，跳過排水溝，走向廣場。

3

廣場邊有幾個賣蔬菜的小攤子，攤主全是印度人。紮成小捆的青菜、散葉白菜、韭菜、蔥，還有白白胖胖的蘿蔔堆放在地上，蔬菜堆旁邊放一疊舊報紙。賣菜的都是男人，他們蹲在菜攤邊，有人過來買，攤主收了錢，拿起一把菜，扯張報紙一包，遞過去。街上常常看到裹著絳紅僧袍，肩上掛著紅色或黃色僧袋的僧尼，懷裡抱著鮮綠的青菜，像抱著一束花，步態從容，走向寺院。傍晚，菜攤邊熱鬧起來，穿著藏袍的婦人提著籃子，裡頭探出一截綠油油的韭菜，腳步匆匆，趕回家做飯。

這些菜是純正的中國蔬菜，最近十來年間才由流亡藏人引進印度。不種菜的藏人忘不了家鄉風味，千里迢迢帶來菜種；種菜的印度人卻不吃，種了只為賣給藏人。在這裡看到我從小就喜愛的蔬菜，心裡有種苦澀的親切感。好像「他鄉遇故知」，而故知卻在他鄉流亡。

流亡的人前赴後繼地來，流亡的菜也有先來後到，青菜白菜來得比較早，來得最晚的是韭菜。韭菜很容易種，用不著操心，割了一茬，過些日子自會長出一茬來，因此韭菜在印度人和藏人中都很受歡迎。達瓦告訴我，印度人之間還有過到別人的菜地裡偷挖韭菜，導致吵架鬥毆的事呢。

走過菜攤，頭上包著藍方格子布頭巾的賣菜人對我叫道：「Madam，二十盧比！」他舉起一大把鮮嫩的散葉白菜對我搖晃。我走過去，蹲在蔬菜堆前，拿起一把青菜，問他：「這種菜印地語叫什麼？」

他說了一個很長的印地語單詞，聽得我一頭霧水。

放下青菜，我指著他手裡的散葉白菜，問：「這菜叫什麼名字？」

「Bok Choi，」他說。

這不是「白菜」的廣東音嗎？英文的「白菜」也是這樣發音的。藏人帶來菜種，印度人栽種，用的卻是廣東話發音的英文名字。我放下青菜，拿起一把蔥：「這個呢？」

「Spring Onion，」他說。「春蔥」，多美的名字。

「瞧這菜多新鮮啊！」包頭巾的印度人勸我，「買一把吧！」

我搖頭：「我住在客棧裡，沒法做飯。」

印度人把手裡的菜放到地上，轉頭朝一位手拿念珠的老婦喊道：「阿媽！紮西德勒！白菜，二十盧比！」

賣菜的印度人對面有個水果攤。水果種類不多，只有桔子，香蕉和蘋果。喜馬拉雅山區的桔子很小，但是很甜。藏人和印度人似乎都不大吃水果，買水果的常常是外國人。

達蘭薩拉是個多民族、多宗教雜居的地方。藏傳佛教、印度教和伊斯蘭教的飲食習慣各不相同。藏人通常不吃魚蝦海鮮、雞鴨等小動物，以此減少殺生之業，印度人不吃牛肉，穆斯林不吃豬肉，但大家都吃羊肉。因此，藏人在穆斯林的店裡買牛肉，在印度人的店裡買豬肉，兩邊的店裡都可以買羊肉。羊肉湯加蒸饃、羊肉餃子、麵餅、麵片這些典型的藏式食品，仍然是流亡藏人的主食。

家製麵餅和糌粑還是可以買到的。賣麵餅和糌粑的藏女坐在廣場一角，背靠牆，面前放張凳子，上面鋪一張透明塑膠布，蓋著一摞厚厚的麵餅；腿邊的小筐子裡，放著分成小袋的青稞粉。

藏女一頭黑亮的頭髮紮在腦後，戴一對式樣簡單的金耳環，腰裡繫條黑圍巾，小錢包像挎包一樣斜背著。她背後是個小店，鐵閘門頂上有幅大宣傳畫，畫面是西藏地圖，下書英文大字「拯救西藏」。

藏女每天坐在那個街角，不吆喝，也不主動招呼過往行人，就那麼安安靜靜地坐著。買糌粑的通常是老僧人。老人慢慢走過來，彎下腰，對藏女說幾句話，大約是問價錢，藏女聲音很輕地回答。老僧從僧袋裡掏出錢，藏女從小筐裡拿出一袋糌粑，一筆交易就完成了。衣衫破舊的婦人走過藏女的小攤，又折回來買兩個麵餅。麵餅又大又厚，足夠當兩、三頓飯的，囊中羞澀的遠行人，買幾個這樣的麵餅，花錢不多，實實在在可以充饑。

在熱鬧的「褲子街」口，賣麵餅的藏女成了一景。常常有拎著相機的西方遊客走過來，蹲在她面前拍照。她不拒絕，也不擺姿，看著鏡頭不聲不響，靦腆地微笑。

藏女每天就賣那麼些麵餅，賣完就走。有時候買賣順利，剛過午後她就不見了，換成不同的印度人坐在她的街角，賣香蕉、鮮花、或者蔬菜。有一天，路過她的小攤子，我停下腳步，想跟她說幾句話。我想問她何時來到此地？家在何方？為何來到這裡？日子過得怎樣，賣一天麵餅和糌粑能賺多少錢？夠養家糊口、或者養活自己嗎？可我不會說藏語，她不會說漢語，也不會說英語，我和她只好相視一笑。

結果，我也像那些西方遊客一樣，蹲在她面前舉起相機，拍了幾張照片。

4

走進「褲子街」的一條「褲腿」，街邊有個饃饃攤。賣饃饃的婦女揭開鍋蓋，熱氣噴湧而出，香味散了滿街。藏語中的「饃饃」，也就是餃子或者包子。街上賣的蒸饃饃很小，相當於小籠包。賣饃饃的婦女把煤氣灶支在街邊，接上煤氣罐，灶台上擱隻大蒸鍋，生意就開張了。遞上十盧比，女攤主夾出四個熱饃饃，放在棕櫚葉壓的小碟子裡，灑上一點醬油拌辣子，捧給我。吃完饃饃，把棕葉做的碟子扔在地上，一頭牛剛好路過，牠低下頭，舌頭一捲，把我的點心碟一口吞下。

「褲子街」走到底，還有兩個賣煎素饃饃的攤子。清早，我常常到那個攤子買四個油煎饃饃，熱乎乎地托在手裡，邊走邊吃。

「褲子街」裡有很多餐館，我常去的有兩家，一個是嘎其素餐館，一個是「西藏記憶」。這兩家餐館離經堂不遠。走過經堂，路過印度人開的理髮店，有一排三家小餐館，嘎其素餐館在中間，左邊是義大利餐館，右邊是「西藏記憶」。這三家餐館的房子都是第一代建築，又小又舊，裡面只有幾張小桌子，窗子很小，採光不足。牆上掛著大幅達賴喇嘛照片和佛像，還有西藏風光照。

我喜歡嘎其素餐館的奶茶和藏式厚麵餅，差不多每天都去嘎其素餐館吃早飯。在達蘭薩拉的那些天裡，我每天東跑西顛，忙著各種事情，午飯常常推遲，有時候乾脆沒時間吃午飯。出去忙活前，先在嘎其素餐館喝兩杯奶茶，啃一大塊麵餅加奶油，午飯就能免了。

這些餐館也是達蘭薩拉的老外們聚會的地方。我到達蘭薩拉的第一天，在嘎其素餐館吃麵片，同桌有兩個「老外」，一個是巴西人，一個是德國女人，她自我介紹，說她叫朵莉斯。我跟巴西人聊了一陣在巴西亞馬遜叢林的經歷，聽得朵莉斯目瞪口呆。後來我還遇到過朵莉斯好幾次，不是在餐館就是在去餐館的路上。「老外」們在餐館一邊吃飯一邊交流經驗，我從他們那裡得到了很多有關達蘭薩拉的資訊。

「西藏記憶」的韭菜羊肉饃饃據說是達蘭薩拉最好的，羊肉湯加蒸饃也相當不錯。我新結識的小朋友，來自青海玉樹的茨仁紮西說，這家餐館是正宗的西藏口味。饃饃全是現包現煮，比美國超市的速凍餃子好吃多了。有一次，我請紮西到「西藏記憶」吃飯，要了兩份羊肉饃饃。吃完饃饃又叫奶茶，一杯接一杯地喝。「大姐，」紮西對我說，「你喜歡吃我們的飯，以後去青海的話，一定要到我們家來玩，你肯定會喜歡我媽媽做的饃饃。」紮西是獨子，很小的時候父母就離婚了，紮西跟著母親長大。幾年前，紮西陪母親到印度來朝聖，返回尼泊爾時，將紮西帶到尼泊爾的聯合國西藏難民接待站，親手把獨子「交給西藏流亡政府」。那年，紮西還不到二十歲。

紮西在達蘭薩拉一邊打工，一邊學藏語和英語。過了幾年，他想念母親，決定返鄉。可是動身前卻收到家鄉朋友們的信，告訴他奧運之前「風聲很緊」，先別回去。紮西現在滯留加德滿都，不知道何時回家。

離開達蘭薩拉的前一天，我最後一次在嘎其素餐館吃早飯。大清早，嘎其素餐館剛開門，我在靠牆的小桌邊坐下，印度侍者送來油漬斑斑的菜單。「奶茶，」我對侍者說，「藏式麵餅，加奶油。」

透過長方形的小窗往外看，對面的小攤旁，一位穿藏袍的大嫂掀開擋在路邊小攤前的藍色塑膠布，從不到一公尺寬的木板上拖出一個大塑膠袋，放在地上。她彎著腰，從袋子裡捧出一堆披肩，堆在攤子上。她一聲不響地站著，一條一條地折疊那些披肩，整整齊齊地掛在架子上。架子掛滿了，剩下的放在木板上。小鎮裡很少搶劫一類的刑事犯罪，有時候，小販們把貨物收拾起來，放下塑膠布，晚上就睡在攤子上。

不一會兒，侍者端來熱騰騰的奶茶和一大塊厚麵餅。掰一塊麵餅，抹上奶油，剛要吃，餐館裡面的光線突然暗了。一個印度男人抱著幾捆綠油油的青菜站在門口，招呼老闆娘。老闆娘急忙走出來，印度人跟在她後面，走進廚房。

門外，一個皮膚白皙，身材高大，裹著絳紅袈裟的洋尼姑目不斜視地走過。一位黑衣老人弓著腰，一手扶著拐杖，一手數著念珠，挪向佛塔。

5

「褲子街」中央，就是那座著名的金頂塔樓。塔樓不大，隔著長方形的大窗子，可以看到中央的白色佛塔。這是一座尊勝佛母塔，按照古印度阿育王時代的式樣建造的，佛塔頂部的佛龕裡，安置了一尊佛祖釋迦牟尼像。

尊勝佛母，藏語「郎覺瑪」，有九種化相。最常見的是三面八臂的女相，三面的正面為白色，另兩面左黃右藍，分別呈慈悲相和忿怒相。側面的六臂各持杵、索、弓、箭、花瓶和佛像，正面兩手結印。在藏傳佛教中，尊勝佛母象徵消災息難，長福壽，降妖魔。

這座佛塔是為紀念西藏一九五〇年以來的死難者而建的。佛塔外環繞一圈紅色小經輪，經輪上用黃漆寫著六字真言。在藏傳佛教的五色象徵中，紅色象徵火，當環繞佛塔的紅色經輪轉動時，仿佛生命之火在熊熊燃燒。

這座尊勝佛母塔，還有繞塔的紅經輪，已經成了達蘭薩拉的象徵。有關達蘭薩拉的畫冊、明信片和網頁，通常都會看到這些紅色經輪。經輪旁邊出現的是什麼人，就得看攝影者拍攝時，出現在那裡的恰好是誰了。奇怪的是，在那些照片上出現的，常常是喇嘛或者老人，這好像也成了某種「刻板印象」。

塔樓連接兩條街，沿著紅色小經輪邊推邊走，就從這條街繞到另一條街。年輕人通常急急忙忙的，三步併作兩步，走上台階，拐進經輪前的走道，口裡念著「嗡瑪尼唄咪吽」，一手飛速轉動經輪，眨眼工夫就轉到塔樓背後，跳下另一條街，消失在熙熙攘攘的人群中。

塔樓建於一九六五年。也就是說，第一代流亡藏人生活剛剛安頓下來，立刻建造了這座尊勝佛母塔。在六〇、七〇年代裡，四層樓高、金頂粉牆的塔樓，以及旁邊的大經輪是「褲子街」的中心，想必也是最高的建築。塔樓下，低矮破舊的小平房擠在一起，相互偎依著，好像狂風暴雨中的小鳥，瑟瑟地躲在大樹下。

塔樓很漂亮，重簷金頂，牆上和柱子畫著層層彩繪，淡黃色粉牆上畫著彩色佛像和度母像，高高的金頂四角翹起，正中央一支雙層蓮座寶幢，兩邊各有一朵鑲嵌寶珠的祥雲。金頂背襯藍天，在喜馬拉雅山南的陽光下，閃著耀眼的光芒。

塔樓旁邊有座藏式平頂方形小屋，醬紫色牆頂，大紅門，門環上綁著一條白色哈達，門口站著一對藍白兩色的小獅子。

我跨過門檻，走進小屋。屋角搭了張藏式小床，一位老喇嘛住在這裡，看守、清掃、兼修行。我進去時，老僧正坐在小床上，手裡拿著一條毛巾，仔仔細細地擦拭盛供水用的小銀碗。我合十躬身，向老僧問候。老僧微笑欠身，滿臉皺紋水一般漾開。

小屋的正中央裝著一個大經輪，經輪頂上罩著黃色綢幔，下部綠色，中間紅色，畫著金色蓮花，畫著金色六字真言。經輪背後，正對著大門的佛龕裡安放了一排排信眾捐獻的小佛像。佛像下方一排小玻璃櫃，裡面供著歷代聖者，以及達賴喇嘛、十七世噶瑪巴等當世聖者的照片。牆壁上修了一圈凸出的台座，上面放著一排排小銀碗，盛著供佛的清水。許多盞酥油燈閃著溫暖的橙色光芒，像一顆顆小星星。相當現代的電子蠟燭取代了傳統的蠟燭，在沒有窗戶的小屋裡發出沉沉紅光。

我扶著經輪下漆成黃色的鐵板，按順時針方向，推動經輪。經輪很重，裡面裝滿高僧加持過的經文，轉一圈經輪，相當於念了一遍裡面全部的經文。經輪每轉一圈，頂上的鈴鐺就會發出一聲悅耳的聲響。經輪寄託著轉者內心的祈願，那一聲鈴響仿佛是在告訴你，祈願已被送到該去的地方；而背井離鄉的人們，還將在這裡，一遍又一遍轉動經輪。今生的苦難在旋轉中化解，來世的祈願在鈴聲裡飄蕩。

一個婦人牽著捲毛小狗走進小屋。小狗樂顛顛地搖著尾巴，跑到老僧面前，跳起來，把兩隻前爪搭在他的絳紅僧袍上。老僧停止擦拭銀碗，笑眯眯地撫摸小狗的腦袋。婦人把小狗交給老僧，扶著經輪，開始轉動。

一道陽光從敞開的大門射進來，照著牆上的佛龕。婦人喃喃頌著六字真言，經輪愈轉愈快，經輪上的五色漸漸融為一體。

嗡瑪尼唄咪哞。嗡瑪尼唄咪哞。

6

一天傍晚，我走過「褲子街」，穿過廣場回旅店，突然聽到蒼涼的歌聲。一位印度老人盤腿坐在菜攤旁彈琴說唱。

老人穿白衣，眉心畫了一條黃色分隔號，黃色當中又畫了一道紅線，頭裹黃紅兩色布包頭，一手彈琴，一手搖動帶小鈴鐺的「響板」，為自己伴奏。幾個賣菜的印度人蹲在他面前靜聽。我走過去，在他面前蹲下。老人望著我微微一笑，繼續用沙啞的嗓音唱著我聽不懂的歌。

他的琴是一把古樸簡單的自製雙弦琴，琴杆是一段約三尺長的細竹棍，漆成黃色，一邊還裂了條縫。老人枯瘦的手指撥動琴弦，琴聲遼遠，歌聲蒼涼。

幾個手拿轉經筒的老婦，從唱歌的老者和我身邊走過，走向「褲子街」中央的塔樓和經輪。血色經輪環繞著尊勝佛母塔，如同永不黯淡的生命之光，永不熄滅的自由之火，日夜不息，在小鎮的心中燃燒。

佛教從喜馬拉雅山南北去，又從喜馬拉雅山北南歸。曾經滋養了佛教的土地，又一次敞開胸懷，接納並且撫慰流亡異鄉的佛國子民。一度輪迴間，一千多年無聲流過，如滔滔不絕的長流水，自遠山而下，迴環曲折，遙遙而來，迢迢而去，從前生流向後世。其間，明月幾度圓缺？滄海幾回桑田？人間幾多悲歡？南歸的佛法，已經從喜馬拉雅山南走向全球。慈悲的信念為浮華世界帶來一縷清涼，在許多人的心中拓出一方淨土。

「褲子街」走到底，是一座小山包。這座小山包是達蘭薩拉最神聖的地點，也是馬克利奧德甘吉的最高點。山包上有個建築群，包括西藏博物館、大昭寺、辯經院和達賴喇嘛的居所。環繞山包，就是「林廓」，那條著名的轉經道。

每年有幾千名朝聖者，從西藏各地前來。他們冒著生命危險，翻山越嶺，歷盡艱辛，最終的目的地，就是這裡。

飄落的袈裟

1

頓珠諾布老人帶著達瓦和我，走向他住的房間。老人住的房間在達蘭薩拉老人院的主樓裡。樓房是建於九〇年代初的長方形磚樓，正中間的走廊光線不足，走廊兩旁，房門兩兩相對，令我想起大學時代的學生宿舍。

頓珠諾布老人推開一扇門，撩起門簾，走到小窗下的藏式小床邊，脫下布鞋坐到床上，雙腿一盤，順手從棉被上拉過一條薄毯，抖開，蓋在腿上，然後對達瓦和我點點頭：「坐。」

他沒說坐哪兒。我們倆環視小屋，各自找地方坐。屋子大約六平方公尺，一面牆邊放著一隻裝貨的舊木箱，箱底朝上，毛毛糙糙的木板上面擺著碗碟茶杯熱水瓶，靠門邊的牆上有個凸出的壁架，裡面放著醬油、醋、糖、鹽等，另一面牆邊並排放著一大一小兩隻藏式木箱，上面隨意摞了些毛巾之類的雜物。達瓦把小箱子挪到床邊，靠近老人；我理了一下大木箱上的東西，把雜物堆在一角，側身在空出來的半隻木箱上坐下。

雖然已經八十九歲了，老人身體看來還很硬朗。他腰背挺直，跏趺而坐，很規範的打坐姿勢。我猜想老人大約有過出家的經歷。

果然沒猜錯。頓珠諾布老人是西藏北部那曲人，一九一八年出生在一個牧民家庭裡。家裡有兄弟數人，他是最小的，剛滿十一歲就被父母送到紮什倫布寺，受了沙彌戒。紮什倫布寺是歷代班禪喇嘛的駐錫寺，能到紮什倫布寺出家為僧，是很有福報了。

我仔細端詳老人。他面容清臞，鬚髮雪白，頭髮剃得很短，高鼻樑，兩道壽眉雖已雪白，但還很濃密，大耳朵，耳垂厚實。我小時候常聽老人們說，大耳垂是「福相」，長著這種耳垂的人是有福之人。可以想像，在身裹絳紅袈裟的歲月裡，頓珠諾布的莊嚴法相。如果沒有那一連串的事件，頓珠諾布或許能夠成就為一位高僧，弟子眾多，廣受敬仰，終老於藏地的某間寺院。

寺院生活，在外人看來或許單調無聊，但是，對自小出家的頓珠諾布來說，寺院的日子平靜有序。頓珠諾布每天做著差不多的事情，灑掃庭除、點酥油燈、念經、打坐、習經、修練。佛像前的酥油燈閃閃爍爍，天長地久地亮著，照著大大小小的鍍金佛像，藏地天寒，僧人以調色酥油製花，代替鮮花供佛。酥油燃盡了，虔誠的百姓會來捐獻；酥油花褪色了，手巧的僧人會重新製作。日復一日，頓珠諾布平靜地過著他從十一歲就開始的日子，直到一九五〇年。

那年，頓珠諾布三十二歲，出家已經整整二十一年了。

在這二十一年裡，西藏之外的世界天翻地覆。不過，對頓珠諾布來說，雪山之外的世界並

頓珠諾布

不存在。他與他那個時代的藏人一樣，對世界的全部認識，沒有超過南方的鄰居印度、尼泊爾和東方的鄰居中國。不管外面的世界如何天旋地轉，西藏很安穩。眾生雖不富裕，倒也自給自足。西藏深藏在大雪山中，像依偎在母親懷抱裡的孩子，對外面的世界不聞不問，簡單、懵懂地活著。

頓珠諾布壓根兒不知道，當酥油燈在佛前閃爍的時候，世界陷入了戰爭的血海。且不說遠的了，雪域的東方鄰居正在跟一個叫作日本的國家打仗，日本人戰敗後，鄰居自己人之間，「紅漢人」和「白漢人」又打起來了。

可是，就算聽到了一句半句的，頓珠諾布也不會特別關心那些事兒。他何必要操那份心？漢人兩虎相爭，逐鹿中原，那全都是漢人之間的事兒，鹿死誰手，跟日喀則紮什倫布寺的頓珠諾布有何相干？他當然更不會關心南方鄰居的事兒。印度獨立？獨立是什麼意思？印度，對藏人來說，只是佛法之源，是聖地，是若有福報此生必去朝聖的地方。頓珠諾布沒想到，日後他倒是去了印度，也去朝過聖，卻是以他做夢也想不到的方式去的。

就在頓珠諾布念經拜佛的日子裡，東方塵埃落定。「紅漢人」大勝，並且揮師西進。頓珠諾布對這些事情毫不知情。他不知道，一九四九年，東方的鄰居已經改朝換代，還發出了「一定要解放西藏」的誓言。兩萬大軍已在四川集結，血紅的旗幟正步步逼近雪山，佛國上空戰雲密布，殺劫將臨。

當時的西藏內外交困，風雨飄搖。駐錫拉薩的達賴喇嘛和臨時駐錫青海塔爾寺的班禪喇嘛，是兩個稚齡少年，一個十四歲，一個十一歲。這兩個少年將要面對的中共領袖，一個叫毛澤東，一個叫周恩來。而且，當時的十世班禪喇嘛尚未獲得拉薩噶廈政府的承認，要等到漢藏兩方在《十七條協議》上簽字之後，他才獲得承認。

頓珠諾布日日念經修練，在佛像前磕長頭。

「紅漢人」兵分四路，包圍昌都。數萬身經百戰的將士兵臨城下。面對他們的，是約八千名裝備落後，從未見過現代戰爭的藏兵。這是一場毫無懸念，甚至是勝之不武的戰爭。

頓珠諾布每日往酥油燈裡添油。一勺勺酥油傾入銅燈盞，一顆顆溫暖的火苗在佛像前跳動。昏暗的燈光裡，釋迦牟尼佛低垂雙目，悲憫地注視著匍匐在地的僧俗民眾。

昌都戰役，八千多藏兵不敵幾萬漢兵，一敗塗地，占整個西藏正規軍實力三分之二的昌都守軍被全殲，包括阿沛・阿旺晉美在內的一批軍官及大批士兵被俘，西藏門戶大開，「紅漢人」勢如破竹，長驅直入。一年後，「紅漢人」抬著頓珠諾布從未聽說過的大幅畫像進入拉薩。有人告訴頓珠諾布說，畫像上的兩個人，一個叫「毛澤東」，一個叫「朱德」，他這才知道，他的家鄉已經被「和平解放」。

不過，歷代班禪喇嘛一向跟漢人友好往來，歷屆漢人政府對班禪大師也相當禮遇，因此，即使鄰居已經改朝換代，家鄉也天翻地覆，紮什倫布寺的日子還是過得下去的。頓珠諾布一如既往，念經、打坐、磕長頭。今生今世，頓珠諾布別無所求，今生虔誠修練，來生脫離苦海，這就夠了。北京簽約，漢兵入藏，康巴戰事，雪域早就不再太平，但這些事都沒有讓頓珠諾布放下經書。

一九五九年三月的一天，頓珠諾布終於放下了經書。

拉薩出事了。

事情的直接起因，是數千拉薩群眾為阻止達賴喇嘛去西藏軍區觀看文藝演出，包圍了達賴喇嘛當時居住的夏宮羅布林卡。事件急遽發展，數千西藏婦女上街遊行，藏人張貼標語，要求中共軍隊撤出西藏，要求西藏獨立。三月十六日，中共軍隊向達賴喇嘛的夏宮羅布林卡發射兩發砲彈，使得局勢更加緊張。三月十七日夜晚，達賴喇嘛易裝出走。十九日，羅布林卡遭到炮擊。「拉薩事件」發展成「拉薩戰役」，聖城拉薩腥風血雨，僧俗民眾死傷無數，大批居民湧出城外，四散逃命。

雪域殺劫，佛也無能為力，眾生只能以血肉之軀來承受。

2

拉薩事件之後，中共中央向西藏軍區下達全面「平叛」命令。同時，中共按照漢地模式，在西藏展開民主改革。「平叛」和「民改」給西藏的宗教帶來了毀滅性打擊，西藏的傳統社會結構隨之解體。當時在西藏究竟發生了什麼，外界極少知情。從一九五九年三月下旬開始，《紐約時報》連續報導拉薩事件以及達賴喇嘛出逃的故事，但是報導並不詳細。一九五九年之後的報導明顯減少了。那時候的西藏，已經被封閉在雙重鐵幕之後。

一九六二年五月十八日，時任全國人大副委員長的班禪喇嘛就他所見的西藏問題上書，向中共中央陳情，史稱《七萬言書》。這份文件現在成為西藏當時狀況的權威見證，也是研究西藏近代史不可或缺的資料。

在這份日後導致他身陷囹圄近十年之久的陳情書裡，班禪喇嘛向中共中央彙報了八個問題。其中第七個問題是有關宗教的。在這個問題的第三節中，班禪喇嘛談到「關於民改後的寺廟情況」：

⑴民改前西藏有大、中、小寺廟兩千五百餘座，而民改後由政府留下來的僅只有七十多座，減少了百分之九十七多，由於大部分寺廟沒人居住，所以大經堂等神殿、僧舍無人管，人為的和非人為的損害、破壞巨大，淪於已倒塌和正在倒塌的境地。

⑵全西藏過去僧尼總數約有十一萬多人，其中外逃者可能有一萬，剩餘約十萬人，民改結束後住寺僧尼

權且算作有七千人，也減少了百分之九十三。

(3)住寺僧尼的品質方面，除了紮什倫布寺稍好外，其餘各寺僧尼的品質一般很低，各自寺廟僧尼中的宗教知識分子和依教行事的「善僧」，大部分如上所述，在民改時由於打擊等而根本難以安居，因此他們不住在寺廟，或者僅有很少一點。事實上寺廟的性質已失去了作為宗教組織的作用和意義。

(4)民改後寺廟的組織方面，隨著過去封建農奴制度而來的那些傳統被消滅之後，本來很需要既是民主的而又照顧到宗教和政治二者的新的完善的組織，但事實上並未出現。

在當時的狀況下，頓珠諾布的選擇顯然不是很多。繼續像從前一樣修行已經不可能了，雪域已非昔日的佛國，十四世達賴喇嘛和十六世噶瑪巴都已出走。頓珠諾布聽說，好多地方寺院被毀，僧尼被認為是「剝削階級」，強迫還俗。「危巢」之下，紮什倫布寺這顆「完卵」又能維持多久呢？

他還聽說，各地都有僧人佛前還戒，持槍衛教，加入「雪域衛教自願軍」或者「四水六崗衛教軍」，成了衛教僧兵。頓珠諾布自小出家，見螻蟻都要繞行。雖然是為了衛教而開殺戒，對方倒下的不也是鮮活的生命？殺生害命乃大罪孽，頓珠諾布承擔不起。

達賴喇嘛出走之後不久，西藏開始「民主改革」。工作組進駐紮什倫布寺，高僧們被當成「反動分子」批鬥。青年男女組成的宣傳隊進入寺院，展開各種令僧人們莫名其妙的政治宣傳。在宗教領域內也進行了各種「改革」，包括限制僧人的人數，許多僧人被迫還俗。

危巢終於在「階級鬥爭」的疾風暴雨中墜落，紮什倫布寺也不再是佛國淨土。喇嘛星散四方，頓珠諾布何去何從？

頓珠諾布走進經堂，站在佛像前，雙手合十，舉至額、嘴、胸，表示身、語、意皆與佛相合為一，然後雙膝跪下，匍匐在地，雙臂前伸，五體投地磕等身長頭。他站起、臥下，一次又一次。磕完頭，頓珠諾布裹緊袈裟，走出大門。湛藍的天空裡，一架飛機在盤旋，藏人沒見過飛機，稱之為「鐵鳥」。鐵鳥……鐵鳥！頓珠諾布突然想起那個著名的預言。鐵鳥在藍天裡飛翔，鐵馬在大地上奔跑，藏人將星散四方……鐵鳥盤旋一陣，拋下幾個黑乎乎的東西。有人告訴他，那東西叫作「炸彈」，一個就能炸倒一片房子，把人炸得粉碎。此時，炸彈拋下，又有寺廟被毀，血濺佛堂……在劫難逃啊！頓珠諾布長歎一聲，下了決心。

一九六〇年的一天，四十二歲的頓珠諾布離開紮什倫布寺，獨自一人踏上旅途。他決定追隨達賴喇嘛，出走印度。

路上，他遇到來自另一座寺廟的一位僧人，二僧同行一陣後，又遇到一個身帶殘疾，行走不便的逃難者，三人結伴同行，一路躲避軍隊，最後，三人走進了藏北無人區。

回到紐約後，我在網上尋找有關藏北無人區的資料。資料上是這樣介紹「無人區」的：

> 在青藏高原的中部，有一塊被各國學者和專家稱為「生命的禁區」的地方，這裡便是藏北無人區。「無人區」地處西藏北部的唐古喇山脈、念青唐古喇山脈和岡底斯山脈之間，面積六十萬平方公里，平均海拔五千公尺。

資料上還這麼說：藏北無人區荒無人煙，那裡的「居民」是各種野生動物。無人區有大片的沼澤、高山、湖泊和草原，風景非常美麗。以前曾經有些探險家去「無人區」探險，但是，由於地形複雜、缺少食物，歷史上進入無人區的人很少能夠生還。

要是我面對寫這份資料的人，我會告訴他：「我遇到過一個『無人區』的生還者——頓珠諾布。」我還會告訴他，進入藏北無人區的人可不只是探險家，還有逃亡者。探險家的故事驚險浪漫，人人傳頌，逃亡者的故事驚險卻不浪漫，有時候，連逃亡者本人都不願回憶，因此往往被人遺忘。事實上，當時通過無人區的藏人遠遠不止頓珠諾布和他的同伴們，「四水六崗衛教軍」跟解放軍還在無人區裡打過仗。

頓珠諾布那時候在日喀則，從地圖上來看，從日喀則往西南到定日，再從定日進入尼泊爾，這條路是傳統的商道，也是現在西藏逃亡者的主要路線之一，這樣走似乎更為合理。從日喀則往北，再往南，頓珠諾布兜了個大圈子，多走了好多路。他們三人為何要往北，進入無人區？是慌不擇路，還是誤入禁區？

當時，在老人的小房間裡，達瓦為我翻譯老人的話之後，我有點吃驚，特地重複了一遍，請達瓦確認。是的，他們是從北部無人區那邊過來的，翻過了一座很高的山，達瓦肯定地說。「一路上沒有遇到太大的困難，因為那時候中國人剛來，還沒有占領那些邊遠地區，」頓珠諾布老人說，「一路上還比較順利。」

我一邊瀏覽網上貼出的藏北無人區風光照，一邊努力想像，一個半輩子都在寺院裡念經，自小沒有離開過寺院的喇嘛，走過無人區，翻山越嶺，從日喀則一直走到印度的情景。頓珠諾布老人說，當時他們運氣不錯，解放軍還沒有到達那些地區，他們一路上並沒有遇到太大的困難。

「生命禁區」對三個逃亡者來說，不算「太大的困難」？其中一個逃亡者還身帶殘疾啊。

無人區缺少食物，不過三個逃亡者應該會背著糌粑的吧。藏人出遠門，總是背著糌粑，炒熟的青稞麵，用水攪拌一下就能果腹，一時找不到水，乾吃也行。水不是問題，無人區裡有許多湖泊。有個網站上貼了些「無人區」裡湖泊的照片，湖水清淺，鑲嵌在荒蕪的大地上，如同碧玉。作者稱那些湖泊為「上天的眼淚」。多麼詩意呵。佛國淪為沙場，寺廟被毀，僧人離散，殺劫遍野，二僧一俗倉惶出逃，取道「生命禁區」，逃往未知的國土——蒼天有淚，應否為之拋灑？

頓珠諾布從日喀則向北，繞道無人區，躲過解放軍駐紮的地區，再調頭向南。當時，「四水六崗衛教軍」還在西藏東部繼續抵抗，頓珠諾布出走一年前，就是這支民間武裝的數百名精壯戰士，護送達賴喇嘛一行，翻山越嶺，安全到達印度。

老人沒有告訴我，一路上到底吃了什麼樣的苦。我訪問的每個人對路途中的磨難都是語焉不詳，他們總是用「路上吃了很多苦」這幾個字帶過，要不就像頓珠諾布老人那樣，輕描淡寫地說「一路還算順利」。北上南下，翻山越嶺，步行多日後，頓珠諾布終於來到印度。根據當時的情況來推斷，頓珠諾布很可能先進入米蘇瑪日臨時難民營。

3

一九五九年五月十四日，《紐約時報》刊登了一條發自印度腳山的消息。消息報導說，第一批西藏難民於五月十三日到達印度，進入印度政府在阿薩姆邦腳山的難民營，並告訴記者中共軍隊用機槍射殺民眾的殘暴行為。這批難民共九十一人，全部是男性，他們衣衫襤褸，在崎嶇的喜馬拉雅山路上步行了五週。報導還說，印度政府宣布，已經有一萬一千五百名西藏難民越過印度國境，進入中印邊境的阿薩姆邦，正在前往臨時難民營的途中。

這條消息僅一百六十七字，而且刊登在第三十頁上。對於美國民眾來說，有關西藏的故事至此就結束了，他們的注意力早就轉移到別的地方去了。然而，對於逃離故土的藏人來說，他們流亡的故事才剛剛開始。

「平叛」、「大饑荒」、「合作化」等一系列軍事、政治、經濟運動，使得藏人傳統的社會結構分崩離析，他們的傳統生活方式在外力作用下突然改變。領袖出走，社會激烈動盪，人心惶惶，大批藏人南逃。背井離鄉的人們如潮水一般，一波波湧入鄰國尼泊爾、不丹、錫金和印度，形成了不亞於「出埃及記」的民族集體大逃亡。

《聖經．出埃及記》中，「出埃及」的以色列人為六萬，他們是集體出走，有組織、有目標、有領袖，離開埃及時，還領著家小，趕著牲畜，帶著金銀細軟。以色列人從埃及的出走並非逃離，而是擺脫奴隸身分，走向祖先的土地，因此，儘管張惶倉促，畢竟心中還有幾分欣喜，一絲希望。

然而，二十世紀五〇年代末、六〇年代初的「出西藏記」，卻是一群從未見過外部世界的人們，在故土慘重的變故下，被迫拋家棄舍，背井離鄉的故事。這些人本是農夫、僧侶、牧人，他們對外部世界一無所知，卻不得不逃向那裡棲身。這些難民大多數不是有組織地出逃，他們是在走投無路的情況下，拋家棄舍，倉惶出走。有時候，父母用背簍背著年幼的孩子，大點的孩子跟著父母步行，一家人就這樣踏上漫漫逃亡路；有的是一個村莊裡的鄰居們彼此約好同行；還有一個家族的親戚們一同逃難，更多的情況是像頓珠諾布那樣，大家各自逃亡，在路上偶遇。同是天涯淪落人，相逢何必曾相識？逃亡者們相伴同行，路上彼此照應。

「出西藏記」中的人們幾乎一無所有，他們背著簡單的行李，很多人隨身只帶著家傳的佛像和經書。後來，流亡政府派人到難民營中搜集經書，供第一批學僧們學習。現在，這些經書和佛像大部分被政府收藏，保存在直屬西藏流亡政府的西藏檔案館裡。

「拉薩戰役」事出突然，不僅國際社會對大批逃亡的西藏難民毫無援助的準備，印度政府也是措手不及。大宗國際援助尚未到位，印度政府盡力援助，但是難民人數太多，又在邊遠山區，人員和物資調配都相當困難。印度政府盡可能提供協助，派飛機到西藏難民進入印度的地區，空投食品和衣物。倉惶逃亡的藏人對他們將要面臨的一切，既無精神準備，更無物資準備，他們不知道，當他們進入印度時，次大陸濕熱的夏季即將開始。

從一九五九年五月中旬開始，每天都有大批西藏難民進入印度。到了六月底，難民人數已經達到將近兩萬。如果從一九五九年五月十三日第一批西藏難民到達印度那天算起，到六月底的一個半月之內，平均每天有四百多名難民進入印度，這還不算進入尼泊爾和錫金的那些難民。這時，達賴喇嘛到達印度才兩個月。印度政府倉促搭建了兩座臨時難民營，一座在印度和尼泊爾邊界，另一座在中印邊境不遠的米蘇瑪日。

米蘇瑪日臨時難民營離特斯普爾城約十公里。在印度神話裡，大神濕婆與黑天曾在特斯普爾一帶大戰。在這場神話戰爭中，兩位大神相鬥，血流遍野的卻是肉體凡胎的兵丁百姓，特斯普爾因此有個別名，叫作「血城」。仿佛是某種宿命，逃離戰爭的西藏難民，到達印度之後，第一個棲身之地就在這裡。

難民們成群結隊，有些騎著馬，大多數人步行，從各地匯集到米蘇瑪日。一望無際的叢林中有片空地，一道清澈的河水流過樹林。河邊的沙灘上，印度政府用竹子和篾片為材料，派人在兩週內趕建了三百座大棚屋，作為西藏難民的臨時棲身地。到了這裡，難民們已是人困馬乏，再也走不動一步路了。他們在棚屋邊的草地上停下，或坐或臥，等待印度政府的人員前來登記。

在臨時難民營裡，逃亡藏人的死亡率相當高。精疲力竭的難民們好不容易逃過戰爭和饑荒，到達印度，卻立刻面臨新的危險。他們遇到的第一個殺手是印度的濕熱氣候。從西藏到印度，海拔一下子降低了二千多公尺，同時溫度提高了幾十度，難民們到達印度時，大多數還穿著皮袍皮靴，戴著厚氈帽。到了難民營後，他們脫下皮袍，到河裡去洗澡，換上印度政府發給他們的印度式白布長袍。為了防止傳染病，難民們帶來的皮靴和皮袍被收集起來，堆在一起，放火燒掉。每個難民領到一個鋁製飯盒，醫生為他們檢查身體，為路上受傷的人包紮傷口，然後，大家待在難民營裡，等待下一步的安排。

疾病是難民們遇到的第二個殺手。逃亡的過程中，來自各地的西藏難民常常食不果腹，加上長時間的步行，有時還要躲避追兵。到達印度後，由於緊張、疲乏、勞累和饑餓，他們的身體已經相當虛弱。大量難民在短時間內到達難民營，設計容納幾千人的營地很快人滿為患，每座棚屋裡住著三十到五十名難民，有時候甚至不得不擠進一百名難民，傳染病流行難以避免。戰爭的最大受害者常常是老人和兒童，西藏難民也是如此。許多老人兒童逃離了戰爭，卻無法適應印度的氣候和水土，每天都有人死去，焚骨異鄉。短短幾週內，就有一百六十七名兒童死亡。

一九五九年四月二十五日，達賴喇嘛召開流亡政府緊急會議，其中一項議題就是安置難民。會後，噶廈開始與印度政府聯絡，商討西藏難民的安置問題。

在他的自傳《流亡中的自由》裡，達賴喇嘛談到，一九五九年，為了安置西藏難民，他曾數次拜訪印度總理尼赫魯，懇求印度政府給予幫助：

> 第一次是在六月時，我前往德里拜訪尼赫魯總理，會商有關西藏難民日增的問題。當時已有二萬名西藏難民，而且人數每天都在增加。我懇求印度政府能將這些新來的難民安頓到氣候不像達普、布哈杜爾那樣濕熱的地方。這些難民穿著長袍子、厚重的靴子逃出西藏，完全不知道即將逼近的熱季。

那時候，印度獨立還不到十五年，國家百廢待興。印度本身也是個窮國，大量難民突然湧進來，印度人民雖然同情他們的遭遇，經濟上卻幫不了太大的忙。為了解決西藏難民的生存問題，印度政府提供了一個方案。印度北部山區人煙稀少，政府正計畫在北部山區修建公路。北方喜馬拉雅地區山高天寒，氣候潮濕，印度南方居民不適應氣候，何不讓印度政府雇用西藏難民來修路？這樣既可以給西藏難民工作機會，又解決了印度政府的問題。

走投無路的難民們別無選擇，只能接受這個方案。一九五九年九月，第一批難民從臨時難民營出發，到錫金去修路。以後的幾年裡，難民們一批批被送到各地的築路營，在山區修築公路。

二十世紀六〇年代，印度北方，喜馬拉雅山南側的森林裡，到處是流亡藏人的築路營。這段時間是流亡藏人最困難的時期。生活在高寒地區的藏人，對許多疾病，包括肺結核，天生沒有免疫力。他們已經很衰弱的身體與各種病毒接觸時，完全無法抵抗。肺結核、寄生蟲、流行感冒之類的疾病，奪去了大量難民的生命，據說死亡率高達十分之一。具體的死亡數字人們永遠也不可能知道了，正像人們永遠無法知道，在「平叛」、「大饑荒」和「文革」這三場席捲了整個藏區的人禍中，有多少藏人死於非命。

開始築路的幾個月後，達賴喇嘛親自去看望在築路營中做苦力的同胞。《流亡中的自由》有如下描述：

西藏難民在北印度修築公路（1）

西藏難民在北印度修築公路（2）

……我首次訪問北方各省，以後我也多次訪問北方各省，西藏難民現在正在那裡修築道路。我看到他們的時候，我的心都碎了。兒童、女人和男人都並肩勞作：他們以前是尼師、農夫、和尚，現在都被倉促地編在一起工作。白天，他們必須忍受在大太陽下作整天的重活；晚上，他們擠小帳篷睡覺。還沒有人適應這裡的水土環境，縱然這裡比難民營還涼爽一些，但是濕熱仍然使得我們支付可怕的代價。這裡空氣惡臭、蚊子又多。疾病到處肆虐，這些病常常會要人命，因為這些人的體格早已經陷入衰弱狀態。更糟的是，築路工作本身就非常危險。大部分的道路工程是在險峻的山邊進行，築路時所用的炸藥也會引起意外。即使到了今天，有一些老人還是帶著當年那種可怕的勞動所造成的痕跡：殘廢、跛足。雖然現在他們的勞動成果已經可以明顯地看到，但當時有些時候看來，這整個冒險的築路工程，是沒有意義的。只要一場猛烈的傾盆大雨就能使他們的努力付諸一片紅泥。……

達賴喇嘛探望受傷的築路難民

達賴喇嘛探望難民居住處

頓珠諾布一九六〇年到達印度時，達賴喇嘛和流亡政府已經遷居達蘭薩拉。他和路上遇到的其他同伴們，共十幾個人，到了達蘭薩拉。從時間上推算，頓珠諾布是在一九六〇年四月之後來的。

「當時流亡政府只有十幾個人」老人說，「還在老房子裡。」他說的「老房子」，是達賴喇嘛剛來達蘭薩拉時，山上僅有的幾座英國人蓋的小屋。「達賴喇嘛住在那邊的山頭。」

「那邊的山頭」指的是達賴喇嘛剛到達蘭薩拉時，居住的斯瓦格阿什拉姆府，意即「天府」。正對面的松林裡，人們修建了一座白色佛塔，一條條五色經幡一頭繫在松樹枝上，另一頭繫在佛塔頂端。

頓珠諾布被送到西姆拉附近，一個叫作查烏的地方。他被派到一個百戶長的手下，領來印度政府提供的鎬頭鐵鍬。頓珠諾布翻動經書的手握著鐵鍬的木柄，開始幹重活。築路營的管理沿用藏人的傳統方式，二、三百人一個編制，由一名百戶長負責。很多藏人是全家出逃的，也是全家都在築路營

築路營裡的西藏難民兒童。由於生活條件艱苦，缺少照料，很多孩子夭折。

修路。男人砍樹、刨樹根，女人平整路面，孩子們往筐子裡裝石塊。每天工作八個鐘頭，男人一天掙二個盧比，女人一個半盧比。

「那時候東西便宜，一公斤麵粉半盧比」老人說。築路營裡有印度政府派來的醫生，生病或者受傷得自己花錢去看。一個男人幹一天活，可以掙四公斤麵粉，節省一點的話，一個禮拜還能買一點肉。自己買爐子和鍋碗，單獨開伙作飯。前途雖然渺茫，當下的日子還勉強過得下去。可是，當藏人去印度村莊購買食品時，不免要與印度人接觸。最初的接觸卻帶來災難性的後果，藏人從印度人那裡感染各種熱帶傳染病，卻缺乏印度人長期生活在熱帶氣候下對疾病的抵抗力。築路營裡不時疾病流行。在勞累、疾病和絕望中，又一批難民倒下了。

修路的難民們全住在印度政府發的帳篷裡，雨季期間，就在帳篷上面蓋一塊塑膠布。營地跟著公路走，修好一段路，眾人收拾營帳，集體搬遷，在新的地點安營紮寨，繼續砍樹、挖土、鋪石頭、填土。頓珠諾布在查烏築路營幹了一年多，又轉到另外一個築路營去。就這樣，他在印度北部山區修路，前後修了差不多七年。「印度北部的公路大部分是藏人修建的」他告訴我。

頓珠諾布沒有提起他何時還俗，也沒有說是什麼原因。有可能是在修路過程中，完全沒有條件念經修行，因此，他並沒有按照儀規正式還俗，就這樣自動失去了喇嘛身分。當時有不少僧尼，就是這樣失去僧人身分的。他們的絳紅袈裟無聲飄下，遺落在異國他鄉。

4

年近五十的時候，頓珠諾布總算結束了苦力生涯，孑然一身來到達蘭薩拉。我問他那是哪一年，老人記不清了，只記得他來的時候，達賴喇嘛已經搬到現在的住所。大昭寺，也就是當地印度人稱為「主神廟」的大經堂尚未建好，不過地基已經平整了。

達蘭薩拉剛好成立了合作社，頓珠諾布進了合作社，做裁縫。沒多久，合作社來了一位老師，教大家織地毯。藏式地毯在國際市場上頗受歡迎，織地毯成為流亡藏人的一條謀生之道。藏式地毯中有一種剪絨地毯，需要用小剪刀在織好的地毯上剪出立體的圖案。頓珠諾布被派去學剪絨。學了半年，他成了一把好手。於是，頓珠諾布那雙翻過經書拿過鐵鍬的手又操起剪刀，在合作社工作，當地毯剪絨工。

六〇年代後期，在印度的幫助下，西藏流亡政府在印度建立了不少定居點。在南方某地，印度當地政府捐出一塊地，租給西藏流亡政府，安置流亡藏人。在達蘭薩拉的手工業合作社剪了三年地毯之後，頓珠諾布連同一百六十多人被安置在那個定居點。老人還記得，那個地區很豐饒，到處都長著果子。

他們到達定居點一看，所謂「定居點」，其實只是一片荒地，既無田地，也無房屋，根本無處可居。大家做的第一件事，就是走向樹林，砍樹拓荒。印度南方的森林是茂密的雜木林子，與喜馬拉雅山南的松樹林完全不同，倒有些接近南美大陸的亞馬遜叢林，只是沒有水。原始叢林雜亂無章，大樹、竹子、灌木、藤蔓彼此糾纏，林中猛獸出沒。一小群來自西藏高原的流亡者，日復一日，在南印度酷熱的陽光下，揮汗如雨，伐木砍竹，點火燒掉灌木和刨出的樹根，然後平整土地，蓋房子，在異國的土地上重建家園。

他們那批人都是各種手藝人，不事農業生產，希望能靠生產各種手工藝品來養活自己。他們每天的收入不到兩個盧比，日子過得十分清苦。後來，流亡政府又送來一些人，陸陸續續的人愈來愈多，後來達到好幾百人，靠手工藝日子愈來愈難過了。眼看無法維持下去，流亡政府只好減少定居點的人口，抽調一百人去修路。早期藏人社區裡，調派人是採用抽籤的方式，頓珠諾布抽中，又回到築路營重操舊業。那時候，北方築路營中的大部分藏人都已經被安置在各個定居點了，只剩下三個百戶，差不多三、四百人吧，還在修路。

路修完了，再去哪兒呢？那時候，印度南方正好新成立了幾個西藏難民定居點。那幾個定居點在西南部的卡納塔卡邦，幾乎到了印度次大陸的最南端，離阿拉伯海不遠。酷熱難當的地方，雪山上下來的藏人，誰都不願意去。還是老辦法：抽籤。頓珠諾布又抽中了。反正沒有家小拖累，去就去吧。這回，他被送到卡納塔卡邦的洪素定居點。生在那曲、長在日喀則的前僧人頓珠諾布痛失家園之後，不得不走向印度南方。一路走來，海拔愈走愈低，頓珠諾布終於從世界屋脊走到了海平面。

頓珠諾布來到洪素定居點，舉目四望，看到的是一片莽莽蒼蒼的原始森林。頓珠諾布又一次白手起家，操起砍刀鋤頭鐵鍬，砍樹、修路、蓋房子、開荒種地。農區來的藏人多少有點農耕經驗，可是在青藏高原積累的農業經驗，在南印度毫無用處。前三年，難民們向印度政府貸款買種子、肥料等，播種之後卻幾乎顆粒無收，欠了一大筆債。還好印度政府提供他們食物，各國慈善機構也給一些資助，不至於挨餓。三年後，他們在瑞士農業專家的指導下，開始學習科學化耕種，終於獲得了好收成，漸漸地可以自給自足了。

頓珠諾布在洪素住了六年。一九七九年，他再次返回達蘭薩拉。這時候，他已經六十一歲了，依然孤身一人，無家無業。西藏流亡政府工作人員的食堂正好需要一名幫廚，頓珠諾布就接下了這份活兒，在伙房做幫廚，一直做到一九九一年。

那年，達蘭薩拉養老院成立，為無人照料的孤寡老人提供安度晚年之地。頓珠諾布的上司勸他退休，並且為他辦理了入院手續，將他送到養老院安度晚年。七十二歲那年，在印度南來北往，漂泊了三十一年之後，頓珠諾布終於退休了。養老院在達賴喇嘛居所下方的山坡上，面對康加拉山谷，一出門就是轉經道。養老院一切免費，有專職護士照顧，每個月還發一點零用錢。

「這些年裡回過西藏嗎？」我一開口，立刻覺得自己問了個傻問題。

「沒有」老人回答。「全家人我是最小的，其他人現在肯定早就沒了。」

「有沒有家裡其他人的消息？侄子，或者親戚？」

「沒有。一點消息都沒有。」

頓珠諾布老人穿著灰色圓領衫，外面套件灰色毛背心，盤腿坐在藏式小床上。他背後的牆上掛了幅印刷的唐卡，畫的頂上掛著一條哈達，泛黃的人造絲順著畫的兩邊垂下。小床的一頭是佛龕，供著釋迦牟尼佛像和達賴喇嘛照片。老人院裡有座大經堂，衣食無憂的老人們每天到經堂念經。有老人往生，經堂的牆上就會掛上一幅唐卡。

告別頓珠諾布老人後，達瓦和我離開老人院。推開一扇半人高，從不上鎖的小門，就是轉經道。陽光下的佛塔潔白如雪，無數條五色經幡在碧藍的天空下飄蕩。佛塔後，幾樹櫻花開得正豔，喜馬拉雅雪松青翠蒼勁。一頭牛在佛塔後面的經幡下低頭吃草，兩位老婦緩慢走來，推動佛塔下面的金色經筒。眼前的一切，是那樣安寧祥和。

養老院的圍牆上畫著一幅壁畫，壁畫顏色鮮亮，筆法稚拙，有兒童畫的風格。壁畫下方寫著一行字：願天下有情眾生皆得喜樂。

阿尼諾宗

1

「大家都叫我阿尼諾宗」她接過筆，在我的筆記本上寫上Ani Norzom兩個字。「阿尼」是藏語中對出家女性的尊稱，相當於漢語中的「尼師」。

幾天前，我去西藏檔案館查資料，坐在門口諮詢台後面的青年女子告訴我說，我要找的資料在電子資料室：「出門，左拐，去那座灰顏色的房子，進門，右拐，找電子資料室主任……」

我肯定是一臉的不得要領，她索性走出諮詢台，把我帶到檔案館門口，指著離老櫻花樹不遠的一座兩層小樓：「去那裡，找電子資料室……」話沒說完，她突然高聲喊道：「阿尼啦！」

小樓門口，一位裹著絳紅袈裟的中年尼姑應聲回頭。女孩子用藏語對她高聲說了幾句話，然後用英語對我說：「你去找那位阿尼，她會帶你去電子資料室。」

金秋十月，天空碧藍，雲淡風輕，正是達蘭薩拉最好的季節。古詩有「十月先開嶺上梅」之句，而在喜馬拉雅山南，十月裡盛開的卻是櫻花。西藏檔案館旁邊有棵老櫻花樹，樹幹長滿青苔，很是古拙蒼勁，樹枝卻光禿禿的。可能是因為妨礙樓房之間拉來拉去的電線，樹幹上較細的枝椏差不多全被人砍光了，只剩下一

阿尼諾宗

些粗壯老枝，卻也開滿粉紅小花。裹著絳紅袈裟的阿尼笑容滿面，站在一樹櫻花下等我。

電子資料室主任那天恰好生病請假，資料沒查成。阿尼很抱歉，叫我改天再來。我呢，卻一直沒找到時間。

這天上午，我抽空去檔案館，翻了半天書。中午檔案館午休關門，我打算到電子資料室對面的小餐館去吃午飯。櫻花樹下，又遇到一身絳紅的阿尼。

「你要找的資料找到沒有？」她還惦記著這事兒吶。

「找到了」我說。

「你要找的照片呢？」我告訴她，我通過別的管道找到了一些照片，而且是放棄版權的。

「那就好。」阿尼笑吟吟地說。

站在樹下聊了一陣子，阿尼邀請我去她的住處坐坐。我跟著她，走到灰色小樓對面，拐個彎，上一段沿山而建的台階，再拐個彎，在兩座小樓間下一段台階，就到了她的小屋門口。

阿尼取出鑰匙開門，進去拿出兩個用舊蛇皮袋縫的墊子，放在小平房門口的水泥平台上，我和她並肩坐下，面對一座微型花園。

花園約半公尺寬，一公尺多長，土裸露著，不見花，只有些零星雜草。圍繞微型花園插著些細小樹枝，充當籬笆。沿著「籬笆」放著五花八門的容器，有瓦盆、塑膠桶、澆花用的舊噴壺，甚至還有個老式鐵皮檔案箱。黃菊花、月月紅、「死不了」，還有些我叫不出名字的花，在那些容器裡熱熱鬧鬧地開著。

「多美的花啊！」我贊道。

「全是我種的」阿尼笑了，「很漂亮，是不是？」

「漂亮極了！」我說。

我請教阿尼諾宗的年齡。「呃……我也不大清楚」她說，「應該是四十七吧。」

阿尼不知道自己的年齡？我以為是「出家人不計俗年」呢，聊下去才知道，原來阿尼諾宗是個孤兒，自幼父母雙亡，她不知道家鄉在何處，只知道自己的出生地是一個小村莊，離藏印邊界不遠。

阿尼諾宗出生時，西藏正在經歷一連串翻天覆地的大事件。「平叛」、民主改革、大饑荒，三個歷史事件同時進行。父親早逝，母親貧病交加，在家鄉無以維生，只得背著年幼的女兒，踏上了逃亡異鄉之路。到了印度後，母女倆在難民營生活了一段時間。日子艱難，加上氣候不適，母親一病不起，年幼的諾宗成了孤兒。她不記得那是哪一年，只知道那時候，自己還是個不懂事的娃娃。

孤兒諾宗被送到德里附近的西姆拉，安置在兒童村的一個「兒童之家」裡。為了讓孩子們在家庭式的環境裡長大，兒童村採用「兒童之家」的撫養方式，由一對「養父養母」來照顧一群孤兒。那時候資金有限，條件相當艱苦，一對養父母需要照顧三、四十名孩子，自然忙不過來。一個「兒童之家」就是一個大家庭，同是天涯淪落人，年齡大點的孩子自動幫助「父母」照顧年幼的孩子，生活清貧艱苦但溫暖安全，孩子們就這樣一天天長大。兒童村附設學校，到了上學年齡，孩子們就在自己所屬的兒童村裡讀書，與外界很少接觸。

不知道從什麼時候開始，孤兒諾宗心裡有了一個願望：她想要進入尼姑寺，出家當尼姑。

諾宗在兒童村裡長大，很少有機會出門。她只見過喇嘛，沒見過阿尼，也從未去過尼姑寺。在學校裡，孩子們以現代教育為主，只有很少的宗教教育。諾宗對佛教幾乎一無所知，只知道佛祖釋迦牟尼是好人，出家作阿尼，就是要像佛祖那樣，作個慈悲的，願意幫助別人的好人。可是她不知道，怎樣才能當阿尼。

有人告訴她，只要虔誠地對噶瑪巴祈禱，願望就會實現。諾宗沒見過噶瑪巴，也不知道噶瑪巴是誰，為什麼要向他祈禱。她想，噶瑪巴可能就跟佛祖一樣，是個心地慈悲的人，只要虔心對他祈禱，準沒錯。

諾宗沒有機會學習宗教儀規，也沒人教過她怎樣祈禱。「噶瑪巴，請讓我作阿尼」孤女諾宗翻來覆去地默念，「噶瑪巴，請讓我作阿尼……」。

也許是「心誠則靈」吧，有一天，西姆拉難民營來了一位訪客。客人是位英國女士，阿尼諾宗稱她「貝蒂尼師」。

在第一代西藏難民中，「貝蒂尼師」是個大名鼎鼎的人物。許多逃離西藏的僧尼，精疲力竭地到達印度難民營，遇到第一個來幫助他們的人，就是這位微笑著、雙手捧給他們一杯熱茶的外國女士。

「貝蒂尼師」有個藏名，叫嘉瑪卡措白姆。因此，人們通常尊稱她「白姆尼師」。在藏傳佛教海外發展史上，白姆尼師是一個里程碑：她是藏傳佛教歷史上，第一位正式受戒出家的外國尼姑。對孤女諾宗來說，更重要的是，這位尼師是從十六世噶瑪巴受戒出家的，並且是噶瑪巴的親傳弟子。

2

一九一一年二月，芙瑞達．豪爾斯頓出生在英國中部達比市的一個商人家庭。她的父親在第一次世界大戰中陣亡，芙瑞達由母親撫養大。如果不是進入牛津大學，芙瑞達很可能不會成為佛法西漸過程中，一個里程碑式的人物。考上牛津大學，像是一個巧合，卻又分明是命定：芙瑞達只是去幫一個朋友補習，然後忍不住自己參加了考試。結果，朋友落第，她被錄取。

芙瑞達在牛津大學攻讀哲學，她沒有想到，有朝一日她會在遙遠的印度，給一群來自西藏的僧侶講課，傳授她從牛津大學學來的西方哲學。一九三一年，聖雄甘地訪問英國。芙瑞達立刻被甘地的和平非暴力思想吸引，並且對東方思想和宗教產生了強烈興趣。大學期間，她與一名來自印度的錫克族學生巴巴基爾．貝蒂相戀，並且不顧社會偏見，嫁給了這個錫克人。婚後，芙瑞達跟著丈夫回國。印度成為她的第二祖國。芙瑞達在印度養育了三名子女，在印度找到了她的精神家園。她終身生活在印度。

有了三名子女的芙瑞達，在印度為自己開拓了一片廣闊的天地。她成為作家、教授、編輯，並且作為聯合國社會福利計畫考察團成員前往緬甸。

緬甸之行徹底改變了芙瑞達的人生軌跡。在緬甸，她有幸遇到一位高僧。這位高僧傳給她小乘佛教中的修練方法，從此芙瑞達成為佛教信徒。這條精神追尋之路，終於把她帶到第十六世噶瑪巴面前。那時候，噶瑪巴剛剛離開西藏，到達印度不久。一九六三年，芙瑞達從十六世噶瑪巴受菩薩戒，並成為噶瑪巴的弟子。噶瑪巴賜給她嘉瑪卡措白姆這個名字。一九七二年，她在香港受比丘尼戒，成為藏傳佛教中的第一位西方比丘尼。

在她成為「白姆尼師」之前，芙瑞達就對西藏難民的安置問題十分關切。她曾擔任印度政府對外事務部西藏難民問題顧問，也是最早幫助西藏難民的西方人。她在達賴喇嘛創辦的佛學校裡教授過英語和西方哲學，並且協助創建了一所尼姑院。

那時，來自西藏的孤女諾宗正在西姆拉的兒童村裡，對噶瑪巴虔心祈禱，希望有一天能夠出家為尼。來自英國的「貝蒂尼師」改變了西藏孤女諾宗的人生道路。那年，諾宗十三歲。

3

「貝蒂尼師來到西姆拉，問我們這些女孩子，有沒有人想當阿尼？我聽說這事，高興得不得了」阿尼諾宗笑著對我說。

十三歲的孤女相信，她對噶瑪巴的祈禱果然應驗了。

諾宗告別養父養母和「兒童之家」的兄弟姐妹，跟著貝蒂尼師出家，開始學習佛法。同時，她也學習英語、數學以及其他學科。後來，她被保送到一所印度大學深造。畢業後，阿尼諾宗進入喜馬偕爾邦的特累洛克普爾尼姑寺修行。

一九七七年，白姆尼師在印度圓寂。在她皈依佛教的十幾年中，創辦了多所藏傳佛教中心。她在南非首都開普敦建立了第一所佛教中心，成為把佛教傳入南非的第一人。白姆尼師生前改變了許多人的命運，其中包括來自西藏的孤女諾宗。出生在英國的芙瑞達與出生在西藏小村的諾宗，她們的生命軌跡就這樣奇妙地交匯。

八年前，阿尼諾宗離開尼姑寺，來到達蘭薩拉，到西藏檔案館找工作。

當時，檔案館正好缺少一名資料員。阿尼諾宗會說英語，又受過高等教育，受聘為資料員，負責複印資料。

很快地，阿尼諾宗就從操作影印機變成操作電腦。

「你在哪兒學會電腦操作的？」我問她。

「我哪兒學過電腦啊」她笑著說。「第一次接觸電腦，是在讀大學的時候。那時候電腦不像現在這樣普及，學校裡只有幾台電腦，只讓高年級學生使用，還要預約。」

升到高年級，阿尼諾宗夠資格使用電腦了，可總是預約不上。有一次，她總算預約上了，但是只能使用一小時。她去電腦房，上了一小時速成電腦課。

「人家告訴我，這個小東西叫『滑鼠』，然後在『滑鼠』上按一下，跳出來一個方框，叫『視窗』，再點一下，又跳出一個『視窗』，就學了這麼點兒。」阿尼諾宗笑道。

大學裡開了打字課，阿尼諾宗報名參加，學了兩個月打字。沒有電腦，學的是老式的打字機打字。

從打字機轉到電腦，也不算很難。阿尼諾宗在電腦上琢磨了幾天，東試西試的，結果教會了自己藏文輸入，接著又琢磨了幾天，用同樣的方法，教會了自己英文輸入。阿尼諾宗從複印資料到用電腦輸入資料。

現在，阿尼諾宗是西藏檔案館的藏語教師。

「開藏語課的點子是達賴喇嘛提出來的」她告訴我。「達賴喇嘛說，現在有許多外國人對我們的宗教和文化很感興趣，可是他們不懂藏語，如果我們能為他們提供藏語課程，教給他們一些最基本的藏語，會幫助他們理解我們的文化和宗教。」

於是，西藏檔案館開始了三個月一期的基礎藏語課。每天上午十一點到十二點，來自各國的「老外」們來到檔案館，跟阿尼諾宗學藏語。

「我的學生有美國人、歐洲人、南美人、印度人，還有中國人、韓國人和日本人。人家這麼遠到這裡來，學我們的語言，學我們的文化，真是很難得的事情。一個人想要學新的東西很不容易啊。」阿尼諾宗對我說，「我知道這點。我有體會。我小時候想當尼姑，學佛法，沒有人指點，很不容易。我一直祈禱，終於實現了夢想。所以，只要我知道的，我都儘量教給他們。」

阿尼諾宗一定是個好老師。可惜我在達蘭薩拉的時間太短，沒法參加她的藏語班。

達蘭薩拉的生活，雖然比六〇年代好多了，但仍然很艱苦。阿尼諾宗在政府工作人員宿舍裡分配到一套住房。小套間只有一間小廚房和一間臥室。臥室約十平方公尺，廚房就更小了。阿尼諾宗推開門，讓我進去看看。她站在臥室中間，指著斑斑駁駁的牆說：「一到雨季，這些牆都是濕的。貼上的牆紙全都發霉脫落。」

套房門口的牆根下，阿尼諾宗用生銹的破鐵桶、斷磚和木塊壘了個兩層的花台，上面放了十幾個瓦盆，曇花、海棠、仙人掌等等，有的油綠，有的輕柔。花台前面放了張破舊的小木桌。

見我舉起相機拍照，阿尼諾宗趕緊把小桌搬到一邊。

「我的花老是被人拿走」她說，「前些日子，最好的一盆花又不見了，不知道被誰拿走了。我只好用這張桌子擋在這裡，希望別人不會再把花搬走。」

我笑起來。阿尼諾宗當然知道，想要拿走花的人，這張小桌子是擋不住的。雖然有點兒心疼她的花，愛花的阿尼其實也不介意與人分享。

我要給阿尼諾宗拍張照片，她走到微型花園旁邊，對我說：「來，把這些花也照進去。」

阿尼諾宗攏了攏絳紅袈裟，在小花園邊蹲下，望著我的相機鏡頭，燦然一笑。她身旁的幾個舊瓦盆裡，大朵的菊花熱烈地開著，金黃的花兒像一朵朵火焰，在金秋的陽光下燃燒。

喜馬拉雅山南，十月原來也是小陽春。

寺廟街上的小販

1

上午十點，我準時來到寺廟街。多傑紮西架著二郎腿，很悠閒地坐在路邊的水泥防護牆上，「守株待兔」一般等著顧客過來。看到我，他站起來，把自己坐的小棉墊讓給我，招呼我坐下。我連說不必了不必了，反正我的牛仔褲也髒的不成話。他非要我坐在墊子上，我只好恭敬不如從命，坐下，拿出筆記本和錄音機。

說起來，我也是多傑紮西的顧客，在他的攤上買東西才認識他的。

環繞達賴喇嘛居所和大昭寺有一條小路，那就是著名的達蘭薩拉轉經道，當地的藏人稱之為「林廓」。寺廟街在大昭寺的高牆下，是林廓的一段。

大昭寺的高牆基是用石頭壘的，石頭上長著青苔，石縫裡冒出綠油油的羊齒植物。石牆下有一排地攤，攤主全是藏人，賣大同小異的藏式首飾和各種旅遊紀念品。地攤全都相當簡陋，有的攤主搬來一張小鐵床，鋪上一塊木板，木板上再鋪一塊單色布，上面整整齊齊地放著一排排首飾，有的攤主在牆下放一塊鋪著舊塑膠布的木板，在木板後面的石牆上掛一張塑膠布，釘上幾隻釘子，拉幾條細麻繩，掛上項鍊，佛珠，哈達等

辯經的僧侶

小商品。

一天下午，我去大昭寺看達蘭薩拉辯經院的喇嘛們辯經。時間還早，我沿著寺廟街一路走一路看，每個攤子都停留一下。受朋友所托，我要為她買幾個印度式的手鐲。可是我顯然找錯了地方，一路看來，每個地攤賣的都是藏式首飾，沒人賣印度式的，這裡是「小拉薩」嘛。寺廟街快走到頭了，再往前走幾十公尺，就是漢人稱為「大昭寺」、藏人稱為「楚格拉康」、印度人稱為「主神殿」的寺廟。這座寺廟是達賴喇嘛講經的經堂，對面就是他的住所。

只剩下最後兩、三個地攤時，我眼睛一亮：一排排擺放得整整齊齊的藏式首飾中間，放著幾隻印度式纏絲銅手鐲。我蹲下來，拿起一隻手鐲在右腕上試。有人走過來，站在我身邊。我抬起頭，一個身材健碩的男人低頭看著我，滿臉笑容，彆彆扭扭地說出幾個英文詞兒，大意是問我要不要。

「多少錢一個？」我用英文問他。

「十盧比。」攤主說。

我遞給攤主一百盧比，挑了十個手鐲，站起來剛要走，攤主突然用漢語問我：「是中國人嗎？」

「是的，是的，我是中國人。」我喜出望外。就這樣，我們約好了今天的採訪。

一個西方女人選了幾件小首飾，掏出一張鈔票遞給多傑紮西。他找不開，只好走到旁邊的地攤上，跟相鄰的攤主換零錢。照顧完生意，他走過馬路，坐下，對我說：「對不起。你有什麼問題，隨便問吧。」

「你來多久了？」我的訪談通常從閒聊開始。

「快八年了。」他回答。

「一個人來的嗎？」

「不是，十六個人一同出來的。」

「你是怎麼來的呢？」上世紀八十年代之後，中國政府允許境內藏人出國探親，有些人可以申請護照，合法出境。這些人通常先到尼泊爾，再來達蘭薩拉。許多朝聖者就用這種方式出境，到尼泊爾和印度朝聖。由於達賴喇嘛的緣故，達蘭薩拉也是西藏朝聖者必到的地點之一。大多數朝聖者會在幾個月內回到西藏，但也有少數人會留下來。留下的人裡，多數是年輕人和僧尼。

「翻崗底斯雪山。」這就是說，多傑紮西不是合法入境的。他屬於步行出走的那類流亡藏人。

多傑紮西是青海果洛人，他說他出身不好，土改前，父親是「奴隸主」。

「奴隸主？」我頓時來了興趣，一向聽說「舊西藏」的社會是農奴制，可是從來沒有認真去了解，西藏的「農奴制」到底是怎麼回事。看過幾本有關「舊西藏」的書，也只是泛泛而談，沒有定義，缺少資料，連詳盡的分析也不多見。「舊西藏」是農奴制這一點，好像已經成了一個無需探討的結論，可是最初的結論從何而來，卻沒有人提起。

「你家有過多少土地？多少名農奴？他們有沒有人身自由？」我提出一連串問題。

「哪有什麼農奴啊，我們家就是養的牲畜比較多罷了。」多傑笑著說，「那時候提到有點財產的藏人，就說是奴隸主。」

離開中國之前，多傑是某縣檢察院的書記員。既然在縣檢察院工作，還是做文字工作的，多傑想必讀過書。

「你的漢語說得不錯」我說。

「在我們家鄉，不會漢話根本找不到工作。這還不算，不會漢話真是寸步難行，買東西沒法買，出門連買車票都不行。」多傑說。「你想想，就像你在美國，不會說英語，只會說漢話，出門你怎麼辦？再打個比方，要是你只會漢話，連英語都不會說，把你放在印度的孟買，你怎麼辦？真是連動物都不如。動物還可以到處吃草，用不著跟人打交道。在我們藏區，藏人不會說漢話，日子很不好過。」多傑的語氣激動起來。

寺廟街上的小販

多傑的日子想必不會很難過。他說一口流利的漢語，能讀會寫，先在檢察院工作，後來調到法院。他又是少數民族，享受政策優惠，應該說各方面都還挺不錯的，怎麼會離開中國的呢？

「說起來話就長啦」多傑說。

小販多傑紮西的故事，得從班禪喇嘛開始說起。

2

對於我這一代的中國人來說，班禪額爾德尼·確吉堅贊並不陌生。我小時候，他的名字常常出現在各種與政協和人大有關的官方報導中，有時候，他本人也會在官方製作的紀錄片和電視新聞中露面。我記憶中的班禪，是個身高體胖的男人。文革之前，中國剛剛從大饑荒中掙扎出來，滿街的人看上去個個營養不良，乾癟瘦小，來自西藏的人大副委員長高大壯碩，令人印象深刻。站在一群中等身材的人大代表中，這位副委員長簡直像個巨人，而且他還有個富有異國情調的名字。有時候，副委員長穿著一身古怪的衣服出現在某個場合，像是在身上斜披了一塊布。那時候，我還不知道那種服裝叫「袈裟」。我對班禪副委員長所代表的一切毫無所知，甚至不知道「班禪」是個稱號，很長的時間裡，我以為那是副委員長的名字。

一九八九年一月三十日，星期一。《紐約時報》的讀者如果仔細讀報的話，或許會在訃告專欄裡看到一篇特別訃告。這篇由紀思道（Nicholas D. Kristof）撰寫的訃告說，地位僅次於達賴喇嘛的西藏精神領袖，第十世班禪喇嘛於兩天前，即一九八九年一月二十八日，在日喀則圓寂，享年五十歲。讀了這篇訃告的美國民眾很可能不會想到，對於中國境內和境外的藏人來說，這篇訃告意味著什麼。

幾個月後，四月十六日，紀思道又為《紐約時報》撰寫了一篇訃告。這回的逝者是中共中央前總書記胡耀邦。前總書記在北京心臟病突發逝世，享年七十三歲。出乎所有人的意料，前總書記的去世很快地引發了一場政治風暴。這場以北京青年學生開始的運動，迅速發展為一九四九年以來最大的民間民主運動，成為中共執政以來第一場公開暴露的政治危機。那場在整個世界驚愕目光注視下的事件，最終以暴力和流血告終，死難人數不詳。

也許是因為在中國政治中心發生的事件吸引了全世界的目光，似乎沒有多少人注意到，在遠離中國權力中心的西南邊陲，另一場危機正在悄悄發生。這場危機注定要影響許多人的生命。它將在西藏歷史上留下沉重的一頁，也將在虔信佛教的藏人心中，劃下一道深深的傷痕。

這場危機的起源，得追溯到五十多年前，第十三世達賴喇嘛和第九世班禪喇嘛的時代。一九三八年十二月十七日夜晚，青海循化溫都鄉千戶古公才旦的妻子索南卓瑪產下一個男嬰。地處偏僻的藏村裡添了個男孩兒，這本是件很普通的事。可是有人說，這個名叫貢布才旦的男孩子降生時，夜色朦朧的天空裡突然浮出一道彩虹。彩虹雖是吉兆，出現在冬天的黑夜裡，卻有說不出的詭異，仿佛是個不祥的預示：隨著冬夜彩虹而來的男孩，雖將身居高位，但此生注定命運多舛。

兩個多月前，也就是一九三七年十二月一日，第九世班禪喇嘛在青海玉樹圓寂，當時他正在前往西藏的途中。兩支尋訪九世班禪轉世靈童的隊伍很快就要出發。

班禪喇嘛是藏傳佛教格魯派的領袖之一，也是格魯派的兩大仁波切轉世系統之一。「達賴」這個稱號始於一五七八年，累世相傳至今為十四世，「班禪」的稱號始於一六四五年，傳到人大常委會副委員長班禪額爾德尼．確吉堅贊為十世。虔信佛教的藏人認為，班禪喇嘛是無量光佛的化身。「班禪」是梵文「班智達」，即「學者」，和藏文「禪寶」的省略合稱，意思是「大學者」。傳統上，達賴喇嘛駐錫拉薩的布達拉宮，班禪喇嘛駐錫日喀則的紮什倫布寺，兩位宗教領袖互為師徒，從五世達賴和四世班禪洛桑確堅以來，雙方相互認證對方的轉世靈童。

表面看來，班禪與達賴關係應當是十分密切的。可是在現世生活中，事情往往比表面顯示出的狀況複雜得多。第九世班禪喇嘛和第十三世達賴喇嘛失和，九世班禪離開日喀則，流亡青海，靠國民政府的資助維生。有生之年，他一直夢想返回西藏。他們的關係中加入了中國這個因素，因而更加錯綜複雜。很自然地，他們之間複雜的關係也隨著兩位當事人的輪迴轉世而影響到下一代。

一九四一年，紮什倫布寺的恩久仁波切率領的尋訪隊在青海勘察，循化溫都鄉千戶之子，年方三歲的貢布才旦中選，成為九世班禪轉世靈童候選人之一。兩支尋訪隊共選了十名候選靈童，送到青海的塔爾寺做進一步測試。

經過測試，一名幼童被確認為九世班禪轉世靈童。不料這位幼童卻突然夭折。尋訪團選出第二名靈童，那個男孩也很快夭亡。這一連串不祥之兆使得尋訪團大為恐慌，不得不擴大測試範圍，最終千戶之子貢布才旦中選，被紮什倫布寺的尋訪團確認為九世班禪的轉世靈童。

在尋找九世班禪的轉世靈童這件事上，布達拉宮和紮什倫布寺各有自己的算計，因此各有自己屬意的候選人。傳統上，班禪轉世靈童的最終確認權在布達拉宮。

由於布達拉宮與紮什倫布寺對十世班禪的人選相持不下，紮什倫布寺轉向中國國民政府尋求幫助。一九四九年六月三日，國民政府代總統李宗仁頒布命令，免除金瓶掣簽，承認貢布才旦為九世班禪轉世靈童。八月十日，在國民黨政府專使、蒙藏委員會委員長關吉玉和青海省政府主席馬步芳主持下，在塔爾寺舉行十世班禪坐床大典。但十世班禪未獲得拉薩政府的承認。

一九四九年十一月二十四日的《人民日報》，刊登了班禪喇嘛給毛澤東和朱德的致敬電報，電報代表西藏人民「向鈞座致崇高無上之敬意，並矢擁護愛戴之忱。」電文中也不失時機地提出：「……班禪世受國恩，備荷優崇。二十餘年來，為了西藏領土主權之完整，呼籲奔走，未嘗稍懈。第以未獲結果，良用灸心。刻下羈留青海，待命返藏。」電文的起草者似乎忘記了，當時的班禪喇嘛年僅十一歲。電報當然也不會說明，當時的十世班禪尚未得到西藏政府的正式承認。

這份電文很快得到回應。一九五〇年九月，毛澤東在北京接見班禪致敬團。次年五一勞動節，阿沛・阿旺晉美和年僅十三歲的班禪喇嘛被邀請上天安門城樓，毛澤東在天安門城樓上與班禪喇嘛談話。日後，在中央政府與西藏政府代表團於北京簽訂的《十七條協定》中，承認十世班禪喇嘛是協議的一項條款。這項條款的通過，頗經過一番爭端，險些導致談判破裂。簽訂協定之後，也就自然承認了十世班禪喇嘛的身分，以及他作為西藏位居第二的領袖地位。

一九五一年十二月十九日，在中國人民解放軍警衛營的護送下，十世班禪喇嘛率領班禪堪布會議廳主要成員從西寧啟程，返回西藏。次年四月二十八日，班禪喇嘛到達拉薩。當日下午，十四歲的班禪喇嘛在布達拉宮日光殿拜見十七歲的達賴喇嘛，結束了兩位西藏精神領袖之間的隔絕。

一九五四年十二月，剛滿十六歲、在民主國家裡尚未獲得選舉權的的班禪喇嘛，和年方十九歲的達賴喇嘛，被委以一連串頭銜，包括西藏自治區籌備委員會正副主任、人大副委員長、人大委員等等。兩個來自西藏高原、在封閉的社會裡成長、對現代政治一無所知的年輕人，突然被籠罩在耀眼的光環裡，卻是位高權虛。這兩位年輕的西藏領袖日後還有兩次會面。他們一同在中國和印度旅行，一同受到毛澤東與周恩來的接見。

西藏的這兩位精神領袖，今生今世只有這三次相會之緣。一九五九年三月，拉薩事件，象徵光明的班禪喇嘛與象徵慈悲的達賴喇嘛分道揚鑣，各自走向不同的方向。二十四歲的達賴出走印度，二十一歲的班禪留居西藏。不過，班禪喇嘛在西藏的日子也只剩下短短幾年了。

「那時候……一九……八九年吧，好像是八九年」紮西多傑用帶著濃重西南口音的漢語說，「班禪喇嘛不是在拉薩逝世了嗎？元月……大概十八號嗎？還是二十幾號？具體我記不清了，時間太長了。」多傑紮西撓著短髮，努力回憶往事。

我坐在寺廟街邊的水泥護牆上，一言不發，聽著他斷斷續續，自言自語般地敘述。不時有汽車駛過，揚起一縷煙塵。

班禪喇嘛圓寂的日期是一九八九年一月二十八日，距今快二十年了。

「那時候你年紀不大吧？」我問。

「年紀不大，也不算太小」多傑紮西說。「我大概……二十一歲吧。」

二十一歲。拉薩事件爆發時，班禪喇嘛也是二十一歲，正是青春年少的大好時光。二十一歲的班禪喇嘛，在達賴喇嘛出走之後，被提升為西藏自治區籌備委員會主任，填補了達賴喇嘛留下的空缺。今後的幾十年中，班禪喇嘛成為他所屬民族的最高代言人，努力在他的民族與中央政府之間協調，盡力維護自己民族的利益，為此，他付出了極大的代價。

3

「那時候果洛那邊傳遍了……那時候，現在的國家主席，總書記胡錦濤，那時候是西藏自治區的主席。」多傑繼續回憶，「有這麼一個謠言，說西藏自治區的領導和自治區的藏人聯合起來，把班禪喇嘛毒死了。」

「是的」我說，「確實有過這樣一個謠言。不過並沒有任何證據能夠證實，班禪喇嘛死於下毒。」

一九八〇年之後，班禪喇嘛擔任中華人民共和國憲法修改委員會委員、援助西藏發展基金會主任委員、中國佛教協會名譽會長和中國藏語系高級佛學院院長。

一九八二年六月，闊別西藏將近二十年之後，班禪喇嘛終於得到中共中央的批准，重返西藏。經歷過文化大革命洗禮之後的拉薩，已是面目全非。昔日神聖的三大寺廟都遭到慘重破壞。曾經是世界最大寺院之一的甘丹寺淪為廢墟，大昭寺遭到拉薩居民和紅衛兵的全面破壞。歷代班禪的駐錫寺紮什倫布寺也未能倖免。五世到九世班禪的靈塔被砸毀，先輩班禪的遺骨從靈塔中抛出，散亂塵埃，最後被抛進河裡。夜深人靜之後，一些虔誠的民眾悄悄撿回遺落的先輩班禪遺骨，藏進一個山洞裡。

在此次訪問期間，一群來自日喀則的民眾前來朝拜班禪喇嘛。他們親手交給班禪喇嘛一個包裹，裡面是他們冒險保存下來的先輩班禪遺骨。班禪喇嘛手捧劫後倖存的遺骨，感慨萬端。他發願要重修班禪靈塔。一九八八年，靈塔落成。一九八九年一月九日，擔任第七屆全國人大副委員長的班禪喇嘛離開北京，前往西藏參加班禪東陵紮什南捷，即五世至九世班禪合葬靈塔的開光典禮。

根據官方報導，紮什南捷是五十年來在西藏寺院內修建的最大的靈塔，也是政府對西藏宗教建築最大的一筆投資，政府調撥的物質共計黃金一千一百零九公斤、白銀一千公斤、水銀六百六十五公斤等等。報導沒有提及信徒們的私人捐資。

班禪喇嘛到達拉薩，見到高聳的布達拉宮，心中是否百感交集？一九五二年，他初次見到布達拉宮，是去拜見十四世達賴喇嘛。西藏的兩位青年領袖相逢一笑，泯卻前世恩仇。如今，布達拉宮人去樓空，神韻盡失，變成一個空蕩蕩的博物館，供人參觀、瞻仰、回憶，或是憑弔。

次日，班禪喇嘛到大昭寺拜佛。當他進入大昭寺時，內心的感受，他人不得而知。一九八九年的大昭寺，與一九六四年他遷居北京之前的大昭寺，以及他初次參拜的大昭寺，已經大不相同。千年古寺屢遭劫難，如今物不是，人亦非，就連班禪喇嘛那天朝拜的十一面千手觀音像，也不是原作，是文革之後仿照原像重塑的。

當這一切發生著的時候，負有護教弘法責任的兩位大仁波切都不在西藏境內。達賴喇嘛流亡印度，班禪喇嘛居留北京。就在大昭寺被砸的同一個月裡，他被紅衛兵五花大綁，從北京的家中拖出來，關押在中央民族學院。班禪喇嘛身高體胖，細細的尼龍繩深陷在肉裡，以至於從外面看不見繩子。接著，西藏萬民景仰的班禪喇嘛，在中央民族學院的數千人批判大會上被批鬥。

這一切，中共中央並非不知情。一九六六年十月十五日，國務院總理周恩來接見中央民族學院幹訓班索朗頓珠等十一名西藏學生。談話中，文革期間在民眾中享有崇高威望的總理說：

班禪的錯誤很嚴重，但還要看一下。一九五九年達賴叛國，西藏在平叛後進行了經濟改革，班禪當了西藏自治區的代理主任。但是作為農奴主的代表，班禪起了野心。一九六〇年和六一年，他阻止喇嘛還俗，還到內地四出活動。當時，主管統戰工作的李維漢、習仲勳右傾，對他無原則遷就，班禪終於在一九六二年野心大爆發，寫了一個「七萬言書」，暴露了他的反動本質。

一九六四年，西藏人民對班禪進行了鬥爭，一九六五年在全國人民代表大會上對他進行了揭露和批判。因為他中毒深，交待不好，撤銷了他的西藏自治區代理主任和人大常委會副委員長的職權，保留一個政協常委的職務，這主要是為了給他保留一個自新的機會。毛主席教導我們：「階級鬥爭是不以人們意志為轉移的。」班禪的問題證明了這一點。最近你們對他進行了三次鬥爭，很好，我們想還是讓他留在北京改造，再看他一下。

「留在北京改造」和「再看一下」的結果是，一九六八年，二十八歲的班禪喇嘛被正式關進監獄。這時候，距離一九五〇年九月二十三日，中共中央向西北局、西南局和青海省委發出文件，肯定「班禪集團願意同我們合作，是一件很好的和很重要的事情，是合乎愛國和團結的精神……」不到二十年。短短十幾年裡，班禪喇嘛就從「愛國主義者」淪為囚徒。在一間單人囚室裡，藏人心目中的無量光佛被整整關押了九年零十個月。

在監獄裡的班禪喇嘛是否知道，中央人民政府和談代表之一，中共中央駐西藏代表、西藏工委第一書記、西藏軍區第一政委張經武將軍，也在一九六七年被關進了監獄？在現代西藏的政治舞台上，張經武是一位舉足輕重的人物。入藏之前，他曾任中央軍委辦公廳主任，兼軍委人民武裝部部長。一九五一年八月十五日，《人民日報》報導說，「達賴喇嘛於七月十六日在亞東會晤中央人民政府赴藏代表張經武，七月二十一日率西藏地方政府僧俗官員多人啟程遄返拉薩。張經武代表亦於七月二十三日啟程前赴拉薩。」雖然並不符合歷史事實，但「勸返」避難亞東的達賴喇嘛，成為張經武將軍的一大串功勞之一。

達賴喇嘛在自傳《流亡中的自由》中，寫到他與張經武將軍在拉薩的初次會見。十六歲的達賴喇嘛按照古禮，在衛兵的司令部會見張經武將軍，不料張將軍為此大發雷霆。「我一看到他唾星四濺，結結巴巴，雙眼暴凸，雙頰赤紅，拳打桌子，起先嚇了一跳。」達賴喇嘛回憶，「我隨後發現，這位將軍經常這樣發雷霆之怒。」

二十年後，性格暴躁的張經武將軍在獄中遭到酷刑毒打，三根肋骨被打斷。一九七一年十月二十七日，「在和平解放西藏，建設社會主義新西藏，保衛祖國西南邊疆，加強民族團結和鞏固祖國統一的偉大事業中，作出了重大貢獻」的張經武將軍不堪酷刑和饑餓，死在獄中。他的死訊一年多之後才被通知家人。直到一九七九年八月二十七日，去世將近八年後，張經武將軍才得到平反昭雪，恢復名譽。

雖然位居全國人大副委員長，班禪喇嘛畢竟是西藏境內的最高宗教領袖，護教弘法，乃是他的責任。幾十年來，昔日的佛國屢遭劫難，寺院凋零破敗，聖物散失殆盡，佛像不知所蹤，僧侶星散四方，班禪喇嘛內心深處的感受，世人是永遠無法得知了。

一九八九年一月十三日，班禪喇嘛抵達紮什倫布寺。九天後，他親自主持靈塔開光典禮。二十六日，已感倦怠的班禪喇嘛堅持著，為各地湧來的民眾摩頂祝福。二十七日夜間，班禪喇嘛感到疲倦，提前離開為他舉行的晚會，回到住處休息。他再也沒有走出那個房間。

《紐約時報》的訃告援引中國官方說法，班禪喇嘛的死因是心臟病突發。政府發布的訃告稱班禪喇嘛為「偉大的愛國者」，並為他舉辦了隆重的追悼會。但是，班禪的猝死在藏人間卻引起了「下毒謀殺」的聯想，「陰謀論」大起，謠言如同野火，迅速燒遍藏區。

「謠言傳遍了，說班禪喇嘛是毒死的。」多傑紮西說，「他身體非常健康。當時說，他太太說了，班禪喇嘛身體非常健康。他太太是漢人，她說班禪喇嘛死得非常冤枉。謠言傳到我們那裡，我就跟幾個人一起，上街貼了標語。」

「你貼了什麼標語？」我問。「班禪喇嘛不僅是西藏的精神領袖，他也為各民族之間的團結作出了貢獻。他的下場，被毒死，這太冤枉了。我貼了這樣的標語。」多傑說。

其實，有關班禪喇嘛的謠言以前也有過一次。在他入獄期間，班禪喇嘛從公眾視線中突然消失，銷聲匿跡多年，世人不知他的下落，有謠傳說班禪喇嘛已經在北京圓寂。不過這個謠言流傳不廣，文革之後，班禪喇嘛再度出現在公眾視線裡，謠言不攻自破。

「我還寫了……」多傑接著說，「中國政府不是有個民族自治法嗎？」

「對」我說。多傑所說的「民族自治法」正式的名稱叫作《中華人民共和國民族區域自治法》，一九八四年十月一日起施行。

「自治法裡頭寫出來了，本民族有使用自己語言文字的權利。但是在我們果洛，使用西藏的文字是不行的，特別是在工作崗位上。」

「你是說，任何工作，特別是政府工作，你必須得會說漢語？」我問。

「是啊。在我們那裡學了藏文也沒有用。我們藏人不會漢話，到商店裡買東西都不行。買汽車票也買不到。我們全家到塔爾寺去拜佛都麻煩。」多傑提起這些，仍然很氣惱。我理解他的心情。語言不僅僅是一個交流工具，同時也是一個民族文化的載體。一個民族失去了自己的語言，也就失去了自己的集體記憶，以及自己的文化認同。對一個相對弱小的民族來說，守住了語言，也就守住了自己的文化之根。

在班禪喇嘛圓寂之前，藏語處於什麼樣的狀況呢？一九八八年，班禪喇嘛在第一次「中國藏學」工作會議上的講話中提到，他與阿沛·阿旺晉美聯合推動在西藏學習、使用和發展藏語文。「在西藏還有必要大講要求使用藏文，學習藏文，發展藏文雖是讓人羞愧的事」班禪喇嘛說，「但事實確實如此，成為必需的、不這樣不行的事。一千三百餘年使用藏文過得好好的地區，在解放後，在共產黨領導下僅僅二十年，藏文竟然完全沒有了。」

多傑對自己本民族語言的執著，令我想起「開封猶太人」的故事。這群人數很少的猶太人從祖居之地輾轉來到中國，定居開封。在漢民族的汪洋大海中，一小群猶太人猶如一個文化孤島。可是，他們在中國堅守了近千年未被同化，卻在大約十九世紀中期時開始分散，最終被徹底同化。究其原因，太平天國時期的動亂導致的遷徙是原因之一，但未必是最根本的原因；還有一個關鍵的原因是：當開封猶太社區的最後一名拉比去世後，用於宗教儀式的希伯來語失傳，沒有人能夠閱讀《聖經》，因此也無法進行宗教儀式。隨之而去的是作為猶太人文化認同核心的宗教，以及有關歷史與祖先的集體記憶。失去文化之根的猶太人散落在龐大的漢民族之中，很快被同化，消失得無影無蹤。

4

「貼了標語之後，出了什麼事？」我把話題拉回來。

「貼了標語之後」多傑說，「人家懷疑我，把我關了十二天。我沒承認，最後把我放出來了。我回到單位，繼續工作。」標語事件，多傑僥倖蒙混過關。

一群蒙古遊客吵吵嚷嚷地走過來，其中幾個放慢腳步，一個地攤一個地攤地看。多傑對我說聲「對不起」，走過馬路，去照顧生意。一位裹著絳紅袈裟的高個子阿尼從轉經道那邊走來。她肩上掛著「喇嘛袋」，懷裡抱著一把綠油油的青菜，滿臉平靜祥和。我舉起相機，阿尼靦腆地對我笑了笑。我按下快門，收藏了阿尼的微笑。

多傑走過來，張開巴掌給我看：「你看，

寺廟街上的阿尼

這些蒙古人，漢話不會說，英語也不會說！」多傑的左手心裡寫滿了算術式，有加有減，看來這是多傑獨特的溝通方式。我不由笑起來。

「後來，是一九九五年吧，我們縣搞縣慶。解放了嘛，有個紀念日，解放紀念日，我們那裡舉行慶祝活動，跳舞唱歌什麼的。我收到了……那時候縣城裡到處都可以找到的，達賴喇嘛的一個講話，好像是達賴喇嘛提出的和平解決（西藏問題）的五點方針計畫，他在歐洲議會提出的。」「對，對，是有這麼份文件」我說。不過多傑記憶有誤，「西藏和平五點方案」是達賴喇嘛一九八七年九月二十一日在美國國會人權小組演講時提出的。一九八八年六月十五日，達賴喇嘛在歐洲議會演講，重申他提出的這五點方案。

「看了這份文件之後，我們才知道，在歷史文化方面……原來中國說西藏在歷史上是中國的一部分。聽了那些宣傳，一些情況我們不知道。這時詳細看了這份文件，我們想，原來在語言方面，民族方面，（漢藏）分歧比較大。」多傑說，「在果洛，分歧非常大，對漢人非常不滿。」

「你是說，藏人對漢人非常不滿？」我問。

「是啊，藏人對漢人非常不滿。」他說。

「就是說，民族關係很緊張，」我套用一句很中國的政治術語。

「是啊，非常緊張。漢人提起我們，就是『那些老藏民』。說起來你可能都不相信，我們到漢人的飯館去，幾個人一起吃飯，說話聲音大了一點，就把我們趕出來。我們就打，把幾個飯館打到外縣去了。到現在還是一樣。我給老家打電話，他們告訴我。」多傑說，「我們老家以前釣魚殺生這是幾乎看不見的。釣魚是看不見的。現在來了漢人以後，他們喜歡吃魚，就在我們那裡釣魚。」

這就是兩個不同文化的衝突了。傳統上，藏人不吃魚。藏人認為殺生是罪過，為了生存不得不殺生，那也得儘量減少殺生，因此，傳統上藏人是不吃魚蝦等小動物的。

「還有我們的聖山，他們去那裡挖貝母，挖冬蟲夏草。大部分是四川人。緊接著就是砍伐。我們那裡有座聖山，叫什麼名字的，反正是很有名的聖山，上面還有寺廟。他們在那裡挖金礦，採金。不是當地人幹的，是外面的人，從黑龍江來的人，運到那裡以後，挖了那些地方。」

「把聖山給挖了？」我問多傑。在任何一個信仰宗教的民族裡，聖山上的一草一木都是不可侵犯的，在聖山上動土，褻瀆神聖，那是嚴重傷害信眾的事情。

「挖了！全部都挖了！」多傑說。「現在你要是回去，你去調查的話，都很清楚。全部都挖了，什麼都沒有了。我們都很氣憤，老鄉們都非常氣憤。可是沒有辦法，你告到哪裡去？但是心裡記住，全部都心裡記住，就是不敢說。說了以後……一個人反對，一個人抓，就這樣的。我們那時候抓了很多人，在縣城裡面。」

班禪喇嘛猝逝這個事件，使多傑重新審視自己作為藏人的存在方式和生存狀況。他開始思考自己，以及本民族的未來與出路。

「一九九五年，我們縣城的很多年輕人對政府的政策不滿，我們就貼標語。要求把漢人全部趕出去。我們要自由。我們歷來都住在這裡，你們沒有必要留在這裡，你們回去！」多傑注視著來往行人，自語一般地說。

為了採金而褻瀆聖山，從表面上來看，是經濟發展與文化傳承的矛盾，但是從另一個角度來看，這個矛盾折射出一個宗教意識淡漠的民族，與一個宗教已經融入生活，成為文化基因的民族之間衝突的本質。

「當時我們中的一個，叫才朗的，他爸是水電站的站長，給抓了。他抓了以後送到監獄。（我們）大概就是八個人吧，有他一個，我也是一個。但是他沒有供出我。」

後來，多傑紮西的日子愈來愈不好過了。他本來要被提拔的，但提升被取消。他想調到一個鄉裡去，也沒有得到批准。「說我政治上有問題」多傑苦笑了一下。

「這樣一來，我沒法工作了，各方面都施加壓力。在單位裡，我們的檢察長是河南人，給我施加很大的壓力。在工作方面有很多麻煩，我沒有辦法，只好流亡到這裡來了。」

「你來的時候，父母知道嗎？」有不少流亡者，為了不給家人帶來麻煩，是悄悄離家的，到了印度之後才設法告訴父母家人自己的下落。

「我離開的時候，父母不知道」多傑說。「到拉薩以後我給父母打電話，告訴他們我離開的原因。我沒有搶東西，也沒有偷東西，為了自己的民族吧，算是。」

多傑到了拉薩，去大昭寺祈拜。正在他專心拜佛的當兒，一位喇嘛走到他身邊，問他從哪兒來？

「我說我老家是青海果洛的。喇嘛問我是來朝拜嗎？還是要去哪裡？我說我要去印度，喇嘛說他可以幫我聯絡。」多傑向喇嘛探問價格，說是需要人民幣二千五百人民幣。多傑身上只有二千塊錢，他把錢全部交給了那位喇嘛。

「路上吃東西遇到很大的麻煩」多傑說。

「你身上完全沒有錢了？」我問他。

「完全沒有錢了，」多傑說。「路上沒辦法，帶路的人是德格人，他有個侄子，也帶著走。他跟我說，這孩子你背上，你一路上吃的都給你，免費。」

就這樣，多傑背著一個陌生的孩子，跟著互不相識的十五名逃亡者，在一九九九年十一月，西藏高原最寒冷的季節裡，翻越崗底斯雪山，走向印度。

5

「在路上走了二十一天」多傑告訴我。後來我才知道，「二十一天」通常指得是從拉薩到尼泊爾邊境的步行時間，過了邊境之後，還得步行至少兩個禮拜。這還是在沒有遇到任何麻煩的情況下，遇到意外情況的話，時間會更長。

他背著嚮導的小侄子，一群人一路步行，前往尼泊爾。夜晚，在比較安全的地區，可以點火取暖。吃的只有糌粑。

「糌粑不是要用水泡的嗎？」我問多傑。

「乾的也可以吃」他說，「吃得嘴唇起泡，皮都裂了，出血。有時候也燒火，化點雪水喝。到了軍……」

「到了哪裡？」我沒聽清。

「我的漢話好久沒說，說不好了」多傑表示歉意，「就是營房，軍人住的房子。」

「噢，軍營，」我說。

「對，對，軍營區。軍人都有房子，軍人睡在裡面，我們躲在外面。」

「他們不知道？」

「不知道，不知道」多傑笑著說。「我們都念經嘛。念達賴喇嘛的經，一般西藏人念經，都會加上兩個字：達賴喇嘛千諾。達賴喇嘛千諾、達賴喇嘛千諾的。千諾的意思……就是，『我一切都獻給你了』，『你知道我』——達賴喇嘛你知道我。『達賴喇嘛千諾』就是『達賴喇嘛你知道我（鑑知）』。我們遇到大事，就叫『達賴喇嘛千諾』，人到臨死時，在他耳邊叫『達賴喇嘛千諾』，他就會投生到西方極樂世界。」

「你們路上遇到危險的時候，就叫這個？」我問。

「是。遇到危險就叫一聲。我們大家一塊出來的，大家都有『瑪拉』（念珠），一百零八顆，全部都念『達賴喇嘛千諾』，『達賴喇嘛千諾』。帶路的人給我們下令，必須要念這個。帶路的說，你們要安全到達印度的話，一定要念這個。」

蒼蒼高原，莽莽雪山，在這樣嚴酷的環境裡，一小群逃亡者的生命實在太渺小了。他們猶如一行螻蟻，在大雪山裡緩緩前行。一路上危機四伏，兩名同伴凍傷了腳，後來不得不截肢。路上還路過軍營，隨時有可能被抓住，被打被關。在那樣的境況下，每向前走一步，都需要強大的精神力量來支撐。多傑和他的同伴們，就從「達賴喇嘛千諾」這句祈禱詞中，獲得翻越大雪山的力量。

「那個帶路的帶了十三年路，從來沒有出過事，從來沒有人被抓過。」多傑說。「前年，我去菩提迦耶朝聖，碰到他。問他還在帶路嗎？他說還在帶路。我問他有沒有人被抓？他說沒有，一個都沒有。他要求每個人都要不停地念『達賴喇嘛千諾』。要是不念，他就不給領路。」

十六名逃亡者，其中還包括一個孩子，就這樣一路念著「達賴喇嘛千諾」，千里迢迢走向異國他鄉，追隨他們心中的觀音菩薩。

本來他們不必用如此艱難的方式去拜見達賴喇嘛的，本來他們只需要去拉薩就行了。一九五九年之後，達賴喇嘛出走，對藏人的心理是個沉重的打擊。起初，班禪喇嘛還留在西藏，多少是一點安慰吧。可是，達賴喇嘛出走之後不過三年，班禪喇嘛因言獲罪。

一九六〇年開始，班禪喇嘛用了將近一年的時間，在青海、甘肅、四川、雲南等地的藏區視察。他所見到的藏族民眾的生存狀況，以及宗教被毀壞的程度，使年僅二十二歲的人大副委員長大為震驚。

一九六一年一月，班禪喇嘛視察藏區之後，認為藏區的問題十分嚴重，作為藏民族的代言人，自己有必要將真實情況上報黨中央。為此，他寫了史稱《七萬言書》的信，向中央報告藏區平叛擴大化，囚犯遭受虐待，藏區糧食不足，饑饉遍地，宗教受到極大破壞等問題。

從字裡行間可以看出，班禪喇嘛起草這份報告時，內心翻湧的感情：

這次我在青海省幾個地方視察時，有不少越過基層幹部的各種阻撓之難而來朝拜的藏族群眾，不論男女老幼，一見我就想起了一個時期以來的痛苦，情不自禁的流出眼淚，他們中的一些大膽的人，流淚哀呼「勿使眾生饑餓！勿使佛教滅亡！勿使我雪域之人滅絕！為祝為禱！」

同胞們錐心泣血的殷殷期盼，雖然貴為班禪喇嘛，高居人大副委員長之職，他也無力承擔。班禪喇嘛的同胞們又怎能得知，他們心中象徵著光明的大仁波切，不久就將自身難保？就在他埋頭撰寫《七萬言書》的時候，一九六一年七月九日，國務院第一一一次全體會議通過決議，同年九月十九日，班禪堪布會議廳被撤銷。

《七萬言書》上交之前，班禪喇嘛將文稿給他的經師恩久仁波切，阿沛．阿旺晉美，以及佛學大師、當時的青海省副省長喜饒嘉錯過目。恩久仁波切深知，這份文件上交之後，將會帶來什麼樣的劫難。年老的經師流著眼淚，苦勸班禪喇嘛不要上交這份報告。班禪喇嘛執意不從。他逐字逐句仔細推敲，命人將藏文原文翻譯成漢語，再逐字逐句翻回藏語，務使文字校勘沒有紕漏。一九六二年五月，校勘完畢。班禪喇嘛向周恩來口頭彙報了報告的基本內容，並於六月正式提交。那一年，班禪喇嘛二十四歲，與出走印度時的達賴喇嘛同齡。

恩久仁波切的擔心終於成為事實。報告上交僅僅幾個月後，風雲突變。十月，統戰部長李維漢遭批鬥，被打成修正主義分子。班禪被要求在「西藏工作委員會」的會議上做檢討。

一九六三年，班禪喇嘛被隔離審查。他被關在家中，心情鬱悶。為了排遣內心積鬱，他求神問卜，記錄下自己所寫的卦辭和夢兆。後來這些手稿被抄家搜去，成為他的罪證。

一九六四年，懸在班禪喇嘛頭上的利劍終於落下。是年九月十八日到十一月四日，任西藏軍區司令員的張國華主持西藏自治區籌備委員會第七次擴大會議，班禪遭到批判，被打成「叛國集團」首腦。他的「叛國集團」成員包括計晉美、班禪經師恩久仁波切、班禪駐北京辦事處主任孫格巴頓等，也就是說，幾乎整個「班禪集團」都一變而為「叛國集團」，被一網打盡。會議結束時，班禪喇嘛被戴上「三反分子」帽子。次年十一月，班禪喇嘛全家遷往北京。隨後，在一九六四年十二月二十一日到一九六五年一月四日舉行的第三屆人大一次會議上，班禪喇嘛被撤銷全國人大副委員長職務。與此同時，在十二月二十日至一九六五年一月五日舉行的四屆政協一次會議上，班禪喇嘛被撤銷全國政協副主席職務。

歷史將會記住，上世紀六〇年代初，大饑荒席捲了整個中國，中原地區幾乎是餓殍遍野。泱泱中國，不顧自己安危，上書為民請命者只有兩人，一位是彭德懷將軍，一位是班禪喇嘛。仿佛是某種宿命，不到十年之後，這兩位敢言者都為他們所發出的聲音入獄。戎馬一生的老將軍不曾戰死沙場，卻死在自己為之奮鬥的共和國監獄；班禪喇嘛憑著身強體壯，活著走出了關押將近十年的囚房。

然而，不是每個人都有這樣的幸運。與班禪喇嘛上書有關的人，也未能倖免於難。在班禪喇嘛遭到批判的同時，一九六四年十月，德高望重，曾任中國佛教協會副會長、中國佛學院院長、青海省副省長等職的佛學大師喜饒嘉措被安上「裡通外國」，「叛國集團骨幹」，「串通叛亂」，「擬定反動綱領」等罪名，遭到批判。年底，喜饒嘉措大師被遣送回青海，繼續批鬥。文革期間，年已八旬的大師未能倖免，多次遭到批鬥。一九六八年十一月一日，著作等身的佛學大師喜饒嘉措辭世，圓寂時身邊沒有一個人，屍身兩天後才被人發現。

臨終之前，喜饒嘉措大師是否會回憶起，一九五一年五月九日，他擔任青海省人民政府副主席的時候，在西安人民廣播電台向達賴喇嘛和他的同胞們發表的講話？講話中，他向他的同胞們宣傳中國共產黨的民族和宗教政策，呼籲同胞們「努力爭取和平解放，迅速派遣全權代表赴京進行和平協商，使西藏人民避免不必要的損失，經由和平途徑達到解放。」當時，喜饒嘉措大師對他的同胞們說：「共同綱領中民族政策的四項條文，特別是第四項條文，就是民族宗教信仰自由在法律上有力的保障。已經獲得解放的青海、西康等省佛教和寺院都受到尊重與保護。」有理由肯定，大師當時確實是衷心相信，他的民族的宗教和文化將會得到尊重和保護的。然而，這一切並沒有按照他的心願，也沒有按照紙面上的承諾發展。

一九六四年遷居北京之後，班禪喇嘛不能隨意回鄉，也不能參與西藏的事務。自達賴喇嘛一九五九年出走之後，班禪喇嘛在西藏僅僅居留了不到五年。兩大仁波切離去，西藏寺院大批毀壞，大批德高望重的學者不是流亡境外，就是死於戰亂或獄中，西藏不再是昔日的佛國。

至少在表面上，一種外來的意識形態終於倚仗暴力消滅了西藏文化。

然而，將近五十年來，藏人的流亡從未中斷。即使是在文革最慘烈的年代裡，也有一些藏人帶著簡單的行李，背著乾糧，衣袋裡放著念珠，一路念著「達賴喇嘛千諾」，冒著生命危險走向印度。

「過雪山走了幾天？」我問多傑。

「過雪山走了……大概就是七天吧。」他說。

「七天，完全在雪山裡面走？」

「完全在雪山裡面。崗底斯雪山有一條溝，很長的一條溝。他有時候（把我們）領到溝裡去，說那邊不能留，有中國人的軍營區。他說這裡的軍人比較老一點，喜歡喝酒，他們會睡覺的。」多傑笑起來。「他把那些人行動的時間都掌握得很清楚。他帶路可有經驗啦，他帶路時間長了嘛。」

「七天後你們到了尼泊爾？」

「尼泊爾邊境那邊有座雪山，藏話叫夏爾貢布，以前達賴喇嘛在流亡的時候也走過這條路。」我拿起筆記本，記下這個地名，旁邊寫上：回去查。回到紐約後，經過一番查詢才知道，夏爾貢布不是山名，而是那個地區的名稱。囊帕拉通道就在夏爾貢布地區。通道北側是西藏軍區定日軍分區的轄區，南側屬於尼泊爾。也就是說，多傑和他的同伴們也是通過囊帕拉通道走來的。

「那個地方很冷。晚上一個人的腳凍掉了。」

「整個凍掉了？」我問。

「整個凍了。那裡太冷，晚上睡著了不知道，腳凍掉了。尼泊爾到了以後，腳上全都是水泡。一個女的，我們一塊來的。她是我上頭一個部落的人，其他都是拉薩人和康巴人。五個腳趾頭都割掉了，在尼泊爾達賴喇嘛的接待站。就是這樣的。」

我看一眼錄音機，小紅點隨著多傑的聲音閃動，錄音機工作狀態正常。

「我那時候穿中國的解放鞋，最大號的，裡面塞羊毛。眼睛現在有時候會看不見。」

「眼睛被雪地反光照的？」我問。長時間在雪地裡活動，不戴防護鏡的話，雪地的反光對眼睛的刺激，會造成暫時性失明，也就是雪盲，還有可能留下永久性傷害。

「是。被雪光照的。我們一起的有個和尚，就在那邊南捷寺，叫彭措，他是日喀則的」多傑頭朝寺院偏了一下，「他的眼睛好像不大好。」

「你當時沒有戴太陽鏡？」我問他。

「沒有，沒有。沒有經驗嘛。在拉薩的時候，把錢給了領路的，就過來了。」多傑說。我想起來，多傑臨行前把所有的錢都給了嚮導，連買乾糧的錢都沒留下，哪有錢買防護眼鏡。

「也就是說，你在拉薩，決定要走的時候，不知道一路怎麼走？」

「不知道，不知道，」多傑連聲說。

「也不知道會有多艱苦？」

「沒想過。只知道能見到達賴喇嘛。那是我們的信仰嘛。我父母也一樣，西藏那邊的人大部分來就是為這個。能見到達賴喇嘛，不下地獄，下三道關閉。我們西藏流傳這個話。佛教方面的說法，你說迷信也罷，可以說是一種信仰吧。」

「對，是一種信仰。」我說。也就是說，藏人相信，能夠親眼見到達賴喇嘛，死後即使進入六道輪迴，也不會輪迴到「下三道」，即畜生道、餓鬼道和地獄道。

「在中國政府裡的工作人員，就算是黨員吧，黨員也就是一個小本子拿過來，開個會，念一下政府領導的講話，青海省的書記、國務院的講話、最高法院的講話……念一下就沒了。當一天的和尚撞一天的鐘那個樣。」我們倆同時笑起來。

「你還是信仰佛教？」我笑著問他。

「哎，那是傳統的嘛，父母，祖先，留下來的傳統。」多傑回答我。

「也就是說，你當時離開的時候，心願就是要見達賴喇嘛？」

「是，就是要見達賴喇嘛。」

「沒有考慮要定居，還是要回去？」

「沒有。」二〇〇〇年初，多傑終於來到設在加德滿都的西藏難民接待站。當時，很多難民進入尼泊爾，接待站條件有限，大批難民擠在接待站裡，一個房間住十幾個人。在接待站等待了三個月之後，多傑終於被送到達蘭薩拉，見到了達賴喇嘛。他在成人學校學習了一段時間後，在羅布林卡的西藏研究所找到一份工作，並且創辦了一份不定期的雜誌。雜誌沒維持多久，由於經費困難，只好停刊。為了維持生活，他成了一名小販。

「現在我這個生意，你看看，是很小的生意，一個月能賺二、三萬盧比，最少一個月也能賺兩萬。」多傑有幾分得意地告訴我。

我看看表，快到一點了。下午兩點，我打算去大昭寺看喇嘛辯經。我關上錄音機，合上筆記本，正要向多傑道謝告別，他看看我，說：「哎，寫文章夠辛苦的，你還要到處採訪，一定很累。你去買點糌粑吃，那東西吃了有勁兒，對腦子也好。」

我笑問：「怎麼吃法？」

「那邊街上就有賣的，你去買一包，舀幾勺放碗裡，用熱水或者熱牛奶一沖，攪和攪和就行了，簡單！」

正說著，有個西方遊客走到耳背小販的地攤邊，停下來翻看攤子上的貨物。多傑走過去幫忙。遊客用英語跟他說了幾句話，多傑轉過身，嘴巴靠近耳背小販的耳朵，連喊帶叫地用藏語轉述。耳背小販連連點頭，多傑轉身，磕磕巴巴地用英語對遊客說了一陣，像是在幫耳背小販討價還價。我站起來，正打算去幫他翻譯，遊客點點頭，拿出錢包。

6

我望著多傑的背影，心裡沉甸甸的。多傑從未見過班禪喇嘛，班禪喇嘛卻改變了多傑的生命歷程。一位是萬民景仰的大師，一位是芸芸眾生中的普通小販，他們的生命歷程卻如此奇妙地糾結，交織成一個血淚交加的現代西藏故事。

在自傳《流亡中的自由》中，達賴喇嘛這樣回憶他與班禪喇嘛的初次會見：

他到達拉薩不久，我以官方方式接見這位年輕的班禪喇嘛，隨後在布達拉宮為他舉行私人午宴。我記得有一位蠻橫的中國安全官員跟著他，我們單獨相處時，這位官員試圖闖入。我的禮儀衛士立刻上前制止他，結果險些演變成一樁緊急意外事件：該官員身攜武器。

後來，我終於安排到了一些時間，與班禪喇嘛單獨相處。他給我的印象是個非常誠實，虔誠的年輕人。他比我小三歲，尚未掌權，這使他仍保有一種天真氣質。我感覺他是個非常快樂，愉悅的人。我覺得和他十分親近。那時候我們兩人都不知道，他往後的人生會有多麼淒慘。

一九五九年，西藏的兩名精神領袖一個選擇了出走，一個選擇了合作。如今出走的達賴喇嘛已是世界級精神領袖，諾貝爾和平獎得主。幾十年來，他孜孜不倦，在世界各國為自己的民族奔走呼號，同時到處講經弘法。藏傳佛教走向世界，藏學成為西方學術界的顯學，達賴喇嘛居功甚偉。

在漫長的流亡過程中，達賴喇嘛處心積慮，建立學校和寺院，克服重重困難，為同胞保留了自己文化的精華；留在西藏的班禪喇嘛眼看著自己的文化遭受重重劫難，雖無力回天，但傾心而為。他們雖然選擇了不同的道路，但本質上都是堅定的民族主義者，他們各自在自己所處的環境中，為本民族的利益貢獻一生。

塵封三十多年後，班禪喇嘛親筆所寫的《七萬言書》，神祕地重見天日。如今，《七萬言書》成為一份歷史見證，也是研究西藏近代歷史不可多得的第一手資料。

一群西方青年嘻笑著，從我面前走過。我的目光跟隨著他們，走向一條坡道。在坡道頂端左拐，他們會看到一座黃頂的大鐵門。黃色的寺廟式寬簷下，黃色綢幔隨風飄拂，為大門的莊嚴增添一分溫和。鐵門邊，一名印度士兵持槍而立，那就是無數藏人心中的聖地——達賴喇嘛的居所。

雪山隔斷的童年

1

十一月九日夜晚，我和措姆坐在「褲子街」上一間只有四張桌子的小餐館裡。餐館沒有窗戶，兩扇老舊的木頭門上鑲著玻璃，權當窗子。昏暗中不時有彩光一閃而過，聚集在廣場的印度青年在放煙花。那天是排燈節，印度教的主要節日。

今年的排燈節恰好是在星期六，那天達蘭薩拉有一整天的活動。上午八點開始，達賴喇嘛為蒙古和俄羅斯的佛教徒代表團講經，一大清早，幾百名藏人就排著長隊，等著通過金屬探測門，進入大昭寺聽經。下午，代表團為達賴喇嘛獻演民族歌舞。入夜後，街上張燈結綵，整個達蘭薩拉沉浸在喜慶的氣氛中。

喜馬拉雅山南，十一月已是深秋，早晚涼，中午熱，在這樣的氣候裡，薄毯一般的藏式厚披肩很適用。措姆穿著緋紅色短袖汗衫，裹一條粉紅底加小黑點的披肩，坐在我對面。

措姆二十三歲，剛從一所印度護士學院畢業，回到達蘭薩拉。她一邊等待印度政府頒發的護士執照，一邊在流亡政府辦的醫院裡做志願者，積累工作經驗。她是茨仁紮西的朋友，紮西知道我想訪談年輕一代流亡者，特別推薦了措姆。

「來了多久？」我問她。無論是年老還是年輕的流亡者，都不會主動說自己的故事。要了解他們的經歷，我得不斷提出具體的問題。

「十多年了」措姆說，「離開拉薩是一九九五年……七月，不對，不對，是五月底。」

「你一個人來的嗎？」我想問的是，措姆是跟著父母來的，還是被別的流亡者帶來的。

「跟一個姐姐來的」她說。

「一個姐姐？」我剛要詳細問，她又加了一句：「一個我不認識的姐姐。」

「噢」我說，「你說的『姐姐』不是你的親姐姐，是一個年齡比你大的婦女，是嗎？」

「是的。她比我大很多。那時候她可能三十歲吧，跟我大姐差不多大。」措姆回答，「她帶著我，跟她丈夫，還有她自己的一個兒子，一同來的。」

「你的父母認識她嗎？」

「不認識，可能我姐姐認識吧，我也不清楚。」

措姆的家在拉薩附近的一個小鎮。措姆生在一個大家庭裡，兄弟姐妹七人，她是老六。一九九五年，她在家鄉上小學。父母聽說有人要去印度，就對她說：「你去印度吧，到那邊讀書去。」措姆在姐姐家住了幾天，跟著這位素不相識的女人，以及她的丈夫和兒子，背著父母和姐姐為她準備的一個小包，走向印度。那年，她剛過十歲。

「一路步行？」我望著措姆，努力想像一個十歲多的小女孩，辭別父母，背著背包，跟著一個素不相識的家庭，步行前往另一個國家。兩個大人，兩個孩子，就這樣翻過雪山。

「是的。我走路比較多。帶我來的姐姐自己有個兒子，我不是她的孩子，她不大照顧我。」措姆說。「有時候也搭車，剛離開拉薩的時候坐汽車，半路上換成大卡車，就是……」措姆想著想著，突然蹦出一個生澀的漢語詞兒：「東風車。」

「東風車！我知道，我知道，」我連聲說。去國多年，已經忘記了國產的東風牌大卡車，措姆一說，我的腦子裡立刻浮現那種在故國鄉間常常看到的笨重大貨車。

「運木頭的卡車。有時候我們會坐一段，然後又接著走。」措姆回到英語。

「也就是說，你們有時候走路，有時候搭便車。」

「是的。從樟木到尼泊爾，我們有嚮導，帶我們走。」

從拉薩到尼泊爾邊境的樟木，公路距離是七百五十四公里，長途客車要開一整天。從樟木到尼泊爾首都加德滿都，有一百多公里。越過邊境後，大部分流亡藏人是步行下山，到達某個邊界小鎮，然後設法搭車到加德滿都，前往聯合國設立的西藏難民接待中心。如果步行，一切正常的話，通常得走兩個禮拜左右；如果出現意外，比方說被尼泊爾警察抓住、遭到土匪搶劫、或者被毛派遊擊隊扣留，何時能到加德滿都就說不準了。出逃藏人進入尼泊爾之後，這些危險隨時存在。

「路上危險嗎？」我問。

「過雪山的時候很危險」措姆說。「雪很深，路滑，要是不小心掉下去了，沒人會知道我是死是活。」

措姆不記得那座雪山的名字，也不記得雪山的位置，只記得山上雪最厚的地方，深及大腿。她就這樣，一步一步地跟著一個她稱為「姐姐」的陌生人，翻過雪山。

「記得在日喀則不遠的一個地方，晚上在一座房子裡住，人家告訴我們，有幾個中國警察來檢查。」措姆一手托腮，目光低垂，看著桌上沒有一絲熱氣的奶茶。她的手腕上戴著流行的女式時裝錶，粉紫色的錶帶與她的粉紅恤衫相配，顯得優雅柔和。暈黃的燈光從天花板上灑下來，她低垂的睫毛在眼睛下面畫出一道淡淡的陰影。

「旅館？」

「不是不是」措姆抬起頭，看著我，笑起來，「哪裡住得起旅館？那種讓過路的人過夜的房子，不知道叫什麼，反正不是旅館。」

「客棧？」我說。

「可能是吧。人家叫我們趕快躲。我們嚇得要死，趕快躲起來。行李來不及藏好，就留在那裡。過了一會兒，人家說警察走了。我們出來一看，行李不見了，全被警察帶走了。躲著不敢出來，更不敢去要回行李，當天晚上就離開那座房子了。我所有的東西都丟了，乾糧、一點點錢、衣服，還有我的通行證。」

還好，措姆和「姐姐」一家僥倖逃脫，沒有被抓住。但是這次的搜查給措姆日後的生活帶來了巨大的麻煩和困擾。

不到十一歲的措姆兩手空空來到達蘭薩拉，被流亡政府安置到孤兒院性質的達蘭薩拉西藏兒童村。在兒童村的一座「兒童之家」裡，措姆與二十多名年齡相仿的孩子，還有一對養父母，組成了一個新的大家庭。

2

一九六四年二月，十四世達賴喇嘛的妹妹吉尊白瑪完成學業，離開英國，返回印度。途中，她順便去了一趟美國，又在維也納逗留了數日，然後取道慕尼克飛往新德里。在歐洲的幾年裡，吉尊白瑪先在瑞士學習法語，然後在英國學祕書。學習期間，她在好幾個國家旅行，接觸到了一個全然不同的世界。這位生於拉薩，在印度大吉嶺教會學校接受早期教育的西藏姑娘，在歐洲不僅學到了知識，更重要的是擴大了眼界，增長了閱歷。歐洲之行對她的影響，將會在未來的西藏兒童村管理和發展上體現出來。

吉尊白瑪在新德里小住數週之後，乘通宵火車到帕丹克特，再從那裡乘汽車前往達蘭薩拉。數小時後，汽車沿著蜿蜒陡峭的山路，駛進馬克利奧德甘吉。吉尊白瑪透過車窗，看著久別的小鎮。經過將近四年的艱苦努力，難民們的狀況有了一些改善，小鎮已具雛形。

四年前，一九六〇年，她從大吉嶺的教會學校畢業後，第一次來馬克利奧德甘吉，探望家人。那時候，也像這樣，汽車在坑坑窪窪的公路上一路顛簸，從下達蘭薩拉盤山而上。沿路山高林密，谷深澗清，風光壯美如畫，卻渺無人跡，看不到村莊，也看不到市鎮，馬克利奧德甘吉藏在大山的皺褶裡，遠離文明世界，彷彿與世隔絕。

她永遠不會忘記那一天，汽車顛簸到山頂，隔著車窗往外看，吉尊白瑪被眼前的景象嚇了一跳。荒地上支著一頂頂舊帆布帳篷，到處是破衣爛衫的男女，神情悲淒的老人。骨瘦如柴、營養不良的孩子在山風裡瑟瑟發抖，有氣無力地哭叫。那時，達賴喇嘛一家，以及在逃亡路上倉促成立的西藏流亡政府，剛剛遷到達蘭薩拉。才不過幾個月，大批流亡藏人追隨而來，擠在只有三座房屋、一間小商店的馬克利奧德甘吉，在英國人留下的森林公園裡紮下帳篷，暫且棲身。吉尊白瑪拜見過她的哥哥，十四世達賴喇嘛之後，來到她姐姐茨仁卓瑪負責的西藏難民兒童育幼院。親眼看到這些，她才知道情況有多嚴重。

那時候，安置難民是達賴喇嘛和西藏流亡政府的當務之急。最初進入印度的難民主要是男人，可是，很快就有藏人全家出逃。潮水般的難民中，開始出現愈來愈多年幼的兒童。這些孩子跟隨父母，分散在各個難民營和築路營裡。父母必須做工謀生，年幼的孩子們缺少照料，大一點的孩子跟著父母在築路工地上做工，不少孩子因傷病夭亡。

來自不同地區的難民們帶來有關家鄉的消息，他們的敘述呈現出令人憂慮的事實：「平叛」和「民主改

1960年代初到達印度的西藏難民兒童

1965年美國西藏難民緊急救助會支持下的西藏難童學校

革」在各地展開，在此過程中，大量寺廟被毀，許多僧人被迫還俗，作為西藏文明基礎的宗教正在被全面摧毀。身為藏民族的精神領袖，達賴喇嘛對此不能不深感憂慮。

然而，憂慮之餘，達賴喇嘛也認識到，世界正在改變，在科技突飛猛進的時代裡，西藏憑藉天然的地理優勢，通過自我封閉來保存文化傳統和民族特性的時代，已經一去不復返了。無論是作為西藏政教領袖的他，還是整個西藏民族，都處在一個至關重要的歷史關頭。古老的西藏文明顯然需要走向現代，可是達賴喇嘛並不認為西藏走向現代化意味著必須完全拋棄傳統。流亡印度之前，達賴喇嘛對西藏政治制度和經濟制度的弊病已經有所認識，也意識到改革的必要，但是，歷史沒有給他在西藏本土進行改革的時間。古老的西藏文明如何在當代世界爭取到一席之地，虔信佛教的藏人怎樣在現代社會裡生存，同時保持自己的文化特性，西藏的宗教文化與現代科技文明怎樣才能有效地結合，如今仰賴於流亡在外、卻有機會接觸到現代西方文明的民族先覺者如何教育他們的下一代。因此，孩子是西藏文化的繼承者，也是未來的希望。他們必須接受現代教育，也必須承擔起傳承民族文化的重任，為藏民族的未來奠定基礎。

幸運的是，在這點上，達賴喇嘛與印度總理尼赫魯取得了共識。一九五九年六月，達賴喇嘛前往新德里，拜訪印度總理尼赫魯。在這次會見中，德高望重的印度總理告誡比他年輕四十多歲的西藏精神領袖：你們的孩子是你們最珍貴的財富，他們必須得到良好的教育。雋智的印度總理深知，在印度這樣一個泱泱大國裡，數萬流亡藏人只不過是滄海中的一滴水，一旦他們分散開來，遷移到印度各地去謀生，很快就會被富有包容心的印度文化所湮沒而同化。為了保存西藏文化，藏人必須聚族而居，藏人的孩子應該在特別為他們設立的學校裡讀書。尼赫魯表示，印度政府願意出資，為西藏難民兒童建立專門的學校。同時，印度總理忠告達賴喇嘛，在學習西藏歷史和文化的同時，孩子們也應該學習英語，這樣才能跟上現代世界的發展腳步。

這個忠告與達賴喇嘛的想法不謀而合。

達賴喇嘛的想法，植根於他深重的民族憂患意識，那是一個二十多歲年輕人難以承受的責任。我採訪達賴喇嘛時，達賴喇嘛證實了當年的決策：「我們一到印度」他說，「那是一九五九年四月，第二年的四月，也就是一九六〇年四月，我們就開始建立學校，現代學校，（進行）現代教育。接下來的幾年中，我們把主要精力，和我們的那一點點錢都集中在建立學校，而不是建立寺院。」

就在會見達賴喇嘛的當天，尼赫魯宣布成立「西藏教育學會」，這個部門隸屬印度政府教育部，負責協調西藏難民兒童的教育。當時，印度獨立不到十五年，國家百廢待興，但是印度政府對流亡藏人慷慨解囊，很快出資建立了幾所寄宿學校，為西藏難民兒童提供接受現代教育的機會。據說尼赫魯還親自下達指示，要求西藏難民學校的標準，必須比照印度最好的私立學校來建立。

與此同時，達賴喇嘛和西藏流亡政府面臨極大的挑戰。數萬難民流離失所，缺衣少食，急需藥品和食物；幾千僧尼急待安排，以使西藏文明基礎的佛教得以傳承。流亡政府經費奇缺，但是，達賴喇嘛和西藏流亡政府把教育放到了第一位。

一九六〇年四月，到達印度僅一年之後，在印度北方的一個山鎮穆蘇裡，西藏流亡政府創辦了第一所學校。這所學校最初只有二十五名學生，主要來自米蘇瑪日臨時難民營。幾個月後，從其他難民營又送來二十五名學生。這五十名年齡不等的男孩，就是西藏流亡社區教育系統中的第一批學生。

在西藏傳統社會結構裡，教育的職責通常是由寺院來承當。廣大的農牧區沒有正式學校，農耕的藏人需要人工，很少讓孩子出門讀書，遊牧的藏人也不習慣把孩子送到其他地方去接受教育。可是，在新的生存條件下，一些古老的傳統必須揚棄。達賴喇嘛派人去各個難民營和築路營，勸說難民們把孩子交給政府，送到學校去讀書。他指示那些官員，如果有可能的話，就把年幼的孩子帶走，交給流亡政府來照料。這樣的安排，一方面是為了讓孩子們有機會接受現代教育，另一方面，也是為了避免孩子們在極端困苦的條件下因傷病而夭折。

就這樣，第一批五十一名難民兒童緊隨達賴喇嘛，來到達蘭薩拉。達賴喇嘛把這些孩子交給了自己的母親和姐姐臨時照顧，並創辦了「西藏難民兒童育幼院」，安置這些孩子。接下來的幾個星期，來自各個臨時難民營和築路營的孩子們，一批批送到達蘭薩拉。一座樓房很快就擠滿了孩子。不久，印度政府租借了一座樓房給育幼院，可是這座樓房很快又人滿為患。這些孩子年齡不等，有的還是嬰兒。誰來負責照管這些孩子呢？達賴喇嘛的姐姐茨仁卓瑪，接過了這副重擔。

在達賴喇嘛的家族裡，長姐茨仁卓瑪由於早逝而不大為世人所知。她是達賴喇嘛的兄弟姐妹中，唯一沒有受過教育的。茨仁卓瑪生於一九二〇年，比達賴喇嘛年長十五歲。達賴喇嘛出身農家，被確認為十三世達賴喇嘛轉世靈童之前，他的姐姐茨仁卓瑪只是一名普通的農家女。危難之時，茨仁卓瑪以善良慈悲的天性，毫不猶豫地承擔起照顧難民兒童的重任。

達賴喇嘛與他的母親

茨仁卓瑪不僅是達賴喇嘛的姐姐，她還是一位兩個孩子的母親。慈母的懷抱，能夠容納的不僅僅是自己的兒女。無數流亡藏人將親生骨肉託付給茨仁卓瑪，孩子們帶著各種身心創傷，一批又一批，從各個臨時難民營和築路營來到達蘭薩拉。他們衣衫襤褸，飽受驚嚇，有的孩子傷病纏身，有的孩子家破人亡，還有一些孩子目睹父母倒臥逃亡路上，同行者收留下無依無靠的孩子，把他們帶到印度，設法送到達賴喇嘛身邊，交給茨仁卓瑪。

茨仁卓瑪以慈母之心，收下這些孩子。她把年齡大一點的孩子分批送出去，安排到印度政府開辦的寄宿學校讀書，年幼的孩子和嬰兒留在達蘭薩拉，安置在自己身邊，親自照料。為了節省汽油，茨仁卓瑪拒絕專車接送，每天早出晚歸，處理各種事情，風雨無阻，日復一日，直到那一天，她再也沒有力氣走上山坡，去看望

達賴喇嘛家族的三位女性。左起：姐姐茨仁卓瑪，母親德吉茨仁，妹妹吉尊白瑪，年輕姑娘是達賴喇嘛的一名侄女。

她的孩子們。

在他的自傳《流亡中的自由》裡，達賴喇嘛回憶那段歲月時，說到他的姐姐：

我姐姐果然極具領導能力。她永遠不沮喪。她是個強壯的女人，而且賦有家傳的脾氣，她要求非常嚴格，但心地極為仁慈而富幽默感。她在困難中給我的幫助可說是無法衡量。她早年是個單純的村姑，沒有受過任何教育，兒時大部分時間都在幫我母親料理家務。她的任勞任怨，加上勇往直前的性格，是她成為領袖的基本條件。

一九六〇年，達賴喇嘛的妹妹吉尊白瑪初次來到達蘭薩拉的時候，看到的是擠滿了孩子的樓房。育幼院沒有足夠的床，也沒有足夠的空間，孩子們只能睡在地板上。有時候，一間寢室的地板上睡著上百名孩子。沒有嬰兒床，嬰兒們只好睡在紙板箱裡。育幼院在難民中雇了幾名婦女，負責孩子們的日常起居，嬰兒交給有育嬰經驗的女人來照料。瑞士紅十字會派來一位醫生，為孩子們檢查身體，治療疾病。基本物資嚴重不足，被褥毯子不夠分派，連孩子們吃飯用的碗勺、喝水用的杯子都不夠用。

日後，吉尊白瑪在自傳《西藏：我的故事》中回憶姐姐：「我姐姐沒有受過任何教師訓練，她完全憑著母親的本能來行動。」而她自己，則是被育幼院的狀況「震驚得立刻開始行動」，幫助姐姐照管育幼院。但是，她的哥哥十四世達賴喇嘛，以及他們的母親要她暫且不要急著開始工作，先去歐洲繼續學業。那真是一個卓有遠見的決定。

當時，流亡政府和印度政府都缺少資金，無法照顧這麼多孩子。出於無奈，達賴喇嘛向瑞士政府請求幫助。吉尊白瑪來到瑞士時，看到了第一批前往瑞士定居的西藏難民兒童。先後有二百個瑞士家庭向失去故鄉親人的西藏孩子敞開家門。這些善良的普通瑞士人伸出雙臂，將二百名失去父母、失去家園的雪域孤兒攬在懷中，拭去他們的眼淚，撫慰他們的傷痛，給他們無私的愛和溫暖的家。這二百名兒童，是西藏歷史上的第一批歐洲移民。

四年後，吉尊白瑪從歐洲歸來。她一到達蘭薩拉，立刻捧著哈達，去拜見她那聞名世界的哥哥。達賴喇嘛指示她去育幼院，協助他們的大姐茨仁卓瑪。

吉尊白瑪再次見到「西藏兒童育幼院」，情況已經改變了許多，育幼院擁有三座房屋，茨仁卓瑪甚至有了一間小小的辦公室，還有一名年輕姑娘，幫她打理日常事務。吉尊白瑪幫助大姐做各種文祕工作，包括向海外慈善組織寫信請求資助。國際慈善組織已經開始了解西藏難民兒童的生存狀況，不少組織提供了援助。最早資助西藏難民兒童的組織包括瑞士紅十字會、英國的賑救兒童基金會、美國的民間慈善組織「美國關懷」，以及荷蘭、挪威、紐西蘭、

年幼的孩子們從各難民營送到達蘭薩拉，交給達賴喇嘛創辦的西藏難民兒童育幼院，由達賴喇嘛的母親和姐姐親自照料。

加拿大等國的慈善機構。流亡藏人沒有忘記，在他們走投無路時，從印度到澳大利亞，全世界有許多善良的人們向他們伸出援手。在《西藏：我的故事》裡，吉尊白瑪列出了將近二百個幫助過西藏兒童的個人和組織。有些組織從一九六〇年，西藏育幼院創辦時就開始提供資助，幾十年來從未中止。

這時候，達賴喇嘛已經不需要派人去說服流亡藏人交出子女，接受教育了。流落他鄉的藏人紛紛把孩子送交流亡政府。把孩子交給茨仁卓瑪，也就等於交給了達賴喇嘛。一批批孩子從各地匯集達蘭薩拉，來到茨仁卓瑪領導的育幼院。孩子們稱她「阿媽啦」，那是藏人對母親的尊稱。

「西藏難民兒童育幼院」的情況一天天改善，大家都覺得，最困難的時間即將過去，光明的前景就要出現了。達賴喇嘛和吉尊白瑪都沒有想到，就在這時，他們的大姐積勞成疾。一九六四年十月，茨仁卓瑪病重，檢查出身患癌症，緊急前往英國接受手術。十一月二十一日，茨仁卓瑪在倫敦病逝，時年四十四歲。

荷蘭西藏援助組織捐贈的兒童之家

達賴喇嘛把姐姐留下的重擔，交給了自己的妹妹。吉尊白瑪接過重任，成為「西藏難民兒童育幼院」的第二任院長。那年，吉尊白瑪二十四歲。「西藏難民兒童育幼院」，即現在西藏兒童村的前身，有八百多名兒童。尚未成家的吉尊白瑪，成為八百多名難民兒童的大家長，孩子們心目中的母親。

在吉尊白瑪的領導下，經過四十多年的努力，「西藏難民兒童育幼院」已經發展成一個龐大的養育和教育體系。我去達蘭薩拉一週前，西藏兒童村剛剛舉行盛大的慶祝會，慶祝建校四十七週年。

達蘭薩拉西藏兒童村已經形成了一個網絡，從印度北方喀什米爾的拉達克，到南方的帕拉庫毗，各個主要西藏難民定居點都有西藏兒童村。兒童村附設學校，以便孩子們就近上學。校服、住宿、伙食等等全部免費。兒童村的下屬有學校、技校、托兒所、學生寄宿公寓等共三十六所，目前有一萬七千多名學生在各級學校裡學習。流亡社區基本上已經消滅了文盲。

達蘭薩拉西藏兒童村

現在，分散在印度、不丹、尼泊爾和錫金的流亡社區共有八十七所學校，其中有四十所小學，二十四所初中和二十一所高中，在校學生超過二萬七千人，教師近兩千名。流亡社會學齡人口入學率達到九十九％。流亡藏人每百人中有二十二個學生。每一千三百八十人有一所學校。

當年的難民兒童，很多已經完成高等教育，不少人在歐美留過學，成長為既掌握了現代知識、又保持了西藏傳統文化的現代西藏人。

「西藏難民兒童育幼院」第一任院長茨仁卓瑪的骨灰，至今仍然保存在達蘭薩拉的西藏兒童村。兒童村的大人孩子都相信，有一天，她的無數孩子們中的一群，將會扶靈而歸，把她的骨灰灑在故鄉的土地上。

也許，只有讓自己的姐妹親自承擔這分重大責任，達賴喇嘛才能讓世界、也讓流亡藏人理解，接受現代教育、掌握現代知識對保留西藏文化有多重要。至今，每年都有數百名西藏兒童被父母送到印度，託付給西藏兒童村。讓孩子在達賴喇嘛身邊受

兒童村的圖書室

教育，成為許多西藏父母的夢想；在達賴喇嘛身邊讀書，成為許多西藏兒童的願望。每年從西藏到達印度的逃亡藏人裡，有約三分之一是學生和兒童。十幾年來，從藏地來到流亡社區的學校讀書的學生和失學兒童，光是加德滿都西藏難民接待中心有記錄的，就有七千多名。

我眼前的這位姑娘，措姆，就是這些孩子中的一個。

3

十二年前，措姆離開家鄉父母，被陌生人送到達蘭薩拉西藏兒童村來讀書。那年，她還沒滿十一歲。

「一路上遇到這麼多驚險害怕的事情，你有沒有後悔？」我問措姆，「有沒有想過要回家，不去印度了？」

「沒想過，從來沒想過。雖然遇到了許多……麻煩，我一點都沒有後悔離開家。心裡一直有種很特別的勇氣。我知道，在印度我可以見到達賴喇嘛。」措姆說。「路上遭遇到很多事情時，有時候我會哭。那個姐姐看到我那個樣子，跟我說：『別哭了，我送你回家吧。』我說我不要回家，我要去見達賴喇嘛，我跟那個姐姐說。我不知道達賴喇嘛是神還是人。但是我心裡感覺到了他。」

「你連達賴喇嘛是誰都不知道？」我問。

「不知道，不知道。我從來沒想過他只是個凡人。我一直以為他是神。」

「你以為他是神？」

「沒錯。我在心裡可以看到他，看到他在印度。我知道，到了印度就會見到達賴喇嘛。從來沒有人告訴過我達賴喇嘛在印度。但是我父母，還有別的人說過……」措姆努力想找到合適的英文詞來表達，「我有點特殊能力。我相信我可以見到他。」

措姆所說的「特殊能力」聽上去很神祕。這種「預知力」，有可能是一種相當敏銳的直覺能力，現代西方心理學稱之為「超驗能力」，對這種現象，心理學界進行過有許多研究，有些學者還建立了一個專門的學科，即「超個人心理學」（Transpersonal Psychology）。在其他一些地方，這些現代科學暫時無法解釋的現象仍然被斥為「迷信」。措姆所具有的「特殊能力」現象在各個文化圈裡都有，但是對這種現象的解釋，卻與特定文化背景有直接關係。藏民族是一個注重精神修持的民族，年僅十歲多的措姆通過她的「特殊能力」，預感自己將會在印度見到達賴喇嘛，這並不奇怪。

前幾天，我特地起個大早，帶著相機到乃穹寺去，拍喇嘛們做早課。清晨，一道陽光從東向的大門裡照進來，直直地落在殿堂中央的過道上。過道兩邊各有兩位青年喇嘛盤膝而坐，手裡拿著不同的法器，低頭頌經。鼓聲鈴聲頌經聲中，一對年輕夫婦帶著兩個男孩子走進寺門。大孩子約七、八歲，一臉超出年齡的莊嚴表情，跟著媽媽磕長頭，動作熟練自然；小的看上去只有三歲左右，站在爸爸身邊，眼睛看著爸爸，學著爸爸動作，小手舉到胸前，合十，升到額頭，降至嘴，胸，然後俯身跪下，雙臂前伸，小身體伏在光滑的地板上磕長頭。藏人的孩子從小就學會了最基本的佛教儀軌，那是他們日常生活的內容之一，是他們的文化基因。漢藏民族精神上的差別，也許就是從這裡開始的。

對於藏人的孩子，達賴喇嘛崇高得近於神。而我從小就被告知，達賴喇嘛是「叛國分子」和「分裂分子」、「最大的奴隸主」。沒有人提到過，「達賴喇嘛」不僅僅是凡人，他象徵一種精神。在我成長的整個過程中，「愛」、「慈悲」等觀念完全缺位。

「只要能到印度，我就能看到神，當時我是這樣想的，所以我一點都沒有想過要回家。」措姆繼續說。

「也就是說，你來這裡就是為了要見達賴喇嘛？」我問措姆。

「是的。」

「到印度後，你見到達賴喇嘛了嗎？」

「當然見了。那時候我才知道，達賴喇嘛是人，不是神。」措姆笑了。

幾十年來，達賴喇嘛一直堅持會見遠道而來的族人。每一個來到達蘭薩拉的藏人，都會有一次機會近距離拜見達賴喇嘛，接受他的祝福。許多人跋山涉水，冒著生命危險來到這裡，為的就是一生之中的這一次機會。

「大家排著隊，等著拜見達賴喇嘛。人人都在哭。我也哭了。」措姆回憶她一生中的那一天，「眼淚模糊了眼睛，什麼都看不見。哭著哭著我突然想起來，等會兒見到達賴喇嘛的時候，我要是哭，不是就看不見達賴喇嘛了嗎？」

走向達賴喇嘛時，措姆拼命忍住眼淚，眼睛張得大大的，抬起頭，凝望她心中的神。「我沒哭」措姆微笑著告訴我，「我清清楚楚地看到了達賴喇嘛。」

「十歲。」我望著措姆，歎了口氣。

假如措姆生在美國的一個中產階級家庭裡，十歲時，她會在小學讀四年紀，每天有校車免費接送。放學後，她或許會參加各種課外才藝班，學鋼琴、芭蕾、網球、跆拳道什麼的。在家裡，她會擁有一間漂亮溫馨的臥室，牆上貼滿自己崇拜的歌星影星的照片，床上放著絨毛玩具。她的夢想是去迪士尼遊玩，生日宴會上得到某個心儀已久的禮物。哪怕生在一個低收入的美國家庭裡，最低限度，措姆也能接受十二年免費教育，不必到遠離父母的異國去學習自己本民族的文化。

只有冒著種種危險遠離家鄉，在異國的難民營裡，才能學到完整的民族文化，這是多麼無奈的現實！然而，一代又一代藏人，不惜骨肉分離，把年幼的孩子送到印度，在達賴喇嘛身邊學習。

「到了那裡」我努力把思緒拉回來，「到了……尼泊爾之後呢？」

「到了尼泊爾之後，見到了我們的人。他們歡迎我們，我們坐巴士去接待中心。」

「我們的人」可能是難民接待站的人。措姆當時太小，不記得她是在哪裡遇到了「我們的人」，很可能是在尼泊爾的一座邊界市鎮裡。西藏和尼泊爾邊界附近，尼泊爾方有幾座邊界小鎮，名叫南則巴紮、路卡拉和吉日。越過邊界後，逃亡者通常設法來到這幾座小鎮，從那裡乘車去加德滿都。

「你在接待中心呆了多久？」我問。

「不算太久。那時候，因為雪的緣故，我腿上到處是傷。」措姆說。

「是冰塊劃傷的嗎？」

「不是，不是，是因為雪。」措姆皺著眉，使勁兒想找到合適的英文詞。

「Frostbite（凍傷）？」我問。

「對，對，是凍傷。腿上到處是傷，腳上也有傷。」

在加德滿都，西藏難民接待中心的醫生為她免費治療凍傷。休息一段時間後，接待中心把一批藏人集中起來，用長途客車送到印度首都新德里的難民接待站。從加德滿都到新德里，客車要開三十多小時。

到了達蘭薩拉，措姆被安置在兒童村的一座「兒童之家」裡，與二十多名女孩子同居一室。每座「兒童之家」有獨立的廚房、遊戲室、起居室和寢室，上學也是在兒童村內。在「兒童之家」裡，孩子們學習基本家務，也學會互相幫助，互相照顧。

兒童村的日常生活很有規律，孩子們早上六點起床，七點開始佛教早課和早自習。八點四十五分集合，九點到一點上課，中午一小時午飯，下午還有兩個課時，然後是下午茶。晚飯後，七點到八點半是孩子們的佛教晚課和晚自習時間，九點熄燈就寢。兒童村學校獲得印度政府教育部的認證，除了英文和印地語外，主要課程基本用藏語講授。

措姆在兒童村生活了整整十年。在此期間，她從未見到父母家人。七年級時，措姆的父親去世了。她在印度無親無故，家裡人怕她傷心，沒有通知她。那段時間裡，措姆常常夢到父親。有時夢到父親生病，有時夢到父親去世，措姆惶惶不安，覺得父親一定出事了。過了一陣，她忍不住給媽媽寫了封信，問她爸爸出了什麼事，身體如何，是不是生病了？媽媽回信叫她不要擔心，爸爸沒事兒，身體不錯，全家都好。可是措姆繼續夢見父親。有一天夜晚，她又在夢中看到父親去世了。醒來時，措姆淚流滿面。

「那時候我十一年級，學校有電話。我打了個電話給媽媽。她告訴我，爸爸幾年前就去世了，媽媽怕我傷心，沒有告訴我。」

在集體環境中生活，雖然衣食不缺，但是措姆幾乎沒有屬於自己的東西。她沒有一件玩具，幾乎沒有零用錢。有一年，媽媽托人帶了一點錢給她，她把錢放在衣櫃裡，有機會出門就帶點錢，買點兒零食或者喜歡的小東西。那點錢很久才用完。

措姆在兒童村的學校畢業後，在兒童村轄下的寄宿中學繼續學習。二〇〇四年，她進入一所印度的護士學院學護理。

「學費貴不貴？」我問她。

「很貴。第一年的學費是四萬五千盧比。以後每年是三萬多盧比。」在印度北方的沙漠地區，這筆錢足夠買四頭駱駝。

「那你怎麼交得出學費呢？學校有獎學金嗎？」

「考上高等學校的學生，兒童村會資助部分學費。第一年，兒童村為我付了二萬盧比。我有個同鄉是喇嘛，他資助了我一部分學費；還有一位外國女士資助了一部分。」措姆告訴我。

十歲離家的措姆在異鄉長大成人。十幾年來，她沒回過家鄉，也沒見過親人。母親的懷抱，兄弟姐妹的玩耍嬉戲，成了遙遠的記憶，喜馬拉雅山脈橫在措姆和媽媽中間，割斷了她的童年。

「想回家嗎？」我問。

「很想。」措姆的眼睛紅了。「可是回不去。我沒有通行證。通行證丟了……出來的時候。」在日喀則附近的客棧裡，措姆的行李被警察搜去，裡面有她的通行證。「前幾年，我到中國大使館去申請護照，他們不給我。去年我又申請了一次，他們還是不給我。我還會去申請……也許明年。」

我看著措姆，一句話也說不出來。小餐館的侍應從我們桌邊走過，我叫住他，請他送來兩杯奶茶。

「措姆」我輕聲問她，「現在，你最大的願望是什麼？」

措姆抬起頭，看著我，淚水湧出眼眶，一串串淌下。我握住她放在桌上的手，不知道怎樣安慰這個比我女兒只大幾歲，卻經歷了太多的女孩。

「回家……看媽媽。」措姆含著眼淚說。

牧羊少年的故事

1

回到紐約後，一天早上，打開電子郵箱，有份新郵件。一看發信者的名字，我喜出望外。塔丁才旦！我趕快打開郵件。到底是藝術家，塔丁的信是用花俏的斜體英文寫的：「紮西德勒！祝你聖誕快樂，一切順利。不知道你是否還記得我。你現在在哪裡？保持聯繫。塔丁。」

我立刻回信：「紮西德勒，塔丁。很高興收到你的信。我當然記得你。我已經回到紐約了。一切都很順利。你好嗎？祝你新年快樂，夢想成真。」

發出郵件後，我找到筆記本，翻出塔丁給我的照片。照片上，濃眉大眼，高鼻梁，留著小鬍子的康巴小夥子塔丁才旦對著麥克風演唱，那是不久前在達蘭薩拉舉行的一場音樂會，慶祝達賴喇嘛獲得美國國會金獎。塔丁穿著白綢藏式上衣，戴一條式樣古樸的骨質項鍊，黑髮齊肩，腦後紮條馬尾辮，辮根兒上還紮了根黃布條兒。他的樣子令我想到古代日本武士。不過，塔丁手裡拿的不是長劍，而是一把藏式三弦琴。

我想起那個陽光燦爛的中午。在寺廟街上的一家餐館裡，桌上放著兩杯奶茶，塔丁坐在我對面，講述自己的故事。他說話可不像日本武士那樣高聲大氣，他的嗓音十分柔和，還帶點兒磁性——塔丁是歌手。

其實，唱歌不過是塔丁的諸多才能之一。二十六歲的康巴小夥子塔丁實在是多才多藝，他是唐卡畫師、木雕藝人、理髮師、廚師，還會彈吉他、撥三弦、吹笛子。

第一次遇到塔丁，是在寺廟街上。那天上午，我去大昭寺參加達賴喇嘛講經。這次講經是應蒙古和俄羅斯佛教徒代表團的請求，特地安排的。十月十七日，達賴喇嘛在美國接受美國國會頒發的金獎，一週前才回到達蘭薩拉，小鎮還沉浸在喜悅之中。那次講經法會，是達賴喇嘛獲獎後第一次在達蘭薩拉公開出現，因此，這次法會不論是對第一次來訪的蒙古和俄羅斯佛教徒，還是對達蘭薩拉的各國信眾，都有特殊的意義。那天又是禮拜六，參加法會的人相當多。

中午，講經結束，寺廟街上擠滿了人。我在人群中一邊走，一邊東張西望，一眼就看到一個神情桀驁的高個小夥子。他穿著牛仔褲，黑恤衫，胸前印著一行字：正義女神在西藏被強暴。小夥子看上去挺有個性。憑直覺，這小夥子準有故事。

我橫穿人群，走到小夥子身邊。

「嗨！」我用英語跟他打招呼，「請問你會說英語，或者漢語嗎？」

小夥子停下腳步，轉過身，對我微笑：「我會說一點英語，漢話也會一點點，但是說不好。」

「太好了！」我單刀直入，「可以不可以跟你聊聊？」

我在達蘭薩拉的訪談多半是這樣開始的。這種方法可能只對心地坦誠，對人不設防的人有效。在達蘭薩拉，沒有一個藏人拒絕過我的訪談。

「沒問題。」小夥子回答。我們倆站在寺廟街中間，像河中央的一塊礁石，人流到我們這兒不得不分叉。

「去那邊餐館喝杯茶好不好？」我提議。

我們走進路邊一家商店二樓的餐館，在靠窗的檯子邊坐下。我請侍者端來兩杯奶茶。

「我叫塔丁才旦，」小夥子落落大方地向我伸出手。

2

中國的西南部，有個名叫「青海」的省分。她地處邊陲，又是少數民族聚居的地方，因此，她常常與荒野、牧場、羊群、民族風情等聯繫在一起，為厭倦了城市生活的人們帶來某種浪漫的遐想。

然而，雖然有個美麗的名字，歷史上青海卻一直是囚犯流放地。即使在現代，青海也是關押重犯的地方。上世紀五〇年代，曾經有大批漢藏囚犯被關押在青海的勞改營裡。漢族囚犯中有大批被稱為「右派分子」的民族菁英，藏族囚犯中卻有許多被稱為「叛亂分子」的底層人物。這些人原本是安分守己的讀書人、牧人和農人，卻被一場歷史狂飆席捲而去，猶如狂風中的沙礫，落到了杳無人煙的蠻荒之地。許多囚犯沒能挺過刑期。在六〇年代初的大饑荒中，有大批漢藏囚犯餓死，埋骨荒原。

九〇年代以來，青海的藏區成為旅遊勝地，來自漢地和國外的旅遊者蜂擁而來，夾雜在西藏朝聖者中間，享受遠離大都市的寧靜。他們或許不會想到，對於貧窮的當地人來說，這種寧靜意味著什麼。就像此刻，在達蘭薩拉的一家餐館裡，面對著昔日的牧羊孩子，我只能從他平靜的敘述裡，想像他的童年。

牧羊少年塔丁才旦坐在山坡上，望著白雲在空中悠悠飄過。天很藍，草很綠，羊群在牧場上低頭吃草，偶爾有隻羊抬起頭，咩咩地叫幾聲。那一刻，如果有內地來的遊客路過，一定會舉起相機，對著牧羊少年和他的羊群猛拍一氣，然後把照片放在網上，感歎藏區風光如畫，羨慕牧羊人生活悠閒。

他們當然不會知道，牧羊少年心事重重，覺得自己生活單調，前途無望。他想，難道就這樣，一輩子放羊？可是，除了放羊，他又能做什麼呢？他是個孤兒，又是文盲，既沒有家庭背景，又沒有文化知識，前途在哪裡？怎樣才能改變自己的命運？

塔丁出生在青海玉樹一個貧窮的牧人家庭。四歲時父母離異，他和雙胞胎兄弟由母親撫養長大。兄弟很小的時候就因病雙腿癱瘓，家裡一貧如洗。塔丁十一歲那年，母親去世了。兄弟倆只好跟著舅舅生活。舅舅是木雕匠人，一手技藝得自家傳，可是木雕手藝養不了一大家子，舅舅家的日子也過得緊巴巴的，沒錢交學費，塔丁和表兄弟們都上不了學。母親在世的時候，盡力想讓兒子上學，塔丁讀了一年書，母親實在無力讓他繼續上學。塔丁只好離開學校，此後再未進過校門。

多年來，報紙上常常報導，幾十年來，中共政府給了西藏幾十億人民幣的財務支持。但是，中央政府對西藏的財務支持，並不涵蓋西藏自治區之外、生活在西南各省的藏人。且不說財政撥款大部分用於基本建設和政府機構的運作，包括援藏幹部的生活補貼，即使是用於改善藏民生活的款項，與生活在西南各省的藏人也毫無關係。昔日的康巴和安多地區，現在分屬青海、甘肅、雲南和四川，那裡的藏人並未因中央對西藏的財政資助而受益。因此，即使在改革開放幾十年後，仍然有不少藏人的孩子因為父母付不起學費而失學。塔丁才旦和他的表兄弟們，就是這樣的狀況。

十三歲那年，雙胞胎兄弟也病死了。舅舅一家成了塔丁僅有的親人。為了幫舅舅貼補家用，塔丁十一歲就成了放羊娃。他每天趕著羊群去草場，閒得無聊就唱歌自娛，或者找塊石片在岩石上刻刻畫畫，撿根樹枝當筆，在地上畫圖。樹、雲、花、羊，他用他的方式，畫自己熟悉的一切。有時候，天氣不好，羊群沒法出去，塔丁在家跟舅舅學木雕。日子就這樣一天天過去，一轉眼就是六年。貧窮和勞作中，放羊娃長成了英挺少年。

十七歲那年，塔丁做出他一生中第一個重要決定。他要到拉薩去闖蕩一番，看看有沒有機會改變自己的命運。塔丁當時並不知道，拉薩還是前往印度的出發點。許多西藏流亡者的流亡之路，就是從拉薩開始的。

牧羊少年帶了一點點錢，告別舅舅一家，獨自從青海玉樹出發，前往拉薩。到了拉薩，他只剩下八元錢。塔丁在拉薩人生地不熟，無親無故，投靠無門，真正是到了山窮水盡的地步。

塔丁走進一家小餐館，拿出最後一點錢，買了點吃的。吃完，他懇求老闆給他一份活兒幹。老闆見他身體不錯，能幹活兒，吃得了苦，就收留了他，讓他在餐館裡打雜，工錢雖然不多，但吃飯總算有著落了。牧羊少年絕處逢生。

在那家小餐館裡，塔丁什麼活兒都幹。他一邊打雜，一邊偷師，有空就看廚師怎樣做菜。一來二去的，他學會了大廚手藝。一年後，來自青海的牧羊少年成了拉薩的餐館廚師。

在拉薩，塔丁開始聽說一些有關達蘭薩拉的事兒。有些從印度回來的人私下裡給他看達蘭薩拉的照片，告訴他達賴喇嘛就在達蘭薩拉。人家還告訴他，在達蘭薩拉，他不僅可以學佛法，還可以免費讀書，學藏文和英文。

「在家鄉你知道達賴喇嘛和達蘭薩拉嗎？」我問他。

「達賴喇嘛當然知道，但是不知道達蘭薩拉。」他說，「那些事兒，大家都不怎麼說。你知道……這種事，你就是知道，也不會輕易跟人說，弄不好……誰知道人家會不會告發你。」他咧了咧嘴，想笑又沒笑出來。

我也曾經歷過對自己的親人也不敢說真話的時代。我點點頭，剛要說「我明白」，又咽了回去。身為漢人，我能夠真正明白他的心情嗎？也許，我只能儘量去理解，更多時候，我只能靜靜聆聽，默默記錄。

有關達拉薩拉的事兒，零零星星傳到塔丁耳朵裡。他不識字，沒法讀書，從朋友們那裡聽來的資訊七零八碎，拼湊不出全貌來。塔丁只記住了一點：在達蘭薩拉，可以免費學英語。

「你為什麼想學英語？」我有點好奇。

「英語太重要了。」昔日的牧羊少年很認真地回答我。

從青海牧區到拉薩，對塔丁來說，是進入了一個完全不同的世界。在他祖父輩的時代，拉薩還是一個封閉的城市，是藏人心目中的聖城。現在，拉薩已經不再是聖城了，她已經變成一個世俗城市，一個世界性的旅遊熱點，城裡到處都是來自世界各地的遊客。不過，對塔丁來說，拉薩是一扇窗子，透過這扇窗子，塔丁窺到了一個完全不同的世界。但是，要與那個世界接觸，他必須學會使用那個世界的語言。

「再說還可以學佛。在家鄉也學過一點點，但是，在家鄉學不到真正的佛法，大家只是去拜佛，並不懂佛法。」塔丁加了一句。

在拉薩，塔丁做出了他一生中的第二個重要決定：他要去達蘭薩拉。他不知道達蘭薩拉是什麼樣子，在那裡怎樣謀生，能不能找到出路，他只知道，他要去拜見達賴喇嘛，然後留下來，學英語和藏語。

去達蘭薩拉除了危險，還得花錢。從拉薩到尼泊爾，路上吃喝開銷以外，還得花三千左右人民幣僱嚮導。由於沒有護照，進入尼泊爾屬於非法偷渡，到了邊境，一旦被尼泊爾警察抓住，得拿錢打點警察，算是「買路錢」吧。西藏方面的嚮導只帶到中尼邊境，過了邊境，還得再花幾百人民幣僱尼泊爾方面的嚮導，這些人熟知當地的情況，能夠避開各種危險，把逃亡者帶到邊境城鎮，從那裡搭車去尼泊爾首都加德滿都。不過，決定出走印度時，塔丁並不知道這些具體細節。他只知道要花不少錢。

廚師塔丁省吃儉用，拼命攢錢。用了差不多兩年的時間，估計錢差不多夠了，二十歲的塔丁辭掉工作，背上一袋糌粑，帶著簡單的行裝，朝喜馬拉雅山南走去。

那是西元二〇〇一年十一月，西藏高原最冷的季節。

3

喜馬拉雅山脈全長約二千四百公里，最寬處達三百三十公里，是地球上最高的山脈。喜馬拉雅由三條並行的小山脈合成，這三條小山脈從北向南，分別稱為「大喜馬拉雅」，「小喜馬拉雅」和「外喜馬拉雅」。「喜馬拉雅」這個名字源於梵語，意為「雪居」。梵語中的「喜馬」（Hima）意思是「霜雪」，「拉雅」（Alaya）意思是「居所」。印度神話裡，喜馬拉雅是冰雪之神喜馬瓦特的居住地。喜馬拉雅山脈中的一些雪山是印度教、耆那教、佛教和苯教共同的聖山。

喜馬拉雅山脈猶如一道巨大的屏障，隔開了印度次大陸和青藏高原。山脈由西向東，串聯起不丹，印度，中國，尼泊爾，巴基斯坦和阿富汗六個國家。喜馬拉雅山造山運動中，地殼凸起，折疊扭曲，分崩離析，迸裂出無數條長短不一的大裂縫。大山的縫隙迂回曲折，形成數百條天然通道。在海拔三千到六千公尺的高原地帶，這些被通稱為「喜馬拉雅通道」（Himalayan Pass）的天然路徑，猶如綿延不絕、迂回彎轉的天路，將居住在山南山北的人們聯結起來。

從西元八世紀以來，大山的縫隙就被山中居民用作遷徙、經商，乃至文化交流的路徑。遊牧的藏人、尼泊爾人和印度人趕著牲畜，在大山的縫隙裡東奔西走，逐水草而居；各國商販領著犛牛和馬幫組成的商隊，踏著喜馬拉雅商道南來北往，無數支犛牛隊和馬隊在雪山的縫隙裡往返，從山北到山南，又從山南到山北。

酷藍的天空下，喜馬拉雅山道如同一縷縷細線，柔弱而又堅韌。山道越過高山，繞過冰坂，有的地段冰川覆蓋，有的地方礫石遍野。在冰雪之神冷冷的目光下，牛、馬、人小心翼翼，舉步維艱，稍有閃失便是萬劫不復。

時至二十世紀，現代技術終於結束了旅人的噩夢。現代化的公路取代了古老的喜馬拉雅通道，汽車、火車、飛機取代了牛馬商隊，高原天路成為登山愛好者的便道。少量犛牛商隊依然存在，尼泊爾和西藏兩邊的小商販們仍然趕著犛牛來往，在集市上出售帶來的土產，形成「邊境貿易」。對商販們來說，邊境貿易雖然有利可圖，但卻是一種相當艱辛的謀生方式。

二十世紀五〇年代末以來，古老的喜馬拉雅商道突然有了前人意想不到的新用途：它們成為藏人離開家鄉、逃亡印度的路線。半個世紀以來，先後有十數萬藏人通過喜馬拉雅通道出走，前往尼泊爾、印度和不丹。逃亡者把一切留在身後，背著簡單的行李，帶著乾糧，有時還背著嬰兒，牽著稚子，在高原最寒冷的季節裡，踏上荒無人跡的山道，去國離家。

逃亡路線中，囊帕拉通道是最常使用的

下山的馬幫

路線之一。囊帕拉通道在喜馬拉雅山脈的卓奧友峰以西數公里處，海拔五千七百多公尺，終年為冰川覆蓋。歷史上，這條山道就是西藏與尼泊爾之間的一條重要商道。逃亡者從拉薩出發，乘長途客車或者步行，前往靠近尼泊爾邊境的定日城，此行全程五百七十二公里。到達定日後，在嚮導的帶領下，逃亡者步行前往囊帕拉山口，兩地相距約八十公里。在正常情況下，穿過囊帕拉需步行至少兩天。囊帕拉氣候酷寒，防守較為鬆懈，這條路線曾經是比較安全的逃亡路線，但是，二〇〇〇年，中國軍隊在中方控制的囊帕拉通道北部修建了哨所，解放軍加強了巡邏，幾乎每天晚上都要巡邏一次。此後，從這條路線逃亡的難度大大增加。

如果有護照，合法出境的路線通常是乘車到邊境小鎮樟木。從拉薩到樟木全程七百五十四公里，比北京到瀋陽略遠一點。這條路線也是逃亡者的闖關路線之一。

即使安全過了邊境，逃亡者還要面臨幾種新的危險。一旦被尼泊爾邊境警察抓住，以非法越境入罪，逃亡者將被判高額罰款，交不出罰款的話，會被判入獄，有時刑期高達八到十年。不過，這種情況不算很多。一般情況下，尼泊爾方面的警察寧願把西藏逃亡者當作一個撈錢機會。逃亡者如果不幸遇到土匪，有可能遭到搶劫，隨身物品被搶劫一空。近年來，毛派遊擊隊在尼泊爾北方山區活動，逃亡藏人又增加了一個危險因素。

塔丁他們這批逃亡者走的正是拉薩—囊帕拉通道—加德滿都線。二〇〇一年十月，也就是塔丁走向達蘭薩拉的一個多月前，新華社報導說，到當年十月為止，西藏—尼泊爾邊境已經有數千名越境者被捕。然而，重重危險並沒有擋住逃亡者的腳步。

喜馬拉雅山北的冬季是逃亡者最多的季節。這個季節太冷，中共邊防軍通常會減少巡邏，這時候越境比較容易。可是，這個季節也是最危險的季節，一路上，逃亡的藏人凍死凍傷的不在少數。

塔丁鐵了心要去達蘭薩拉，他顧不得危險了。

「你一個人來的？」我問他。

「不是。我們一幫人，四十九個人。」塔丁說，「還有兩個嚮導。」

塔丁的同行者是臨時湊起的一群人。事先大家並不認識，只知道某天出發，某時到某地集合。行動計畫必須嚴格保密，一旦走漏消息，走不成不說，還有可能被抓進牢房。有時候，一群人中有老有小，行動就很艱難，路上的時間也要長得多。

還好，塔丁這批人大多是二、三十歲，身強力壯的青年，最小的約十三、四歲。他們跟著嚮導，在大雪山裡一路步行，餓了吃點糌粑，啃幾口乾糧，累了在雪地上和衣而臥。天太冷，凍得睡不著，也不敢睡著，只能打個盹兒。剛盹過去，後頭的人推他一把，他半睜著眼睛站起來，跟著前面的人，一步一步，機械地邁著步子。翻越囊帕拉，塔丁他們步行了整整七天。

兩個多禮拜後，他們快到邊境了，也就是說，到了最危險的地段。一天夜晚，他們翻越一座不太高的山，到了山頂剛要下山，突然，一道探照燈光照過來，強光把他們罩住。

「當時我想『完了！我們被發現了！』」塔丁對我說。「那道光真亮，彼此的臉都看得清清楚楚。當兵的肯定看到了我們。」

大家慌了神，本能地拔腿就跑。塔丁不知道自己跟著誰跑，也不知道跑了多遠。一群人四分五散，各自躲藏。躲了好一陣，沒見邊防軍過來，不知道是一場虛驚，還是天寒地凍，邊防軍壓根兒不想出來，只是隨意打開探照燈，虛晃一槍，震懾一下可能路過的逃亡者。燈光熄滅後，逃亡者們各自從躲藏處出來，戰戰兢兢地聚攏，一點人數，四十九人只剩下十四個，其他人不知道跑到哪裡去了。更糟的是，嚮導不在這十四人當中。

「沒有嚮導？」我幾乎不相信自己的耳朵。

塔丁點點頭。「嚮導跑散了。我們這十四個人，誰也不認識路。」

「你們知道方向嗎？」

「不知道。」

怎麼辦？大家一合計，只有一個辦法：朝最高的山走。

「為什麼？」我問。

「一來當兵的都是漢人，他們爬不了那麼高的山，對我們來說倒不是問題，這樣比較安全」塔丁說，「二來我們已經快到邊境了，到了山頂往下看，就知道該往哪兒走。」

十四個人繼續走向山南。

「後來，我們快沒吃的了」塔丁臉色平靜，好像在講述別人的故事。「大家帶來的食物差不多都吃光了。到尼泊爾邊境的時候，有三天我們幾乎沒有東西吃。」

好在尼泊爾邊境已經遙遙在望。邊境上住著一些尼泊爾牧民，他們經常遇到西藏流亡者，在力所能及的情況下，時常會幫助那些瀕於絕境的人們。逃亡者們湊了些錢，推選幾個身體還能挺得住的同伴，帶上錢到尼泊爾牧人那裡去買點食物，帶回來救援眾人。

「尼泊爾人知道我們藏人往那邊跑，他們家裡會存些食物，賣給路過的藏人。這事情成了他們的生意。」塔丁告訴我。食物很貴，一包速食麵比正常價格高幾倍，可那是救命糧，你不能不買。

由於沒有嚮導，到了邊境，十四個饑寒交迫的逃亡者不知道從哪裡安全越境，也不知道該怎樣躲過巡邏的尼泊爾邊防警察，結果不難預料：他們全部被警察抓住了。身上帶了錢的人拿出錢來打點，有親友的通知親友帶錢來贖，既沒錢又沒有親友的，就得看運氣了。遇到心地善良的警察，可能會放逃亡者過去；遇到鐵石心腸的警察，逃亡者就成了人質，被用來敲詐一筆外快。他們會先打電話通知加德滿都的西藏難民收容站，叫他們來人，一手交錢，一手交人；要是那邊沒錢，或者錢不夠，邊警就打電話通知中方一手交錢，一手交人。塔丁遇到的，偏偏是後者。

不幾天，十四個人裡頭有十個交了買路錢，各奔前程。塔丁是剩下的四個人之一。

「要是被『賣』到中方，他們會對你們怎麼樣？」我問。

「先狠狠揍你一頓，把你打怕了，讓你不敢再來越境。因為有很多人送回去了，待一陣子，弄到了錢又會跑出來。」他說，「然後抓起來，坐幾個月牢。」

尼泊爾邊警打電話給難民接待站：「這裡有你們四個人，二千盧比一個。」

那邊回答：「好的，我們這就派人來接。」然後要求直接跟那四個人說話。

「他們叫我們放心，別害怕，他們會付錢，把我們帶過去。」

牧羊少年又一次絕路逢生。

在加德滿都難民接待站住了一星期，工作人員為他們檢查身體，打各種預防針。二〇〇二年一月，達賴喇嘛將在印度菩提伽耶，相傳佛祖釋迦牟尼成道的地方舉行灌頂法會，難民接待站的人直接把他們送到菩提伽耶去參加法會，朝拜全世界佛教徒心目中最神聖的地方。

「我們真是幸運！」回想起在佛祖成道處聽達賴喇嘛講經的經歷，塔丁笑容滿面，「這樣的機會可不是人人都能碰上的。」

塔丁的確非常幸運。不少人滿懷希望而來，卻沒有到達目的地。有些人路上被捕，被送回原籍，關進監獄；有些人途中遇險，沒能翻過大雪山。二〇〇六年九月，七十多名西藏逃亡者在囊帕拉山道上遭到中國邊防軍襲擊。附近的一位西方登山者用攝像機拍下了襲擊的過程。茫茫雪地上，一隊逃亡者艱難地步行，他們的身後留下一行深深的腳印。走在最前面的人突然倒下。逃亡者四散奔逃。隨後，幾名士兵走過來，抬走了雪地上的屍體。

死者名叫格桑南措，是一位年僅十七歲的阿尼。十七歲的格桑南措離開家鄉，前往達蘭薩拉，是為了實現她的夢想——去卓瑪林尼姑寺學佛。開槍射死格桑南措的中國士兵看上去很年輕，是格桑南措的同代人。

幾天前，我曾在夕陽下走進卓瑪林尼姑寺，與一位說流利漢語的年輕阿尼交談。那時候我不知道，我走進了格桑南措沒有到達的夢想之地。一顆子彈，在十七歲的格桑南措與卓瑪林尼姑寺之間，劃出了永遠無法到達的距離。

「在山頂跑散的那些人呢？」我突然想起來，「他們到了尼泊爾沒有？」

「囊帕拉事件」中，七十名逃亡者只有四十三人到達尼泊爾，剩下的有些被捕，有些在襲擊發生之前就掉隊失散，下落不明。

「有些到了。我在難民接待站遇到了幾個。有些不知道，以後再也沒有見過他們，也不知道他們的消息。聽說有幾個被抓走了。」塔丁說。「接待站的人告訴我，一個月前，有一批人在邊境上被抓，邊防軍把他們裝在大客車裡遣返西藏，路上要過一座橋，有個人從車窗裡鑽出來，從橋上跳到河裡，遊回尼泊爾境內。一個喇嘛也跟著跳，可是跳下水後，頭撞在石頭上，大家眼睜睜地看著他沉下去了。」

塔丁一手握著空茶杯，另一隻手捏著餐巾紙，握過牧羊鞭、拿過廚刀的手掌並不顯粗糙，手指把紙巾捏緊，又鬆開，鬆開，又捏緊。

我沉默地注視塔丁。他看著我，目光平靜如水。

塔丁終於來到達蘭薩拉，被安置在山谷裡的成人學校學習英語、藏語、歷史等基本課程。塔丁很用功，畢竟，他冒著生命危險來到達蘭薩拉，就是為了讀書。可是他的基礎太差，無論怎樣用功，還是趕不上。他只好放棄普通教育班，轉到職業訓練班，去學製作唐卡。這時候，當年放羊時，用樹枝在地上練出來的技巧就有了用武之地。

「我學唐卡真是得心應手」塔丁有幾分得意，「老師都不相信我從來沒學過繪畫！兩個月以後，第一次考試我就得了全班第二名！」

塔丁在五年制的成人學校裡學習了三年，然後開始了另一種漂流生涯。他先是加入了一個樂隊，擔任歌手，兼演奏三種樂器。他還嘗試過開理髮店，但是沒有成功。現在，他在康加拉山谷裡的羅布林卡研究所找了個工作，從事唐卡製作。昔日的牧羊少年成為唐卡藝人兼藝術家。

前幾天下午，我去參觀羅布林卡研究所。汽車開進山谷時，日已西斜，山谷沐浴在金色中。進入大鐵門，踏上鋪滿綠蔭的石頭小徑，不期然走進一座十分漂亮的花園。小徑穿過樹林，濃綠的枝葉間掛著一條條經幡，印著經文的五色布靜靜地垂在金色夕陽下。一條石砌水渠環繞花園，潺潺清水在一

羅布林卡的水池和小橋

座藏式樓房前方匯聚成池。一座石橋跨池而過，石橋欄杆兩邊各擺一行紅色花盆，將遊人引入彩繪廊柱支起的寬闊門廊。

研究所裡有寺院佛塔、博物館，還有好幾座藏式樓房。羅布林卡研究所的宗旨是保存傳統西藏藝術，研究所為此設立了唐卡、縫紉、木雕、鐵器等部門，用傳統的方式製造西藏手工藝品。那裡的唐卡是按照傳統方式，全部用手工縫製的，一幅唐卡從繪圖到完成，常常需要好幾個月的時間。成品在國際市場上很受歡迎，遠銷歐美。我在唐卡製作間參觀時，一群青年藝人正在幹活，其中有學徒、也有熟練的技工，還有幾位僧尼。製作間中央平放著一幅尚未完成的唐卡，那幅畫有兩、三公尺長，幾位熟練藝人的全部工作時間用來製作這幅畫，已經工作了好幾個禮拜了，完工看樣子還早著呢。

有時候，塔丁也做點兒木雕。塔丁告訴我，他的家人都有一雙巧手，從祖父那一代開始就會木雕，母親和舅舅都擅長這門傳統技藝。在達蘭薩拉，木雕不僅僅是謀生之道，還為塔丁帶來了一段情緣。

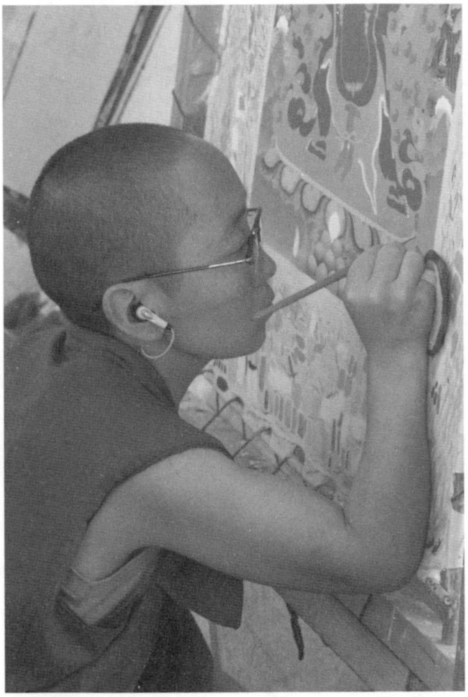
繪製唐卡的阿尼

「她生在香港」塔丁臉上浮起笑容，「漢人。也是家傳的木雕藝人。」

香港女孩家住美國三藩市，有一年，她來達蘭薩拉學習西藏木雕技巧，認識了康巴小夥子塔丁。她教塔丁英語，塔丁教她木雕，塔丁不會說漢語，姑娘不會說藏語，英語就成了兩人情感溝通的橋梁。塔丁的英語主要是跟戀人學的。

「原來也是家學啊」我笑道，「怪不得你的英語說得這麼好呢！」

「我們經常通話」康巴小夥子有點兒靦腆，「她每年都會來。」

兩人已經談婚論嫁，可是遇到一個障礙：塔丁沒有護照，沒法去美國大使館申請簽證。

「不是有難民身分證嗎？你可以申請難民身分證吧？」我問。

「是的，但是很貴，要花好多錢，而且還要等很久。」塔丁已經申請，再過幾個月，他就能領到難民身分證了。

「也就是說，很快你就可以去美國啦！」我真替他高興。

我從筆記本上撕下一頁，寫上我的地址、電話號碼和電子郵箱地址，遞給塔丁：「到了美國後，一定要給我來電話！」

告別塔丁，我離開餐館，走上諾烏若吉大街。天氣真好，陽光明媚，山風輕柔，山坡林木茂盛，街上人來人往。下午，蒙古和俄羅斯佛教代表團將舉行一場音樂會，為達賴喇嘛獻藝，許多人正朝大昭寺的方向走去。

寺廟街依山而建，一邊是山坡，另一邊是陡崖。街道兩邊一個接一個地排著小攤子，賣各種旅遊紀念品。有個藏女在兩棵樹幹上拉了一條繩子，繩子上夾著一排藏式印花門簾。山風把布簾吹往一個方向，宛如一排高張的船帆，即將乘風遠航。

巴塘來的朝聖者

1

「貢嘎客棧」依山而建，陽台下，長滿松樹的山坡一路向山谷傾斜，半路上卻被一左一右兩道橫出的山梁掩住，看不見谷底。我的房間有一面大窗，正對著太陽升起的方向。晴朗的清晨，太陽還在山谷的薄霧中緩緩上升，峰頂的天空已經一片緋紅。清水一般柔和的光透過玻璃，正好照在床邊的牆上。

前晚睡覺前，我怕第二天睡過頭，特意沒有拉上窗簾。十一月九日清早，霞光如期而至，把我喚醒。那天是星期六，早上九點，達賴喇嘛在大昭寺為蒙古和俄羅斯來的佛教代表團講經。在達蘭薩拉聽達賴喇嘛講經，這可是難得的機會。兩天前，我在達賴喇嘛尊者居所的會客室採訪他時，尊者還特別邀請我去參加這次講經，說我是他的「特邀學生」呢。

我匆匆梳洗，帶上筆記本和錄音機出門。還不到八點，街上熙熙攘攘的，已經有很多僧俗民眾，朝辯經院的方向走。有的扶老攜幼，有的背著娃娃。路上經過嘎其素餐館，我進去要了杯奶茶和一份藏式麵餅，匆匆吃完，隨即出門匯入人流。辯經院門口已經排了一條長隊，幾輛載滿人的大卡車停在路邊，車上的人正在亂紛紛地往下跳，這些人顯然是從山下來的。

達賴喇嘛講經的經堂在辯經院旁邊，正對著他居所的大門。這座經院藏語叫「楚格拉康」，有不同的譯名，台灣人稱之為「大昭寺」，印度人管它叫「主神殿」，藏人的漢譯卻是「大乘法苑」。經院築在山梁頂端，是一座兩層的黃色樓房。經堂前有一條水泥通道，正對著達賴喇嘛居所的大門。經院前方有片水泥鋪的空地。

大昭寺裡面已經人山人海，人們席地而坐。我向站在樓梯前的安全人員出示記者證，被允許上二樓。二樓的平台正對著達賴喇嘛講經的小經堂，經堂大門外，有兩座玻璃罩著的多層燈檯，燈盞裡，一行行小火苗靜靜閃爍，發出溫暖的光。

二樓的空地上也已坐滿了人。人群中有藏人、漢人、印度人、尼泊爾人和西方人，除了來自蒙古和俄羅斯的佛教代表團之外，還有來自台灣和韓國的佛教團體。幾位身穿淺灰色僧服的韓國僧尼脊背挺直，盤膝而坐，面容沉靜莊嚴。

我走到經堂門口，朝裡面張望。遮蓋法座的黃布已經拿開了，一切就緒，只等達賴喇嘛升座。達賴喇嘛的法座正式名稱叫作金剛獅子座，放置在經堂的木製平台正中，背後是一座高大的鍍金釋迦牟尼像。經堂平時允許遊人參觀，但法座屬於聖物，平時被黃布包裹。虔誠的教徒們會順時針繞法座一圈或者數圈，然後以額頭輕觸包裹法座的黃布，以為頂禮。只有在舉行宗教活動，達賴喇嘛升座時，人們才有機會看到法座。

金剛獅子座約有一公尺多高，是一張方形的木質雕花大靠背椅。椅子的一邊有幾級台階，供達賴喇嘛上座。椅背上鏤空雕刻象頭、祥雲、飛天、蓮花、如意寶珠等佛教吉祥象徵，刻工極其精湛，本身就是一件精美的藝術品。椅背上掛著金色小菊花和紫紅色蘭花串，椅座前方垂著繡了吉祥八寶和「萬字結」的帳幔，座上置放厚厚的金色織花椅墊，椅墊上面另有一張絳紅色棉墊。

正看著，經堂裡一陣騷動，達賴喇嘛走上平台，升座。他身裹黃色袈裟，盤膝在錦墊上坐下。一位喇嘛遞上法器。達賴喇嘛手持金剛杵和金剛鈴，有人過來調整他面前的話筒，看來講經很快就要開始了。

我趕緊離開經堂大門，四處環顧，找地方坐。可是地上坐得滿滿的，聽經的人一個挨一個，擠的水泄不通。突見角落裡有人朝我招手，原來是拉姆。她渾身上下煥然一新，乾淨整潔的藏袍，夾著彩帶的髮辮繞過頭頂，一手拿著轉經筒，一手拿著念珠。她對身邊的老婦說了句什麼，然後用力往一邊擠了擠，挪出尺把寬的空間，示意我擠過去，坐在她身邊。還好她坐在第三排。我扶著前兩排人的肩膀，口裡不停道歉，東倒西歪地擠了過去。地方實在太小，我扭過來扭過去，很彆扭地把自己安置下來。

拉姆轉向我，說了一番話。我大眼瞪小眼地看著她，一個字兒也聽不懂。我只好轉過頭，在身後的人群裡尋找年輕一代的藏人。根據這些天的經驗，三十歲以下的藏人通常都會說一些漢語或者英語。我身後恰好坐著幾個年輕人。

「請問」我對離我最近的小夥子說，「你會說英語或者漢語嗎？」

「會一點點英語。」他說。

「請幫我翻譯一下她的話好嗎？」

小夥子點點頭，用藏語跟拉姆說了幾句話。兩人說了一陣，小夥子對我說：「她說，要你把……什麼東西給她。」

「什麼東西？」

小夥子回過頭，跟他的夥伴們討論，藏語裡不時夾幾個英文單詞，好像在找正確的英文詞兒。然後，他轉向我：「她說，就是你幫她……『做』的東西？」他雙手比劃出一個長方形。

「照片！」我恍然大悟。

「對，對，照片。」小夥子連連點頭。

「沒問題，沒問題」我說，「請告訴她，照片在我的電腦裡，我會拷在光碟裡，交給她女兒。」

小夥子又回頭跟夥伴們討論，然後用藏語對拉姆說了幾句話。她布滿皺紋的臉上漾出笑容。幾天前，我在達賴喇嘛居所下方的轉經道上遇到拉姆，當時我恰好帶著相機，順便為她拍了幾張照片。拉姆很高興。朝聖是拉姆人生中的大事，她想為自己留下一點紀念。

這時，經堂門口的揚聲器裡傳出頌經聲。達賴喇嘛開始講經了。講經之前，先誦尊請上師的祈禱文。大家立刻噤聲，諾大的寺院裡剎那間一片沉靜。整個寺廟區只聽見達賴喇嘛的吟唱聲，在喜馬拉雅山南清冽的空氣裡迴蕩。

我曾數次聽到過達賴喇嘛的聲音。一九九九年八月二十五日，達賴喇嘛第二次在紐約曼哈頓中央公園做公開演講。組織者預計會有五千人參加，不料人數多出幾倍，約四萬人參加了那次演講。我坐在一個穿著傳統服裝的藏人家庭旁邊，看著這個家庭的男女老少在草坪上，遙對坐在台上的達賴喇嘛磕長頭。隔著很遠的距離，我看不清他本人，只能從會場旁兩邊的大螢幕裡看到他的形象，通過擴音器聽到他的聲音。那以後，我很幸運地有數次機會直接向他請教，但是以前從未見過宗教儀式上的達賴喇嘛，也沒有聽過他誦經。

我雙手合十，閉上雙眼，一動不動，沉浸在達賴喇嘛帶領的吟誦聲中。他的聲音從容和緩，低沉厚重，如同喜馬拉雅南坡的松濤，雖無海上風暴那樣的驚心動魄，卻蘊含著不可忽視的內在力量。人群開始應和，上千人跟著嘉瓦仁波切同聲吟誦。

吟誦結束後，達賴喇嘛清了清嗓子，開始講經。這天，達賴喇嘛講的是宗喀巴大師所著的《聖道三要》。《聖道三要》也被翻譯為《三主要道頌》，指的是學佛的三種最殊勝的法門，即出離心、菩提心、無二慧。這三個法門概括了諸教義的精華，因此，《聖道三要》也是藏傳佛教裡最基本的經典之一。

幾位年輕僧人拎著一桶桶熱奶茶和藏式小麵餅走來，向人群分發。拉姆放下轉經筒，從藏袍的大襟裡掏出一隻瓷杯，僧人舀了一勺奶茶，倒進杯子裡。拉姆把盛了奶茶的杯子遞給我。我搖搖頭。她要了兩個麵餅，塞給我一個。我看著周圍的人們一邊聽經，一邊吃早飯，不禁微笑。

拉姆喝完奶茶，把杯子放在盤起的雙腿前，拉了拉藏袍上顏色素淨的彩條圍裙，口中喃喃頌經，手裡的轉經筒開始轉動。我微微轉頭，看了看拉姆。她一動不動，眼睛定定地注視著經堂。從她所在的位置，透過窗子，可以遙遙看到身披黃色袈裟，盤膝坐在法座上講經的達賴喇嘛。拉姆還不到六十歲，但面容顯得比實際年齡蒼老。她中等身材，面容消瘦，滿臉皺紋無聲地說出她半生的辛苦勞作。此刻，她神情安詳，被高原烈日曬成棕紅的臉上發出柔和的光。我感覺到，她和我雖然並肩而坐，但是她的心不在這裡，在一個我盡力想要到達的地方。

拉姆與「新西藏」幾乎同齡。達賴喇嘛出走時，她不到十歲。幾十年來，藏人生活方式的劇變，以及劇變所帶來的社會動盪和苦難，她都經歷過。拉姆出生農家，沒有機會上學，她不識字，不會說漢話，更不會英語。但這一切並不妨礙她隻身離開家鄉，千里迢迢前來印度朝聖。

2

巴塘位於四川西部，青藏高原東南邊緣，金沙江中游東岸，川、滇、藏結合處。巴塘縣面積七千八百四十四平方公里。全縣人口中的百分之九十五是藏人。巴塘的海拔高度在二千二百三十公尺到六千二百零四公尺之間，有農田，也有牧場。拉姆一家就生活在半農半牧地區，既種地，也放牧，雖不富裕，日子也還過得去。

拉姆和丈夫養育了兩男兩女。十幾年前，大女兒去了印度，在達蘭薩拉結婚生子，安了家。小女兒和兩個兒子留在家鄉，小女兒嫁了當地農民，兩個兒子按照藏人的習慣，共娶了一個媳婦，養育了三名兒女。孩子們不分是哪個兒子所出，他們被認為是這個家庭的孩子，而不是某個人的孩子。至於兩位父輩的稱謂，通常孩子們稱一個為「父親」，另一個為「叔叔」，但這樣的稱呼並無「高低」或者「主次」的含義。

兄弟共妻在藏人中至今還是比較普遍的家庭方式。兄弟倆合娶一妻，在漢民族看來很不可思議。這個習俗的產生與藏人的生存方式有關。通常的解釋是說，兄弟合娶一妻是出於經濟方面的考慮，避免兄弟分家，把本來就不多的家產分得更薄。但是，這個解釋未必能夠概括所有的一妻二夫家庭。有些兄弟選擇這種婚姻形式，並不一定是因為怕分薄家產，也並不一定是因為窮得娶不起媳婦。更主要的，恐怕還是因為藏人的家庭觀念與漢人不同。藏人認為，兄弟同心經營家業，這樣的婚姻比一夫一妻式的婚姻更好。有時候，兄弟倆手足情深，不願意各自娶妻，各過自己的小日子，寧願同娶一妻，兄弟一生不分離。雖然在現代社會裡，一夫一妻制是被多數人所接受的婚姻方式，其實，這只是現存的諸多婚姻方式之一，不同的文化、不同的民族有不同的家庭觀念和婚姻習俗，這並不奇怪。

拉姆的兩個兒子各有分工，一般情況下，一個在家種地、看家、管理家業，另一個在外放牧。農閒時，他們也做點小買賣，跑運輸，或者出去打工。媳婦在家照顧孩子和家務，一家人日子雖然不算富裕，但也衣食不缺，只是現金不多。

幾年前，拉姆的老伴往生。拉姆覺得，孩子們已經長大，各自成家立業，人生應該盡的責任她都已經盡到了。如今老伴已經往生，是完成自己心願的時候了。拉姆的心願是去印度朝聖。

孩子們都很支持。對藏人來說，對父母最大的孝順不是讓他們晚年衣來伸手，飯來張口，被人精心伺候，而是幫助父母完成朝聖的心願。孩子們商量好了，四川那邊的兩個兒子負責支付把媽媽送到印度的開銷，到了印度之後，花費就歸達蘭薩拉的女兒女婿管，而且，他們還得負責媽媽返回家鄉的路費。可是，從四川到印度所費不菲，辦護照就得花上一筆錢，更別說一路上的飲食起居和車票了。連著幾年，年成不好，一年辛苦下來，家裡還是沒有足夠的現金。拉姆的老伴在世時，立下一條家規：家裡自製的酥油，如果自給有餘的話，多餘的酥油不許出售，全部捐給寺院，作為供養。老伴往生之後，拉姆依然恪守家規。這樣一來，家裡就沒有多少出產換現錢，也就拿不出錢供她去印度朝聖。

這一年，拉姆一家終於有了個好年成。一年辛苦之後，家裡該買的買，該留的留，買了化肥，做了衣服，該置辦的都置辦了，還剩下兩千元人民幣。當家的兒子把錢全部交給媽媽，讓她去印度朝聖。

很多年來，宗教信仰在中國被認為是落後和愚昧的。經濟增長，物質豐裕似乎成為社會進步的唯一指標。對於無神論環境下長大的漢人，「朝聖」這件事毫無意義，純屬勞民傷財，有些人還把一路磕長頭去拉薩朝聖這件事看作「宗教狂熱」。

為什麼藏人如此重視朝聖？我曾經聽過一個故事。傳說佛陀在世時，有一位婆羅門想要剃度出家。他找到佛陀十大弟子之一目犍連，請求出家。佛陀的十大弟子中，目犍連有「神通第一」之稱。當下他運起神通觀照這位婆羅門，然後對他說：「前生你沒有積累功德，今世沒有出家的福分。」婆羅門很沮喪。他找到佛陀，請教自己是否有出家的福分。佛陀說：「你當然有出家的福分。」並親自為他剃度。

事後，目犍連向佛陀請教說：「我用神通觀照，他今世沒有出家的福分，為什麼你為他剃度呢？」

佛陀說：「他有一世曾是隻螞蟻。有一天，這隻螞蟻棲息在河邊的一片樹葉上。河裡突然發大水，把樹葉連同螞蟻一道沖走。河的下游恰好有個聖地，河水把載著螞蟻的樹葉沖到聖地，繞著聖塔轉了一圈。就因如此，他得到無量功德，轉世為人，並且有了出家修法的福分。」

藏人相信，到聖地轉經朝拜有無量功德，因此，對於虔信佛教、注重精神修持的藏人來說，到聖地朝聖，是一生中最重要的事情。

拉姆帶了一袋子糌粑作乾糧，背上簡單的行李，沿著佛教傳入藏地的途徑反向而行，朝喜馬拉雅山南走去。

從家鄉巴塘到達蘭薩拉，全程差不多三千多公里，經過三個國家。從巴塘到拉薩，坐車整整兩天。從拉薩到樟木口，坐車一整天。從樟木口到加德滿都，坐車大半天。加德滿都到德里，車程兩天一夜。從德里到達蘭薩拉，汽車開一整夜。為了省旅館錢，拉姆儘量坐夜車。她一路省吃儉用，餓了吃糌粑，渴了，能找到自來水就喝自來水，實在不行，才花錢買瓶水。到了達蘭薩拉的女兒家，她只花了一千多元人民幣。

我到達蘭薩拉時，拉姆已經在女兒家住了幾個月。雖然已經走了三千多公里，可是，嚴格說來，朝聖尚未正式開始。拉姆先到達蘭薩拉看女兒，住在女兒家，等待她的一群鄉親。這些鄉親比她晚走幾個月，正在前往尼泊爾的路上。「去年家鄉有個警察告訴我們，要我們趕快辦護照」拉姆通過女婿告訴我，「警察說，明年要開奧運會，護照肯定卡得很緊。幸虧我們聽了他的話，都辦了護照，要不就來不了啦。」

離開家鄉時，大家約好了，要在尼泊爾碰頭，一同去佛教的四大聖地朝聖。這四大聖地都與佛祖釋迦牟尼的生平事蹟有關，即佛祖出生地藍毗尼（Lumbini）、初轉法輪處鹿野苑（Sarnath）、成道處菩提加耶（Bodh Gaya）、涅盤處拘什納羅（Kushnagar）。四大聖地中的佛祖出生地在尼泊爾，其他三處都在印度。朝聖者通常在尼泊爾入境，先朝拜佛祖出生地，然後進入印度，前往另外幾處聖地朝聖。四大聖地的朝聖路線並非固定不變的，可以根據朝聖者的具體情況而定。

自從達賴喇嘛流亡印度之後，達蘭薩拉也成為藏人心目中的聖地之一。朝聖者千辛萬苦到達印度，必來達蘭薩拉朝拜達賴喇嘛，接受他的祝福。拉姆打算跟她的鄉親們一同去朝拜四大聖地，然後陪他們來達蘭薩拉，朝拜達賴喇嘛。朝聖全程結束後，女兒會把她送到尼泊爾，拉姆再跟鄉親們一同回巴塘。有過如此完美的朝聖，這輩子拉姆就算心滿意足啦。

拉姆在達蘭薩拉的的日子過得挺輕鬆。女婿在流亡政府工作，女兒是裁縫，在山下的羅布林卡研究所做工。兩個孩子都在兒童村的寄宿學校上學，不需她照顧。白天家裡既沒人也沒事，拉姆就把全部精神放在日常的宗教修持上。每天一早，吃完早飯，女兒女婿各自上班，拉姆梳好髮辮，換一套乾淨藏袍，步行上山，到圍繞達賴喇嘛居所的轉經道上去轉經。

從女兒家所在的政府工作人員宿舍，到上達蘭薩拉，得步行至少半小時。到了山頂，拉姆按照順時針方向，慢悠悠地沿著轉經道步行。她手裡拎著念珠，一邊走一邊頌經。轉經道依山而建，正中央還有一座經堂、幾座佛塔，佛塔前安置著幾排經輪。走過經輪，當然是要一個一個去轉動的，因此，轉經一圈要步行四十分鐘左右。拉姆每天早上轉經三圈。轉完三圈，也就差不多到午飯時間了，她步行下山回家。傍晚，她還會去流亡政府辦公樓旁邊的乃穹寺拜佛轉經。

經輪

轉經，即圍繞佛塔、寺廟、佛像、聖山、聖湖、聖城等神聖場所或聖物，按照順時針方向步行，同時念經，念「皈依文」，或者念咒語。在藏地，這是一種非常普遍的崇拜方式。有些藏人不是步行，而是用磕長頭的方式圍著聖地或聖物繞行，以示無上虔誠和崇敬。

這種崇拜方式顯然來自印度。去達蘭薩拉之前，我曾在新德里參觀聖雄甘地紀念園。紀念園中央有一道環型圍牆，遊人進入圍牆之前，必須把鞋子留在門口的寄存處。走進大門，正中央一方樸素莊嚴的黑色大理石，前方燃著長明火，那就是甘地紀念碑。大理石的一端刻著兩個印地語單詞：「噢，神！」這是甘地中彈時說的話，也是他生命中最後的話語。

我在甘地紀念碑前流連時，來了一大群穿校服的小學生。孩子們在穿著漂亮紗麗的女教師們帶領下，按順時針方向，圍繞紀

轉經道旁的瑪尼石

念碑行走。我跟著孩子們緩步而行，走著走著，眼前漸漸浮現出一位老人的形象。他枯瘦，羸弱，古銅色的身體上裹一方白粗布，足蹬涼鞋，像印度鄉間常見的農夫或者牧羊人。他手握竹竿，身體微躬，遠遠走來，又迢迢走去，宛如流星一閃，消失在歷史的雲煙之中。他留下的和平非暴力思想，卻如紀念碑前方的長明火，一代又一代，在不同種族、不同膚色、不同語言、不同文化的人們心中燃燒，成為人類最寶貴的精神財富之一。

我開始理解轉經的意義。環繞聖物或聖地的步行，是為了將心念繫於聖物所象徵的理念。在藏傳佛教裡，轉經時的念頌，正是身、口、意與佛相合。因此，轉經不僅僅是一種儀式，也是一種日常的修持。

紀念碑旁邊的草坪上有幾棵不知名的樹，樹葉濃綠，葉叢中開著白色花朵，散發出淡淡清香。花季已然遲暮，樹下落花滿

轉經道旁的石刻

地。我走到花樹下，一朵白花飄落，無聲落在草地上。花雖凋落，但並不飄零，一朵朵完整地落到草地上。落花從白色變成淡黃，草地上好像開滿了淡黃色的花。在北印度午後的陽光下，落花在草地上煥發出又一度生命，鋪陳出另一番風景。

3

達賴喇嘛的聲音停頓了片刻，眾人一陣熙攘，趁機活動身體。我雙手搬著麻木的右腿，皺著眉，拉姆在旁邊看著我笑起來，伸手拍了拍我的腿。拉姆年齡比我大，可她盤著雙腿端坐不動，念珠垂到裙裾上，隨著她的手指微動。

前幾天，我在轉經道上遇到拉姆。她穿著淡紅色薄毛衣，黑色鑲白領藏袍，素色圍裙，夾著藍布條的髮辮盤在頭上，手裡拿著一串念珠。看到我，她笑吟吟地停下腳步。我舉起相機，為她拍了幾張照片。她對我說了幾句話，朋友為我翻譯說，她的

轉經道旁的桃花與經幡

鄉親們已經到了加德滿都，她這幾天就要下山去尼泊爾，與她的鄉親們會合，去四大聖地朝聖了。

「她怎麼去？有沒有直達火車？」我問。

「沒有。」朋友說，「坐德里到加德滿都的長途汽車。」

「多長時間？」

「兩天一夜，三十多個鐘頭吧。」

「她一個人走嗎？」我看了看拉姆，她那麼瘦，能受得了那樣長時間的顛簸嗎？

「她十號晚上下山，去德里。」朋友說。我正好也是那天下山去德里，休息一天後，在德里搭乘印度航空公司的飛機，去南方的帕拉庫毗西藏難民定居點。「到了德里以後，有個同鄉陪她去加德滿都，然後帶他們去朝聖。」

從達蘭薩拉到德里，長途汽車約十二小時。也就是說，從達蘭薩拉到加德滿都，拉姆將要坐兩天兩夜長途客車。公路大部分是在喜馬拉雅山脈裡盤旋顛簸，到了加德滿都，與鄉親們會合之後，拉姆他們先去尼泊爾境內的佛祖出生地蘭毗尼朝拜，然後乘客車進入印度，朝拜離印度—尼泊爾邊界不遠的佛祖圓寂處拘什納羅，再從拘什納羅到佛祖初轉法輪處鹿野苑。朝聖的最後一站是佛祖成道處菩提加耶，這是佛教最神聖的地點。從拘什納羅到菩提加

巴塘來的朝聖者

耶的距離是二百一十公里，乘幾個小時的火車到加耶站，然後還得乘約一小時汽車。拉姆光是在這四大聖地朝拜，往返就是一千多公里。她的整個朝聖之旅，從巴塘算起，往返近八千公里。年近六十的拉姆一路的勞累可想而知。

朝聖是一種非常普遍的崇拜方式。基督教、伊斯蘭教和佛教，這三個信徒最多的宗教各有聖地。印度對於佛教徒來說，相當於耶路撒冷之於基督教徒，麥加之於穆斯林。這些都是該教的最高聖地，是虔誠的教徒們一生必須去一次的地點。有很長的時間裡，耶路撒冷也是猶太教的聖地，是猶太人一生中盡可能要去一次的地方。

當然，這並不是說，朝聖只能去這些聖地。各宗教在歷史發展過程中，也形成了不同的聖地。對於漢地的佛教徒，五台山、普陀山、峨眉山等都是聖地。在藏傳佛教裡，拉薩就是聖地。在更小的地域裡，還可以形成地方性聖地，那些聖地通常與聖山、聖物或者聖殿有關。信徒們如果無法出遠門，到離家不算太遠的聖地去上香朝拜，也是一種朝聖。

朝聖雖然也有可能包含旅遊，但朝聖不等同於旅遊。朝聖不是休閒或者娛樂，而是一種嚴肅的宗教活動。即使是在交通方便的現代，朝聖也不是件很容易的事。在現代交通工具出現之前，朝聖往往就是一個人一生中僅有的出遠門機會。離開熟悉的環境，前往語言不同、環境不同的聖地，朝聖者將會遇到種種困難甚至危險。因此，朝聖者必須要有強烈的動力和堅定的信心，才能克服種種艱難困苦，到達聖地。在此過程中，朝聖者的心念始終繫於他的信仰，因此，走向聖地的過程，也是心靈淨化，信仰堅固的過程。從這個意義上來說，朝聖的重點不一定是「到達聖地」這個結果，而是「走向聖地」這個過程。

藏傳佛教中，朝聖是很普遍的崇拜方式。一路磕長頭，前往聖城拉薩的朝聖者，幾乎成了漢人眼中的西藏「文化符號」之一。其實，漢傳佛教中也有朝聖這個崇拜方式。在江南一帶，「海天佛國」普陀山是著名的聖地。普陀山是觀音道場，因此，每年在觀音的三大「聖日」，即觀音生日、觀音成道日和觀音出家日，都會有大量信眾前來普陀山朝聖。

我第一次見到漢地信眾朝聖，就是在普陀山。

那時候，文革剛結束沒幾年，中國剛剛開放，普陀山遊人不多。一些寺廟尚未恢復，山林間的石壁上，還會看到殘缺不全的佛像。山下的普濟寺剛剛開放，香客不多，香火也不盛。那時候普陀山基本沒有商業氣息，環境安靜清雅，在山林石徑上漫步，我飛揚浮躁的心受到「海天佛國」的影響，漸漸開始平靜。

有一天，我們幾個沿著寬寬的石階下山，半途遇到一大一小兩個男孩子，用我當時看來十分奇怪的方式上山。這兩個男孩顯然是一對兄弟，大的約十六、七歲，小的不過十一、二歲，他們穿著同樣的白布襯衫，藍布長褲，衣服雖舊，但洗得乾乾淨淨。兄弟倆一前一後，目光專注，直視前方，雙手合十，走三步，雙膝跪下，雙手貼地，磕頭。然後站起來，重複這一連串動作。他們就這樣三步一叩首，朝山頂走去。我驚愕地停下腳步，望著這兩個男孩。他們面容莊肅，目不斜視，好像我們根本不存在。

他們走到我身邊時，我被他們臉上的莊嚴神情震駭，不由自主地退到路邊，身體緊貼石壁，盡可能讓給他們更多的空間。兩個男孩子從我身邊走過，他們全神貫注地叩拜，連眼珠都不曾轉過來，瞥我們一眼，但是，在那一瞬間，我感覺到，他們的神色中有一種無法言說的力量。我朦朧地意識到，他們所體驗到的世界，與我所體驗的世界，是不一樣的。他們的世界另有一重空間，而我卻停留在物質世界的表面。由於那重空間的存在，他們的生命有一種莊嚴的質感。然而，那是一重我無法體驗、也無從感知的空間。我受的教育曾告訴我，那一重空間是不存在的。那個晴朗的五月天，在普陀山的石階上，我第一次感到，雖然我已經讀了不少書，多少學到了一些有關物質世界的知識，我的生命其實很單薄。

大學畢業後，我被分配到杭州工作。那一年，早春三月，杭州城風和日麗，西湖邊柳絲搖曳，桃花盛開。有一個週末，我在西湖邊散步，沿湖而行，欣賞湖上春光，流連忘返。突然注意到，湖邊遠遠走來一隊婦人。她們年齡不等，個個身穿乾淨整潔的素色衣裳，頭髮梳得光溜溜的，排著整齊的單行隊列，像小學生一般，一個跟著一個，一聲不響地走來。每個婦人的肩上都斜挎黃色布袋，顏色鮮明的黃背帶斜過她們的素色布衫，十分醒目。

我停下腳步讓到路邊，望著這隊婦人從我身邊走過。她們很安靜，隊列裡沒有一點聲音，也沒人說話。她們走過之後我才注意到，她們的黃布袋上，有紅絲線繡了「朝山進香」四字。原來這是一隊朝聖的婦人。後來我才知道，農曆二月二十九是觀音菩薩生日，杭州附近鄉村裡信奉觀音菩薩的信眾，會在西曆三月裡到杭州的幾座主要寺廟去上香。那個細雨紛紛的三月，我常常看到一群群婦人排著隊，背著黃色布袋，安安靜靜地走向寺廟。

這兩次偶然的機會，讓我初次了解到，真誠的宗教信仰者，有一個我不了解的精神世界。我開始對那個世界產生了強烈的好奇心。我想要知道，在那個世界裡，有什麼樣的路徑？那些路徑通往什麼樣的風景？若干年後，我終於進入宗教學這個領域，有機會探索宗教信仰這個奇妙而美麗的人類精神領域。

遺憾的是，我雖然到了印度，這次卻沒有機會去這四大聖地朝聖。我羨慕地看了一眼拉姆，她端坐不動，嘴角上掛著祥和的微笑。她已經整裝待發，就要去實現她一生中最大的夢想了。

4

十一月十日傍晚，我拉著行李箱，背著攝影包，在漸漸深沉的暮色中來到達蘭薩拉公共汽車站。拉姆的女兒已經把她送到車站，母女二人站在路邊等我。見我過來，拉姆的女兒取出一條哈達掛在我頸上。這是藏人對遠行者的祝福。

拉姆的行李只有一個很小的旅行箱。女兒為她準備了一個睡袋，堅持要她帶上，以禦喜馬拉雅山區的風寒。拉姆暈車，女兒為她買好了防暈車藥。朝聖之路迢迢千里，拉姆一路將要克服多少困難呵。

我看了一眼拉姆的舊行李箱，心想，她一定帶著那份珍貴的禮物。

幾天前，我去採訪達賴喇嘛，拉姆托朋友帶來兩個小包，央我帶去，請達賴喇嘛加持。那天我除了帶著自己的採訪錄音機和攝影設備，還帶著一個小塑膠袋，裡面是一張達賴喇嘛的照片、一個護身符和一串念珠，那是我新交的小朋友茨仁紮西請我帶給達賴喇嘛加持的。進了會客室，趁著達賴喇嘛站在會客室門外，與前一批客人合影的當兒，我趕忙把拉姆和紮西囑託的物品取出來，放在達賴喇嘛面前的茶几上。

拉姆帶來加持的是一小包大米和一包五色彩繩。藏傳佛教的儀式中常常用到大米，在宗教儀式開始時，喇嘛會捏起一撮米粒撒向空中，供奉佛、法、僧三寶。西藏不產大米，歷史上大米不是來自印度，就是來自漢地。來之不易的東西，自然價格不菲。用大米供奉，也就是把自己最好的東西拿出來，敬獻三寶。就在這樣的儀式中，藏人從小就學會了一個基本的佛教精神：捨棄。

彩繩用來編金剛結。藏人相信，金剛結能消災避邪。他們相信，達賴喇嘛加持過的彩繩有強大法力，用這些彩繩編的金剛結，自然有更強大的力量。拉姆打算把經過達賴喇嘛加持過的大米和彩繩帶回家鄉，作為禮物分贈親友。拉姆帶來加持的那包米，最多也就一磅多，親友們每人分得到多少呢？千里迢迢帶回去一小包大米，在漢人看來，簡直不成話。而對虔誠信仰佛教的藏人，這卻是最好的禮物。

客車在喜馬拉雅山南濃黑的夜裡顛簸了一整夜，次日清晨到達德里。在德里西藏難民營的「薩迦旅館」裡，我見到了將要陪同拉姆和她的鄉親們去朝聖的年輕僧人。他看上去不過二十多歲，特地向寺院請了假，

轉經道旁的攤子

達賴喇嘛探訪帕拉庫毗西藏難民定居點

專程前來，陪同家鄉的人們去朝聖。

第二天上午，我們在德里分手，各自北上南下。我將乘飛機前往印度南方的帕拉庫毗西藏難民定居點採訪。拉姆和來自家鄉的僧人登上去尼泊爾的長途客車，開始了她的朝聖之旅。

出發前，拉姆來向我告別。我們互相祝福後，拉姆跟著年輕僧人走向車站。我望著她的背影，突然明白了一個道理：物質的豐裕只能提升生活品質，並不能提升生命品質。然而，只有高品質的生命，才能享有快樂、平和、自信、從容的人生。

第二部

朵拉達山脈下的小鎮

達蘭薩拉是個風景如畫的地方。「朵拉達」是印地語，意思是「白色」，「朵拉達山脈」也就是「白山脈」的意思。朵拉達山脈的最高峰高達五千多公尺，峰頂一年中有大半時間積雪。夏秋兩季積雪融化，由於山頂沒有植被，裸露的岩石仍然潔白如雪。潔白的山峰背倚蒼天，一道長滿雪松的山巒在山峰前方綿延而過。傍晚，白色山峰被如火的落日燒成金紅。從康加拉峽谷眺望，朵拉達山脈幾乎是垂直聳立，山勢險峻，景色極其壯觀。

較低的山梁上覆蓋著天然森林，長滿松樹、橡樹、樟樹，成群的紅面猴在樹林裡追逐嬉戲。山坡上有一些印度人的村莊，一層層梯田沿山而上，一座座小屋依山而建，田野裡偶爾會看到一角紅旗，標示出印度教的神廟。

與藏人金壁輝煌的寺廟相比，印度人的寺廟十分樸素。有些小廟只有一公尺多高，白牆白頂，裡面安置著小神像，供奉濕婆神或者象頭神迦尼薩。有時候，在路上會遇到大群山羊，羊群後面跟著遊牧的嘎第人。牧羊人頭戴繡花小帽，身穿長袍，背著行李捲，古銅色的臉上刻著深深的皺紋。牧羊犬追著羊群，人、羊、犬組成的隊伍穿過公路，沉默地走向收穫後的田野。

從下達蘭薩拉沿著險峻的公路盤旋而上，路邊出現一道深深的山谷，谷底有條河，名叫朱蘭卡德河。雨季過後，河瘦成了溪，河道亂石累累，兩邊山峰陡峭。河谷兩邊各有一個印度村莊，一個叫作錯拉村，另一個叫作約吉瓦拉村。站在山頂往下看，遠山近壑，梯田樹林，房屋神廟，像一座沙盤。

城裡最典型的印度「文化符號」是一群牛，牠們在狹窄的街道上走來走去，旁若無人，行人車輛都得為牠們讓道。裹著鮮豔紗麗的印度女人頭上頂著各種物品，她們腰頸挺直，搭在肩上的披巾從腋下繞過，塞進腰裡，腳步沉重但姿態不失優雅。坐在路邊的印度男女乞丐見人就伸出手，說：「Madam／mister，紮西德勒！拿瑪斯特！」

在藏人和印度人之間，夾雜著來自世界各地，形形色色的過客。慕名而來的獵奇者，背著大背包的登山客，留著大鬍子、長髮披肩的歐美瑜伽修行人，髮型怪異的「龐客」，還有穿著灰布袈裟，神情恬靜的韓國、日本、中國僧尼。西方人有的一身印度裝束，有的穿得半洋半藏，或者半洋半印，登山者的牛仔褲上沾著泥巴，渾身稀髒。偶爾看到幾個白淨清爽，穿著時裝的日本少年少女出現在塵土飛揚的街頭，反倒令人感到十分突兀。

藏印混居的村莊

「無名街」上的芳鄰

1

每天在那條街上走來走去，卻不知道那條街的名字。我帶著美國式的執拗到處打聽，買了張繪製不大準確的達蘭薩拉地圖查找，還問了好幾個老住戶，可是一直到我離開達蘭薩拉，也沒打聽到那條街的名字，只好管它叫「無名街」。

「無名街」就在達蘭薩拉廣場旁邊。站在小廣場上，面對新建的旅館，轉頭往右看，山崖邊有一道防護牆，牆邊立著一座又小又破的木屋。別看這座木屋一點兒也不起眼，它可是達蘭薩拉的「歷史建築」呢。這間雜貨店被稱為「勞若吉的小店」，建於一八六〇年，是達蘭薩拉最早的商店。跟隨達賴喇嘛而來的西藏難民初次上山時，馬克利奧德甘吉一片荒涼。除了滿山遍野的樹林，難民們只看到幾座小木房，其中包括這間雜貨店。那時候，這座小木屋孤零零地立在山崖邊，背靠深谷，面對荒蕪的公園，像一個看守棄園的老人，孤獨地經受風雲變幻。

轉頭往左邊看，就比較熱鬧了。左邊有一高一低兩條街。高處的街是有名字的。街邊雖然看不到路牌，可是地圖上標明了，這條路名叫「提帕路」。也就是說，那條路是「公路」，不是城鎮裡的「街」。我仔細研究了一番達蘭薩拉地圖後才知道，原來地圖上只標公路名，不標街名，不知道這是不是大而化之的印度風格。

提帕路下面的那條街就是「無名街」。街很窄，但挺熱鬧。走進街口，兩邊全是禮品店、古董店、工藝品店、佛教用品店、書店、大小餐館什麼的，還有一間網吧呢。再往下走，街市的氣氛愈來愈淡，商店也開始減少。山坡旁架著幾個小攤子，藏印攤販們站在各自的攤子邊，賣形形色色的藏式首飾、披肩，還有從西藏、尼泊爾和拉達克淘來的舊貨。

「無名街」有幾家小旅館。我住的「貢嘎客棧」就在這條街上。由於空間逼仄，旅館一半在高處，一半在低處。我的房間在低處，門前的空間極窄，幾乎緊貼著潮濕的岩石，陽台卻正好相反，對著群山和深谷。住了好幾天以後，我才去了一次旅館的「主樓」，在客棧的附設餐廳裡喝奶茶，順便跟老闆夫婦聊了一陣。從地圖上看來，「無名街」其實挺長的，走著走著就從「街」變成了「路」，而且還朝東拐了個彎兒。有趣的是，拐彎之後「無名街」由街變成路，就有了個名兒，叫「巴格蘇路」。

2

一進無名街，最先看到的準是站在街邊的那頭大銅象。它站在街左邊的一家商店門口，背後是各種印度和尼泊爾風格的織物。銅象大約有半公尺多高，長鼻子搭在背上，兩支銅牙在太陽下閃光。大多數日子裡，有只瘦伶伶的大銅鳥站在銅象身邊。象與鳥中間偶爾會插進一尊銅製濕婆神。濕婆站在火圈裡，擺出曼妙的舞姿，鳥與象的溫馨世界就在他的舞蹈中崩塌。

可能是習慣吧，店主總是把濕婆和那對鳥獸放在店門的右邊。店左邊的牆上有根油漆斑駁的舊木柱，柱子上一溜兒掛著幾個彩色藏戲面具。最上頭的面具張著大嘴，露出尖牙，吐出紅舌頭，頂著一排木頭骷髏，瞪著空洞的大眼睛，怒衝衝地盯著象和鳥。一根細紅繩從面具的一隻空蕩蕩的眼睛裡穿出來，從凸出的大鼻子底下繞過去，又穿進另一隻空蕩蕩的眼睛，面具就這樣被掛在柱子上。忿怒的臉相被紅繩子這麼一穿一繞，變得有幾分滑稽。傍晚，結束一天的訪談後，路過禮品店，我常常忍不住走過去，蹲在面具前面，拿出相機，對著它上下左右拍上一氣，可是下載了一看，不是失焦就是角度不對，要不就是光線太強或者太暗，直到我離開達蘭薩拉，都沒能拍出一張像樣的面具照片。

尼泊爾藝術品店旁邊，有家西式麵包店，這家店的主顧多是西方人，因此，「無名街」口常常看到老外。麵包店吸引西方人，西方人常來常往的地方又會吸引印度乞丐。有個中年男乞丐就駐紮在麵包店的玻璃門邊的角落。每天一早他準時出現，店主也不趕他，任由他盤腿坐在角落裡，對每個進出麵包店的人伸手，嘴裡含糊不清地吐幾個字。有人給他錢，他不卑不亢地合掌致謝，沒人給錢，他就一動不動地坐著，像尊雕像。

禮品店旁邊，有對印度父子開了個小吃店。管那叫「店」實在誇張，它其實就是一條牆縫。作父親的見縫插針在牆縫裡安了個灶，放一隻大鍋，熱氣騰騰的不知道煮什麼。灶台邊的牆上釘了幾排架子，架子上整齊地擺著鍋碗盆碟，油鹽醬醋。很少看到父親，總是那個十來歲的男孩子一個人在灶台邊忙活。有一天，我從灶台前走過，男孩子先瞅一眼我脖子上掛的相機，再看看我，咧嘴一笑。

3

達蘭薩拉還有好幾家書店。這些書店都很小，賣地圖，明信片，以及與西藏有關的各類書、畫冊、影集等等。「無名街」上也有一家這樣的小書店。一天傍晚，我在「西藏記憶」吃完晚飯回來，天已經快要黑透了。太陽一下山，溫度馬上下降，街上路燈昏暗，行人寥寥。走進「無名街」，尼泊爾禮品店已經打烊，麵包店對面的「喜馬拉雅精品店」也拉上了捲簾門。我一個人在街上走著，突然產生了強烈的異鄉感。畢竟，這裡不是家。那一瞬間，我開始感受到達蘭薩拉喧鬧背後的悲涼。

冷冷清清的小街上，有家店開著門，門口射出一道溫暖的光。我朝著那道光走去，進了一家書店。店堂最多也就八平方公尺大小，四面牆邊全是高高的書架，放滿了各種書。門邊上放著一張小桌子作櫃檯，桌子的前後左右堆滿了各種印刷品。靠門的牆上掛著一個鐵架，裡面插著各色達蘭薩拉風景明信片。一個年輕的印度小夥子坐在桌子後面，直愣愣地瞅著對面的書架。我走進書店，小夥子轉過頭，咧嘴笑笑，算是打招呼。

我挑了幾張明信片放在他面前。在他算帳的時候，我拿出數碼相機，在小店裡拍了幾張照片，然後付過錢就走了。回到旅館，我忙著下載照片，記筆記等等，忙完了才想起來，明信片放在櫃檯上忘了拿。

第二天上午路過書店，進去一看，昨晚的印度青年不在，櫃檯後面坐著另一個印度青年。

「昨晚那位先生在嗎？」我問道。

印度青年沒回答，卻問我：「你是不是忘了帶走你買的明信片了？」

「是啊，」我說，「昨晚光顧拍照，忘記拿了。」

他轉身從一堆書上拿過明信片，放進一個小紙袋裡，遞給我：「昨晚那人是我朋友，我出去吃晚飯，他臨時幫我照看一下店。我一回來他就告訴我，說有個韓國女人買的明信片，忘記拿走。我一直等你，以為你昨晚會來拿的。」

我向店主道謝，走出書店。書店斜對面，牆縫裡的小吃店裡，父子倆正在忙碌著。父親背對著街，在案板邊忙活著什麼，男孩揭開鍋蓋，大股蒸汽衝出來，男孩子的上半身在蒸汽後面變的模模糊糊。

4

清早起床後，先拉開門，站在面朝山谷的陽台上深呼吸，感覺清涼的空氣在肺裡流動，精神立時一爽。擰開洗手間的水龍頭，沒有水流出來。又停水了。好在大塑膠桶裡還存了半桶水，我舀了幾杯涼水草草洗漱，然後鎖上門，踩著殘缺不全的水泥台階走上「無名街」。

天氣很好，天空藍得乾淨清爽，如同在山泉裡漂洗過的藍布衫。這天上午，我計畫去大昭寺，採訪小販紮西多傑。

路過穆斯林小店，店主站在門口，笑眯眯地對我打招呼：「早上好！」

「早上好！」我回答。

這家店是禮品店，以各種首飾為主，價格從低檔到中檔。大概首飾生意競爭太大，店主又加了些圍巾、襯衫之類的紡織品，一排排掛在門口的架子上。我來到馬克利奧德甘吉的第二天，第一次路過這家店，站在門口的店主就跟我打招呼，繼而開始攀談。此後，每天早晚路過，只要店主在門口，總會跟我聊幾句。他說這陣子生意清淡，要到二月，西藏新年期間才會開始好轉。也許是因為這個原因吧，穆斯林店主站在門口的時間似乎比坐在櫃檯後的時間還多。

這家店正對著一家流亡藏人夫婦開的小店。對面的小店賣藏式披肩和印度式棉布衫裙，不過店裡最吸引人的是小店女主人手織的帽子、襪子、手套和圍巾。我坐在穆斯林店主的禮品店門口，望著對面的西藏女人。她低著頭，坐在一堆毛織品後面。

「這年頭，世界完全不一樣了。打開電視，你能看到一點好消息嗎？」首飾禮品店老闆身材魁梧，相貌堂堂。他頭上斜戴一頂阿富汗式船形帽，帽子下面露出灰白短髮，顯得挺精神。要是再披件黑呢大衣，他就有阿富汗總統卡爾紮伊的派頭啦。可是一大早他就牢騷滿腹：「不是這裡打仗，就是那裡爆炸。我都不願意打開電視，好事一點兒沒有，看來看去盡是壞消息。」

「是啊，」我附和道，「所以我從來不看電視。一打開電視，全是令人沮喪的消息。」

「可不是！當年我父親在世的時候，我們家挺窮的。一家人拼命幹活，也就吃得上飯，穿得起衣而已。那時候日子雖然窮，可是快樂多了。如今我有三家店，日子卻過得一點兒都不開心。」

「就是。到處都在打仗，才幾年功夫，美國已經打了兩場戰爭了。伊拉克還不知道要陷多久呢！」我說。

「以前好像不是這樣的」穆斯林店主說，「我小時候，大家都過得挺安靜。如今不知道為什麼，大家都那麼焦躁，彼此為敵。猶太人跟阿拉伯人、美國人跟伊朗人、印度人跟巴基斯坦人、中國人跟西藏人……」他看了我一眼，好像自覺失言，趕緊打住，說：「進來坐會兒，要不要喝杯奶茶？」說著就要轉身，去隔壁餐館叫奶茶。

我連忙說不要不要，剛吃完早飯，打算出去一趟，到大昭寺那邊，約了人採訪。

「約了幾點？」店主問我。

「十點。」我說。

店主看看錶：「還不到九點，早著呢。先坐會兒。」說著他走進店裡，一手拎一張小凳子出來，放在門口。

「另外兩家店誰管？」我問穆斯林店主。

「我兒子。」他說。

「你是達蘭薩拉本地人嗎？」我問。

「也算是吧。我出生的村子離這兒不遠。喏，山下，那邊。」店主轉過身，指著廣場的方向。「古魯吉來了以後，這裡慢慢熱鬧起來了。古魯吉得諾貝爾獎以後，這裡來的人更多。我就到這裡來做生意了。」

「古魯吉」是印度人對達賴喇嘛的尊稱。「古魯」（Guru）是「精神導師」的意思，「吉」是表示尊重的後綴詞。後來我特地請教了一位印度學者，他告訴我，「古魯」這個詞是梵語，「古」的意思是「黑暗，蒙昧」，「魯」的意思是「去除」，「古魯」的字面意思就是「驅除蒙昧的人」。

歡迎達賴喇嘛的人群

印度人對達賴喇嘛非常尊敬。達蘭薩拉的居民，無論是印度人、尼泊爾人還是拉達克人，都以作為達賴喇嘛的鄰居而自豪。前幾天，馬克利奧德甘吉傾城而出，歡迎達賴喇嘛從美國返回達蘭薩拉，歡迎的人群中有相當多印度民眾。街上掛的歡迎橫幅也有不少是英文和印地文寫的。

「你對藏人感覺怎樣？」我問他，「他們好相處嗎？」

「西藏人非常善良平和。我在這裡住了好多年，大家相處很好，從來沒出過事。當然啦，有時候吵吵架也是有的。前陣子一幫年輕人還打了場群架。年輕人嘛，火氣總是免不了的。」他笑著說。我也笑了。

穆斯林店主問我：「你見過古魯吉嗎？」

我點點頭。

「他是一位真正的聖者，」店主收起笑容，正色說：「說真的，我實在弄不明白，為什麼中國人不喜歡他。」

滿街掛著歡迎達賴喇嘛的橫幅

我無言以對。

5

貼著山坡的小攤子終於打開了黃色塑膠布，露出一排排笛子。笛子上有的雕刻著精緻的花紋，有的裝飾著彩線；最下層的一排棕紅色笛子裝飾鍍金金屬條和銀珠。

我停下腳步，隔著小街欣賞擺滿笛子的小攤。西下的陽光斜照在笛子上，淺黃色的笛子變成淡金，棕紅色的笛子莊重深沉。

我怔怔地看著笛子，思緒飄浮，不由得想起「魔笛」的故事。再看那些笛子，它們在夕陽裡沉默無聲，竟顯得有幾分神祕，仿佛守著一個共同的祕密，又好像被同一個魔咒禁錮著，發不出聲來。它們擠在那樣狹小簡陋的攤子裡，等待一個心懷誠意的笛手，在某個命定的時刻來到這裡，拿起一支竹笛或者木笛，滿懷悲憫之心，悠悠吹出天籟之曲。

攤主是個壯實的中年漢子。他穿著一件紅紅綠綠的短袖汗衫，頭戴一頂灰褐色寬邊帽，坐在小攤旁邊，手裡橫握著一支笛子，笑眯眯地看著來往行人。

我走到小攤邊。先看清楚了攤主的花俏汗衫，原來是典型的印度圖案，中間還印著奎師那神像。賣笛子的小販崇拜奎師那神，倒也合情合理，奎師那的形象之一就是手拿笛子的英俊牧童。我拿起一支棕紅色長木笛。這支笛子一頭鏇出寶珠形，另一頭嵌幾顆銀珠，十分端莊典雅。

攤主走過來問我：「你喜歡這支笛子？」

「是啊，」我說，「太漂亮了！哪兒生產的？」

「我自己做的，」攤主輕描淡寫地說。

「你自己做的？」我睜大眼睛看著他，「你是印度人嗎？」有此一問，是因為攤主不像藏人，也不大像印度人。

「我是尼泊爾人，」攤主說。

「這些笛子是尼泊爾風格嗎？」我問他。

「差不多吧，」攤主笑著說，「尼泊爾、北印度，還有西藏，有很多東西很接近的。」確實。喜馬拉雅山區的文化歷史上相互影響，有許多獨特之處，幾乎自成體系。

攤主吹起橫笛，笛聲悠悠流淌，如同喜馬拉雅山中的泉水，從高山流下深谷。

6

有天一早，我帶著相機走上「貢嘎客棧」的主樓。樓頂的大平台兼作露天餐廳，平台上整齊地擺著幾排塑膠桌椅。有幾個西方遊客坐在餐桌旁，一邊喝茶，一邊欣賞朵拉達山脈的壯美風光。平台的一半，拉了張大塑膠布當頂棚，擋雨但不遮風。我走到頂棚外，平台一角的桌子邊，把相機放在桌上，拉開塑膠椅坐下。一位印度侍者走來，問我要什麼。我點了一杯酥油茶。在藏人幾近走投無路的時候，印度人民收留了他們，盡最大努力幫助他們重建生活。難民們對此銘刻於心。救命之恩無以為報，日後，當難民們的境況好轉，開始經營小買賣時，只要有可能，就會儘量為印度鄰居們提供工作機會。藏人的學校也會招收印度孩子，並為貧窮的印度孩子提供助學金。在學校裡，孩子們不分印藏，享受同等待遇。流亡政府規定，政府資助的工程項目，必須雇用一定比例的印度工人。近半個世紀來，達蘭薩拉的印度社區和流亡藏人社區比鄰而居，共同把昔日的荒山建設成一個熱鬧的小鎮。

如果沒有流亡藏人，很可能不會有今天的達蘭薩拉。如果沒有心胸寬廣，慷慨智慧的印度人民，也不會有藏文化的異地保存。這兩個追求靈性的民族，心性上有許多共同之處。佛教從印度傳往西藏，又從西藏回到印度，藏印民族，世代有緣。

侍者走來，從托盤上拿起一杯酥油茶，放在我面前。「無名街」上傳來汽車的喇叭聲，汽車過後，街上傳來木笛悠揚婉轉的曲調。達蘭薩拉的一天開始了。

幾個西方青年走進平台，用我聽不懂的語言彼此交談，然後轉向印度侍者，用英語說：「藏式麵餅，甜茶！」

平台的鐵欄杆外，一棵桃樹吸引了我的目光。樹並不太高，樹幹上長滿綠苔，顯得十分蒼老。這是一棵殘缺不全、傷痕累累的樹。它的樹枝幾乎被人砍光，樹頂久已折斷，傾斜的斷口上長著苔蘚，宛如一片綠色的傷疤。光禿的樹幹一側，砍斷的樹杈上抽出一叢細枝，開滿粉紅的花朵。在喜馬拉雅山南溫暖的陽光下，盛開的桃花發出新生命的柔光。我久久凝視那叢桃花，隱隱悟出一個無法言說的天機。

老樹新花背後，遙遙挺立著金字塔形的白色山峰。山峰之下，朵拉達山脈蒼蒼莽莽，綿延而過。五色經幡迎風飄揚，把流亡者的心願送上藍天。經幡附近，幾隻山鷹優雅地盤旋。

傍晚，達蘭科特

1

我站在海拔約二千五百公尺的山頂上，俯瞰腳下的斜坡。「小喜馬拉雅山脈」山勢雄健，奇峰驟起。險峰之下是大片山坡，開闊但並不平緩。我面前的這片山坡也是這樣。從海拔二千多公尺的山頂上，一片寬闊山體浩然而下，仿佛泥流疾瀉，到了山谷陡然凝結，固化成一片巨大的山坡。山坡被許多溝壑分割，高處為梁，低處為谷。梁上層層梯田，如同泥流凝固時留下的浪紋；谷中片片松林，宛如綠色島嶼。朱蘭卡德河從高海拔的山裡流出，山梁擋住了河道，一帶蒼鬱樹林卻洩露了河的蹤跡。田疇林木之間，彩色屋舍星羅棋布。時值晚秋，收穫後的田野舒展在西斜的陽光下，地角田邊的灌木花叢一覽無餘。屋前房後，樹下林邊，金黃的乾草垛星星點點。偶爾可見一點鮮紅，那是高高挑起的三角旗，標示出小巧的印度神廟。

這就是達蘭科特，上達蘭薩拉最美的印度村莊。村子離馬克利奧德甘吉約二公里，整個村子分布在一大片山坡上。

來達蘭薩拉之前，我對這個著名難民營的情況所知甚少。我想像中的難民營，應該是座落在荒涼凋敝之地，一片由破爛帳篷組成的營地，要不就是一堆低矮狹小的板棚，大人愁眉苦臉，孩子骨瘦如柴，人人無事可做，生計無著，坐等國際援助。

要不是遇到那位澳大利亞登山愛好者，我絕對想像不到，達蘭薩拉座落在這樣美的環境之中。

十一月三日下午，在迎接達賴喇嘛回山的歡迎隊伍裡，我遇到一位來自澳大利亞的登山者。談起登山，澳大利亞人興致勃勃，向我介紹這一帶的山路和著名風景區。我從未聽說過達蘭科特這個地方，當然也不知道，達蘭薩拉除了是個難民營，還是印度北方有名的登山基地之一。看我一臉茫然的樣子，澳大利亞人從牛仔褲兜裡掏出一張皺巴巴的地圖。

「從這條路往上走，」他展開地圖，一手擎著給我看，另一手朝廣場旁邊指，「注意，那邊有兩條路。高的那條叫提帕路，你就順提帕路走。走到山腰，你會看到大名鼎鼎的喜馬拉雅茶館。到了茶館，就會看到一座小學校。繞過學校，繼續往上，就到嘎魯廟啦。你可以居高臨下看達蘭科特，那一帶的風景，真是美得令人透不過氣來！」

他這麼一說，我當下就動了心。我得忙裡偷閒，找時間登山去。

「那條路上，你的相機可是大有用武之地，」澳大利亞人瞥一眼我的相機，「別忘了帶足記憶卡啊！」

「喜馬拉雅茶館為什麼有名？有什麼特殊東西嗎？」我問。

澳大利亞人大笑起來，好像我問了個特傻的問題。「喜馬拉雅茶館之所以大名鼎鼎，」他止住笑，對我說，「是因為我們這些登山迷都知道它。它算是個地標吧。大家住得很分散，有時候會約好一同上山。一般是在茶館集合。」

「從這裡到喜馬拉雅茶館遠嗎？」我問。

「不算遠。走得快一點的話，最多半小時吧。」澳大利亞人說，「不過，你知道，咱們站立的地方，海拔高度是一千八百公尺，茶館那兒海拔超過二千公尺。別趕路，慢慢走，多喝水。」

我謝過澳大利亞人，馬上鑽進小書店，買了張達蘭薩拉地圖。我拿著地圖出來，澳大利亞人還悠然自在地站在街邊。看到我，他隔街喊道：「記住，沿著地圖上標出的路走，千萬別走小路！那些小路是牧羊人走的路，只有他們知道通到哪裡。在喜馬拉雅山裡迷路，可不好玩！」

2

「喜馬拉雅茶館」明明白白地標示在地圖上。從地圖上看，從馬克利奧德甘吉到喜馬拉雅茶館，有相當長的一段路。不過圖上的比例並不準確，只供參考。

提帕路是一條砂土公路，路況還不錯。公路從一個藏印混居村莊的正中穿過。村子

喜馬拉雅茶館

靠山的一邊地勢較高，有好些多層公寓式樓房，靠山谷的一邊有座寺廟。藏人和印度人的住家很容易區分，藏人的房頂上通常掛著五色經幡，即使是公寓式房子，藏人也會設法在陽台上或者窗戶外面掛上一串經幡。離開村子不遠，有個地點可以看到馬克利奧德甘吉全景。這裡一定是攝影師們喜愛的地點。我看到過好多從這個角度拍的達蘭薩拉風景照。

公路愈來愈高，有一段就在松樹林中，路邊的山谷裡長滿喜馬拉雅雪松。公路修在半山腰，接近樹梢的位置。這種樹很壯觀，樹高數丈，樹幹筆挺，枝葉遮天蔽日，空氣裡彌漫著濃郁的松脂芳香。公路經過西藏表演藝術研究所，路邊豎著一塊綠色標示牌，上面寫著此地的高度：海拔二千公尺。牌子上還標示出附近幾個村鎮的距離，當中的地點就是達蘭科特，距此地一公里。

從海拔一千八百公尺往上走，感覺要比在紐約上州的阿帕拉契亞山脈裡登山累得多。好在上山的路很平緩，路上車輛很少，也沒有行人，盡可以走走停停，隨時休息。正走著，忽聽到山下傳來鈴

水渠邊洗衣的嘎第婦人

聲。站在路邊往下看，松林裡有條小路，一個印度女人趕著幾頭牛在路上走。女人穿著鮮豔的紗麗，肩布當作頭巾包在頭上，手裡拿著一根樹枝，牛不緊不慢地走著，頸下的銅鈴一路叮叮噹當。小路彎向一個綠樹為籬的院落。我舉起相機，待要拍照，女人和牛已經消失在樹籬後面。

我收起相機，繼續往上走。松林外隱約可見一大片山坡，這一定就是達蘭科特。透過樹幹的間隙，可見漆成各種色彩的房屋。房屋大多獨門獨戶，建造在一片梯田中間。有些房子乾脆建在小山頂上，周圍空蕩蕩的沒有一戶鄰居。一向只聽說印度的城市擁擠不堪，並不知道印度北方山區，人煙並不稠密。也許是因為「地無三尺平」，村人並不相鄰而居，形成密集的村落，而是一片梯田環繞一座房屋，屋前屋後立著幾棵樹，松樹濃綠，桃花粉紅，深秋恍若早春。有座屋頂修成大平台，放著桌椅，像是露天茶座或者餐廳。

在山頂歇息的嘎第男人

這一帶有不少嘎第人。他們是印度的「少數民族」，主要生活在印度北方山區。傳統上，嘎第人以遊牧為生，但有些也過著半農半牧的生活。山坡上常常會看到青石板搭建的小屋，青石為牆，石板為瓦，有門無窗，那就是牧羊人的臨時居所。秋後，牧羊人回到村裡過冬。待到來年春季，他們又背上行李，趕著羊群，逐水草而去。

嘎第人的衣著跟一般印度人有點不一

樣。男人身穿長袍，頭戴繡花或者挑花小圓帽，樣子很像維吾爾人戴的小帽子。嘎第女人身材高挑，濃眉大眼，她們喜歡用絲巾包頭，在腦後打個結，絲巾垂在背後，隨著她們的步子飄蕩。

印度女人相當能幹。在中國，很少看到女人在建築工地幹活，在美國也不多見。可是在印度，無論城市還是鄉村，建築工地上時常看到身裹紗麗的女人，跟男人一同幹粗活。她們把搭在肩上的披巾束進腰裡，頭上放一個空心圓墊，頂著一大盆水泥或者碎磚，一趟趟運送。即使幹著粗笨的體力活，穿著紗麗的印度女人依然步態從容，舉止不失優雅。看到我拍照，她們會對著鏡頭莞爾一笑。

公路拐了幾個彎，前方的路邊出現一座敦敦實實的白牆小屋，屋頂蓋著幾大片灰色石棉瓦。這些天裡沒下過雨，白粉牆沾著塵土，顯得有點灰濛濛的。房子對面，地勢略高的坡頂，一道磚牆圍著一座小樓。油漆成藍色的大鐵門緊閉著，門前泊了台轎車。門柱上彩虹般彎過一個鏽跡斑斑的藍漆招牌，上面的字跟著招牌彎曲，不知道是印地文還是旁遮普文。

走到小屋大敞的門前，我才看到石棉瓦屋簷下，釘了一條醒目的黃漆木板，上面刷著稚拙的英文字：Hymalaya Tea Shop。原來這就是大名鼎鼎的喜馬拉雅茶館。對面那座圍牆圈起來的建築，想必就是學校了。茶館和學校占據了相當好的位置，這裡是三條山路的交叉點。

我走進茶館，卸下沉甸甸的背包，對櫃檯後面的黑瘦印度店主說：「一杯奶茶。」

3

從喜馬拉雅茶館到嘎魯廟，我選擇了那條小路。根據地圖上的標示，公路從這裡開始拐彎，這條小路正好切過彎口。繞過學校，走上亂石嶙峋的山坡，一條小路通往蓊鬱的松林。人工開出的小路不到兩公尺寬，鋪的石頭被無數雙腳踩磨得乾淨光潔，但依然保持天然形態。

路兩邊是清一色的喜馬拉雅雪松林。橫生的枝椏探過小路，在空中相接，像一條綠色長廊。有些雪松生長在高坡的風口上，樹形低矮粗壯，枝幹蒼勁虬結，宛如一座座銅雕。要經過幾度春夏秋冬，幾多風霜雨雪，松樹才能被山風雕塑成這樣？

有些樹幹上綁著一段一段的繩子。被風雨漂白的殘繩陷在樹皮裡，有些已經看不見了。繩子長在樹裡，好像本來就是樹的一部分。這些繩子曾經是一條或者數條經幡，從這棵樹牽到另一棵樹，許多印著經文的五色布片在風中飛揚，把人們的祈願送上藍天。高高飄揚的經幡，背景從潔白的雪山變成了濃綠的松林，不變的是希望和虔誠。

正午時分，雖是多雲的晴日，透過雲層的陽光仍有夏季的餘威。達蘭科特在松林背後的山坡上，彩色的房屋時隱時現，雞鳴犬吠依稀可聞。山林寂靜，偶爾踢到一塊鬆脫的石頭，石頭從路上滾下去，發出幾聲音響。

遠處傳來清亮的鈴聲。抬頭一看，前方的路從上往下彎成「之」字形，長長一隊牲口從高處走來，正好走在「之」字上。牲口馱著各種東西，不緊不慢地走著，蹄聲伴著鈴聲，在空寂的雪松林裡回蕩。我急忙閃到路邊。領頭的騾子馱著幾個大包袱，從我身邊走過。幾頭騾子緊跟著牠，雖然負重而行，但是從容不迫。看得出牠們在這條路上往返多次，早已識途了。

走著走著，騾馬隊突然停下了。趕馬的是三個嘎第男人。年長的趕馬人額上橫紮一條厚厚的綠頭巾，站在路邊守著前邊的騾馬；另外兩個趕馬人一前一後站在之字路的拐角上，一頭小毛驢站在路中間。任憑兩個趕馬人吆喝，小毛驢低著頭，四條細腿一動不動。牠後面的一長串騾馬驢全部停下來，正像城裡的交通堵塞。

年長的趕馬人走到毛驢旁邊，拍拍牠的脖子，把毛驢引到路邊。小毛驢這回很聽話，一步一步，踩著路邊的泥土，小心翼翼地往下走。毛驢一動，牠後面的騾馬也跟著下坡，山路上的「交通堵塞」立時化解。年長趕馬人對著前頭的騾子一聲吆喝，蹄聲得得，騾馬驢的隊伍繼續下山。

稍頃，騾馬隊從我身邊走過，兩個年輕人走在隊前，年長趕馬人殿後。他走過我面前時，我攔住他，舉起相機，用目光問他是否允許我拍照。他點點頭。我後退幾步，對著趕馬人拍了張特寫。收起相機，我向趕馬人合十道謝。他點頭笑笑，快步追上馬隊。蹄聲鈴聲漸行漸遠，消失在松林深處。

我繼續上山。不久，小路接上公路，拐了個彎後，前面出現幾座建築，嘎魯廟到了。

4

嘎魯廟是座方形平頂的白牆小廟，供奉濕婆神。雖然是這一帶頗有名氣的廟宇，卻是很典型的印度鄉村小廟。紅白兩色的廟樸實無華，平頂中央立著一座小方塔，葫蘆形塔頂刷成紅色，塔邊插著兩支紅色三角旗。

廟的內部小極了，除了一座神壇，裡面幾乎沒有空間。嘎魯廟與其說是廟，不如說是座神龕。廟門前遮簷下的平台才是信徒們跪拜的地方。因此，鞋子必須留在下面的水泥台階上。公路的另一邊有座渾圓的山包，山頂上拉著許多經幡，山包下還有個瑪尼堆。

嘎魯廟海拔約二千五百公尺。山梁狹窄，兩邊空闊，站在山頂，風光一覽無遺。我走到嘎魯廟下，望著下面的山坡，心裡突然湧出強烈衝動。我想下到村莊裡去，看看流亡藏人的鄰居們。

山頂沒有直接下山的路，只有一片光禿禿的陡峭土坡。坡下有條黃土小路，看上去像是人們踩出來的便道。我找到一段不太陡的坡，側著身體，半滑半走，下到了便道上。迎面走來一個頭戴小花帽的嘎第男人，他手裡拎著一隻鐵皮桶，氣喘吁吁地走上山坡。快到山頂時，他走到路邊，放下鐵皮桶，坐在一塊石頭上，一邊大口喘氣，一邊看著我。我對他笑笑，沿著他上山的路走下山坡。

小路經過一座低矮板牆圍著的兩層小樓。院子很寬敞，外牆漆成藍色，牆腳下的金盞花開得正旺。一個印度女人正在院子裡幹活，見我走來，她直起腰，好奇地注視我。我沿著小路繼續下山，遠遠看見一堆移動的乾草。小徑拐了個彎，我和那堆乾草面對面相遇。原來是一個十三、四歲的女孩，背著一大捆乾草。我讓到路邊，女孩從我身邊走過，上了一段石階，她轉過身，把背上的乾草架在石階頂上，靠在草堆上休息。我走過去，用英文問她：「可以拍張照片嗎？」她點點頭。我拍完照，把照片重播給她看。女孩笑了笑，用英文說：「謝謝。」

我沿著小路繼續下山，走到拐角，回頭看時，女孩已經走了。遠遠看去，只見一堆金黃的乾草在夕陽下緩緩移動。

小路把我帶到一小片空地上。空地上有張塑膠桌子，一個錫克教徒和一個印度教徒相對而坐。錫克人頭上包著黑頭巾，留著一部令人敬畏的雪白長鬍子，印度人卻剃著大光頭，兩人邊喝茶邊聊天。空地另一邊有座小屋，像是間雜貨店兼茶館。見我走來，兩人停止說話，好奇地看著我。

「嗨！下午好！」我跟兩人打招呼。

「下午好！」錫克人說，「過來坐坐。」他衝著雜貨店喊了一聲，應聲走出一個八、九歲的男孩，搬了張塑膠椅放到我面前。我謝過他，卸下背包，拿出地圖攤在桌上：「請問，這個村子叫什麼名字？」

兩人把玻璃杯推到桌邊，湊過來，在地圖上仔細看了一會兒。印度教徒抬起頭，對我說：「地圖上沒標出我們村。我們大概是在這裡吧，」他指點著地圖，抬頭看著錫克教徒，好像是要他確認。

「沒錯！」錫克教徒說。

「那麼，這個地方叫什麼名字呢？」我問。

「『上達蘭科特』，」錫克教徒說，「也叫『黑尼』。」

「就是『沒有』，」印度教徒大聲笑起來。

「『沒有』？沒有什麼？」我問。

錫克教徒呵呵笑起來：「他是說，『黑尼』就是『沒有』的意思。」

印度教徒笑得更加響亮：「這個村子的名字叫『沒有』！」

我也笑了：「也許，第一個在這裡安家的人來的時候，這裡就是什麼也沒有吧。」

「現在也不多，」印度教徒說。他止住笑，問我要不要喝茶。印度人十分好客，我也就不客氣了。

「生薑檸檬茶？」錫克教徒問我。

「行。」我說。

錫克教徒衝著小店喊了一聲。幾分鐘後，男孩子捧著一杯茶，放到桌上。小路上走來一隊女人，她們頭上包著頭巾，穿著漂亮的衣衫，肩上扛著長長的木頭。在我的故鄉，女人幹活的時候總是穿最破舊的衣服，可是在印度，女人即使幹粗活，仍然穿著漂亮衣裙，令人感到勞作也是有美感的。

遠處的山坡上，隱約可見一條條經幡。我問錫克教徒：「有藏人住在那邊嗎？」

錫克教徒轉頭朝我指的方向看了一眼：「那裡沒有村莊，也沒有房子，是西藏法師閉關的地方。」

他看看我的相機，問我：「你是攝影師？」

「不是，」我說，「我是寫文章的。」

喝完茶，抬頭看看天色，日已西斜。我向兩人道謝，問他們回去的路。

印度教徒問我：「你住在哪裡？」

「達蘭薩拉，」我回答。

「馬克利奧德甘吉？」

「對。貢嘎客棧。」

「順著這條小路往下走，」錫克教徒說，「過一條小河，河上有座水泥橋。過了橋，往左拐，一路下山。」

「別拐錯彎兒啊！」印度教徒說，「要不你又上山，回到嘎魯廟啦！」他說著又大聲笑起來。

我背上背包，收起地圖，剛走幾步，又回來：「請問二位尊姓大名？」

兩人相視一笑：「瞧，這些拍照寫字的人，總是什麼都想知道！」

說著，錫克人問我：「你有筆嗎？」

我從背包裡拿出圓珠筆，請他寫在地圖背面。

錫克教徒接過筆，一邊寫，一邊說：「這不是我的真名，不過人人都叫我平布。」

印度教徒說：「我叫宋亞。」

我謝過兩人，轉身走過空地，回到小路，朝山下走去。小路繞過雜貨店時，我回過頭，印度教徒和錫克教徒仍然坐在那裡，夕陽把他們面前的白色塑膠桌染成了金色。

喜馬拉雅水晶

1

第一次聽說喜馬拉雅水晶，是在半山腰的「喜馬拉雅茶館」。

那天我滿身大汗，氣喘吁吁地走進茶館，卸下背包，把相機放在桌上，坐下來休息。茶館主人端來奶茶，我喝了一半才注意到，對面的棕髮小夥子正歪著腦袋，端詳我的相機。雖然攝影技術不超過「業餘三段」，可我那帶著長焦鏡頭的相機倒是挺引人注目的。

小夥子身邊坐著一位金髮姑娘。她戴著一頂綠色毛線帽，裹著綠色藏式大披肩，支著腿，腦袋擱在膝蓋上，眯著眼睛似睡非睡的樣子。我把相機遞給小夥子，叫他儘管看，試拍幾張也不妨。

這時姑娘醒過來了。她睜開眼睛，坐直身體，攏了攏披肩，朝我笑笑。好漂亮的女孩！我在心裡讚道。

「你的披肩真好看！」我對她說，「跟你的眼睛的顏色正好相配。」

「謝謝，」女孩的眼睛裡盛滿笑意，一雙綠眼睛亮亮的，像映著樹影的湖。

我們三人坐在茶館裡，天南地北地閒聊起來。

這兩個年輕人來自兩個國家。小夥子住在美國加州，姑娘住在英國。兩個人在互聯網上認識，從網談發展成網戀，可是一直沒有機會見面。幾個月前，兩人決定要見面，可是去哪裡見呢？兩人以前都去過歐洲和美國，不管是小夥子去英國，還是姑娘去美國，都是一次重複旅行。還是選個比較特別的地方吧。他們倆正好都對東方文化和東方宗教有興趣，又都沒來過印度，於是就選中了達蘭薩拉，作為他們初次相會的地點。

「為了留下一個美好記憶，」女孩笑咪咪地說。她換了個坐姿，披肩滑了下來。小夥子為她拉上披肩，順手摸摸她的額頭：「她感冒，剛好一點，早上還有點發燒。」

「你們在達蘭薩拉呆多久了？」我問。

「兩個多月，」小夥子說。

「達蘭薩拉一帶除了西藏工藝品以外，還有什麼本地特產？」我問他們，「我想買點有特色的東西，帶回去送給朋友們。」

「你買點水晶吧，」女孩說。

「水晶？」

「是啊，這裡出產的喜馬拉雅水晶很不錯呢，」她說。「你要是有『新時代』朋友的話，水晶可是非常特別的禮物，尤其是來自喜馬拉雅的天然水晶。祭壇上放塊喜馬拉雅天然水晶，那可是很特殊的哦。」

「喜馬拉雅水晶是什麼樣子的？」我問她，「怎樣辨別天然水晶和人工水晶呢？」

「找那種沒有經過加工打磨的水晶，你一看就知道。沒有加工的水晶還連著岩石，看上去很粗糙，不那麼亮。」她告訴我。

「太好了，謝謝。」我說，「我會留意的。」

「喜馬拉雅山裡除了水晶，還有好多種寶石和半寶石呢，」她說，「價格也不貴。在這裡買天然水晶和半寶石，比美國和歐洲肯定便宜多了。」

這倒是個好主意。對於歐洲人來說，水晶具有特別的神祕感。他們認為水晶有超自然的能力，因此，水晶常常與巫術有關。據說巫婆能夠透過水晶球「看」到某些神祕圖像。典型的歐洲「巫婆」形象，就是一個捧著水晶球的黑衣老太婆，或者穿著大蓬裙的吉普賽女郎。

我喝完奶茶，向兩人告別，祝他們好運，然後背上背包，把相機掛在脖子上，繼續上山。

2

到達嘎魯廟後，如果沿著山路繼續往上走，就會到達海拔三千公尺的特瑞昂德。特瑞昂德正對著三角形的白色山峰，是這一帶相當著名的風景區。可是那天我出發太晚，到了嘎魯廟已是午後。我站在嘎魯廟前的山梁上看著下面的山坡，決定從那裡下山。

在「黑尼」村，我按照錫克教徒指點的路下山。繞過達賴喇嘛剛到達蘭薩拉時住的「天府」，回到馬克利奧德甘吉時，天已經黑了。廣場邊有家很小的首飾店，我停下來，站在櫥窗前仔細看。正看著，店主推門出來，很熱情地邀請我進去。

店小得最多只能容下二、三個人，卻有個很響亮的名字，叫「鐵芬尼」。

「有沒有水晶首飾？」我問。

「當然有啦！我們這一帶出產水晶，哪能沒有水晶首飾？」店主看上去也就三十來歲的樣子，皮膚黝黑，像是尼泊爾人。

他拉開櫥窗後面的小門，拿出幾個水晶墜子放在玻璃櫃檯上：「瞧！多漂亮，都是天然水晶！看看這個。」他拿起一個方尖柱形的無色透明水晶墜，用擦眼鏡的絨布擦了擦，轉身從背後的牆上摘下一塊掛首飾用的黑色絲絨墊，把墜子放在黑絲絨上。在黑絲絨的襯托下，方尖水晶墜晶瑩剔透，閃閃發光。

方尖水晶墜是典型的水晶飾品。它的形狀像個尖端朝下的微型華盛頓紀念碑。在加工過程中，方尖水晶墜基本保持了水晶的天然形態，因此被認為具有較強的「治療」功效。

天然水晶有黃、紫、粉紅等不同顏色，不同顏色的水晶據說有不同的功能。有些民族還把水晶與星體聯繫起來，不同顏色的水晶被認為具有某個星體的能量和特質。比方說，黃水晶具有太陽的能量和特質，透明水晶具有月亮的特質。還有一種粉紅色的水晶，也叫「玫瑰水晶」，不知道為什麼跟金星聯繫起來了。也許是因為「金星」在英語中叫「維納斯」，也就是以古羅馬神話中的愛神維納斯命名的緣故吧。粉紅色常常被用來象徵愛情，於是粉紅水晶也就順理成章成了愛情的象徵。

「不錯，」我說，「很漂亮。」

「瞧這個佩環，純銀，一點兒不摻假！」年輕店主小心地拿起水晶墜，用軟布用力擦了一下墜子上的銀環，好像是向我強調這個銀環的純度。

我拿起另一個透明水晶墜。這個墜子是銀圈環繞的圓形多面體，約有二十五美分硬幣大小，每個平面都反射燈光，在黑絲絨墊子上，它晶光四射，看上去好像真有點兒魔力。

「這個墜子真漂亮！」我由衷讚道。

「便宜給你，」店主說，「一千八百盧比。」

我搖搖頭，朝店主笑笑，推開門，走上小街。夜色深濃，天空中點綴著幾顆亮閃閃的星星，宛如一顆顆純淨的水晶。

3

幾天後，我終於看到了未經加工打磨的天然喜馬拉雅水晶。

一天早上，我在「無名街」上遇到加拿大人彼得和他的妻子伊凡娜。他們倆站在街邊，正在跟一位身穿黃衣，頭上包著黃頭巾，留著一大蓬白鬍子的印度瑜伽師聊天。看到我走過來，彼得對瑜伽師道了聲「抱歉」，轉頭問我：「明天要不要去爬山？」

「好啊，」我說，「去哪兒？」

「去特瑞昂德。」他說，「除了我們倆，可能還有幾個人。明天早上七點以前，在喜馬拉雅茶館碰面？」

「行！」喜馬拉雅茶館果真是登山者們的路標。

新結識的小朋友茨仁棨西說我一個人大清早爬山不安全，堅持要陪我去。第二天，天沒亮我們倆就出發了。到了喜馬拉雅茶館，東方的天空早霞未散，初升太陽的光芒照進雪松林，露珠反射陽光，發出重重虹光。林中薄霧嫋嫋，猶如仙境。

茶館還沒開門。茨仁和我坐在門口的水泥台階上枯等，等到七點，彼得和伊凡娜沒露面，也沒看到其他人。我們只好繼續上山。地圖上標明了從茶館到特瑞昂德的路線，沿著山路一直走就行。從茶館到嘎魯廟，這回我選擇了比較平坦的公路。到了嘎魯廟，卻看到彼得一個人悠然自得地坐著，欣賞清晨的山景，用來當作登山手杖的木棍靠在一邊。廟前的小茶館剛剛開門，店主正在下門板。

「早上好！」我跟他打招呼。「伊凡娜呢？」

「她說有點累，不來了。」

彼得告訴我，公路到嘎魯廟為止，再往上只有當地人進出的小路。「一路風光極美，」他說，「你的相機可是大有用武之地啦！」

我向店主要了兩杯茶，買了一包餅乾，坐下來休息。彼得跟我說他要先走一步。「沿這條小路一直走，過幾個山口，你會看到一個帶黃色棚子的小茶館。茶館主叫恒拉吉，是我朋友。我在他那兒等你。」說完他站起來，抓起木棍，大步流星地走了。

從嘎魯廟到特瑞昂德，不過五百多公尺吧，可是這五百在公尺是海拔兩千五百公尺以上。雖然小路繞山而築，坡度還算平緩，我還是走得很吃力。這一路的風光確實非常美。從海拔將近三千公尺的高度看下面的山谷，坡上的梯田屋舍小巧玲瓏，像是童話故事書裡的插圖。

那天傍晚在黑尼村看到的經幡，此刻在路的下方。經幡飄揚之處，有一簇牧羊人臨時居住的石屋。一條羊腸小徑從這座屋子繞到那座屋子，然後彎彎曲曲地通往山下，沒多遠，小路消失在濃綠的樹林中。我的目光跟著小路走向樹林，發現一片濃綠中，有幾點時隱時現的絳紅。紅色愈來愈大，漸漸靠近石屋，原來是幾個年輕僧人。他們沿著羊腸小徑，從山下上來。

紮西告訴我，那些石屋是僧人們閉關隱修的地方，路上的喇嘛是他們的弟子，給他們送生活必須品。僧人們閉關時間不等，閉關期間，他們足不出戶，生活必需品只能由弟子們每週一次從山下送來。

這一路還有不少藏人留下的經幡。經幡常常掛在當風之處，有些經幡掛在峭壁邊，從一棵淩空探出的樹牽到另一棵同樣的樹上，樹下就是數丈高的懸崖，崖下是亂石嶙峋的山澗或者深谷。

山路拐彎處，如果恰好有一小片空地，有時候會看到一座小小的瑪尼堆。由於地形逼仄，瑪尼堆都是圓柱形，用石塊小心地堆起來。有座山邊凸出一塊大岩石，下面是百丈斷崖。岩石上立著一個瑪尼堆，像一位老人獨坐山邊，默默沉思。

很遠就看到黃棚子，走到那裡，還有很長的路。山裡氣候多變，一路晴天麗日，到了海拔將近兩千八百公尺的高度時，背陰的山谷霧氣飄渺，空中濃雲密布。雲突然間變成細密的雨，路上的石頭剛剛淋濕，忽地雲散雨停，一角晴空射下一束天光，恰恰落在險峻奇崛的峰頂。我急忙舉起相機，連按快門。霧氣倏地聚攏，峻峰消失在濃雲背後。

茶館是座水泥小屋，屋邊有片水泥平台，上面放著一張長方形木桌，幾把塑膠椅。平台角上立著幾根木柱，支起一塊黃色塑膠布，這就是「黃棚子」。小茶館面對峽谷，背倚奇崛山峰，它的正式名字叫「佳景」，倒也名副其實。

彼得坐在水泥台邊，靠著木柱，手裡捧著一杯奶茶，悠閒自在地望著雲霧繚繞的山谷。紮西和我走上平台，拉過椅子坐下。山風颯颯，頭頂上的黃棚子不停地抖動。

這時，我看到木桌中央的水晶。不用問，這些水晶是喜馬拉雅天然水晶。它們完全保留天然形態，下半部還連著砂土狀的岩石，上半部卻是透明的柱狀晶體。最大的一塊是黃水晶，晶柱有大拇指那麼粗，長約三寸。黃水晶從砂岩裡「長」出來的樣子，令我想起神話裡的美人魚，下半截還是魚尾，上半截卻已變成美貌女郎。

我拿起黃水晶。黃水晶象徵太陽，據說它擁有太陽的神奇力量。店主恒拉吉端了兩杯奶茶走出小屋，我問他：「這些水晶是你找到的嗎？」

「是啊，」他說，「在山裡找到的。」

「哪兒的山裡？遠不遠？」

恒拉吉腦袋朝小屋後邊歪了歪：「那邊，不太遠。」

「很難敲嗎？」我問他。

「看情形。」他說，「有些比較容易，有些很難，弄不好不是敲碎，就是把水晶劃傷了。」

「這塊黃水晶多少錢？」

「七百盧比。」

我把水晶放回遠處。恒拉吉把奶茶放在水晶旁邊，走回小屋，坐在水泥門檻上。

我正打算繼續上山，突然下起瓢潑大雨。雨水打在塑膠頂棚上，發出響亮的聲音。山谷已經被雲霧完全掩蓋。恒拉吉將用過的玻璃杯收攏，拿到水泥台邊的塑膠布下方，讓雨水沖洗。我望著桌上的黃水晶，水晶柱上蒙著淡淡水氣。

幾分鐘後，山谷裡突然雲開霧散。緊接著，塑膠棚頂上一片劈劈啪啪的爆響，原來雨變成了冰雹。無數顆水晶珠般的冰雹從天而降，在「佳景」平台邊的綠草地上蹦跳。

4

此後的日子裡，我突然注意到，達蘭薩拉到處都是各種各樣的水晶。幾乎每家首飾店都有水晶首飾，未經加工的天然水晶也隨處可見。去大昭寺的路上，有一老一少兩個印度人，在路邊搭了個棚子，專賣各種產自喜馬拉雅山區的半寶石和水晶。

離開達蘭薩拉的前晚，路過「無名街」上的那家小首飾店時，我走進去，向穆斯林店主道別。他拉過一張凳子，放在櫃檯前，請我坐下。不是第一次進他的小店，卻是初次注意到，靠牆的玻璃櫃下有一排木箱，裡面放著各種未加工的水晶。

「你有水晶掛墜嗎？」我問。

「當然有。」店主起身走出櫃檯，拉開一個玻璃櫃的小門，取出幾個水晶墜，放到我面前。

「粉紅色的水晶使你精力充沛，」他拿起一隻橢圓形玫瑰水晶墜，舉到燈下。粉紅色的水晶在燈光下閃出溫柔的光。

「我的精力已經足夠充沛，」我笑著說，「我需要安靜一點。」

「那就是透明水晶啦，」店主說。他遞給我一個小小的方尖柱形水晶墜。我接過墜子，仔細端詳。這個水晶墜加工粗糙，水晶的品相也很一般。晶體透明度不高，有點兒「霧」，頂部的銀環還稍稍有點兒歪。我把水晶捏在手心裡，一聲不響。我在與它對話。

水晶與普通的砂子屬於同一種物質。但是，天然水晶的生長需要幾個必須的條件。必須是在壓力高於地面兩到三倍的地底或者洞穴深處，有含飽和二氧化矽的地下水，溫度在攝氏五百至六百度之間。這些條件都具備之後，再經過數百萬、甚至數千萬年的時間，二氧化矽便結成了水晶。也就是說，這樣一小塊水晶，要經過千百萬年的時間，才能與我相遇。我實在沒有資格挑剔它的品相，倒是水晶更有資格決定，我是不是配得上它。

幾分鐘後，我對店主說：「就是它吧。」

店主收了錢，把方尖水晶墜放到一隻小塑膠袋裡，交給我。

第二天，我興致勃勃地告訴達瓦，我終於買了一塊水晶。

「水晶？」達瓦顯然對這類東西並不在意。「水晶是什麼東西？」

我把方尖水晶墜拿出來給他看。

「就是這玩意兒啊！」他說，「我出來的時候，一路上在山裡看到好多，有白色的，也有黃色的。」

賣寶石和首飾的印度老人

「你為什麼不弄幾塊下來？」我大叫，「這東西在西方可貴啦。」

「我那是在逃亡途中。」他說。

我愣住了，不敢抬頭看他。半天，我倆都不說話。

彼得和伊凡娜

1

彼得伸長腿，背靠著支撐黃棚子的木柱，坐在「佳景」茶館門口的水泥平台上，注視著深深的山谷，好像沉入了白日夢。我坐在平台的另一端，遙望著山坡上的一座牧羊人小屋。深秋季節，羊群和牧羊人已經離開山裡，青石板小屋寂寞地立在午後的陽光下。

「我這輩子真應該是亞洲人。」彼得突然沒頭沒尾地說。我不知他是在對我說話，還是在自言自語。

「你喜歡亞洲？」我不管三七二十一，接上他的話茬兒。

彼得轉頭看著我：「沒錯。我從小就喜歡亞洲。一直嚮往亞洲。」

「沒準你前世是亞洲人，」我笑道。

「說不定還不止一輩子呢。我一到亞洲就有回家的感覺。」他說。「我真不想離開這裡。也許我會回美洲，待幾個月，住上一陣子，不過我不敢肯定我會終老美洲。」

彼得的地域概念不是「國家」而是「洲」，真夠氣魄。

「我們洲你逛得差不多了吧？待了幾年了？」我也以「洲」為單位。「下一站是哪兒？」

「去過越南、柬埔寨、越南、印度、首爾，剛在台灣待了一年，下一站是韓國釜山。」彼得說。「說起來，我們在亞洲已經三年多啦。」

「多瀟灑的生活方式！真羨慕你們倆啊。」我不勝豔慕。「可是，你們怎麼謀生呢？這種活法也得有財力才行呀。」

「我們倆的日子過得很簡單，沒多少身外之物。」彼得說。「我是教授，伊凡娜是攝影師。我每年都在不同的大學教書。伊凡娜要是找不到教職，就做自由攝影師，往世界各國的攝影刊物什麼的投稿。」

彼得和伊凡娜是加拿大魁北克人，家在哈德遜灣附近。彼得是一位哲學家，他說自己「無法接受西方主流哲學界和教育界對年輕一代的教育方式」，於是逸出主流圈外，過「哲學家的日子」。

「你教什麼課？」我問他。

「哲學、英語，都行，」彼得說，「找到什麼教什麼。」

「工作好找嗎？」

「還可以吧。不過我一開始新工作，馬上就得開始找下一個工作，」他笑著說，「電腦裡永遠有最新版的簡歷。過幾天我們就要去韓國了。我得開始準備下學期的課。伊凡娜還在等通知，她申請了一份短期教職，教英語。」

這種生活方式未免缺少穩定感和安全感。可是過於穩定和安全的生活，往往變得刻板貧乏。這個矛盾或許是人類永恆的矛盾之一。穩定與激情似乎很難兼得，而穩定和安全又是人類最基本的需要，因此大多數人選擇穩定生活。可是，每個民族都有那麼一些人，他們的內心深處湧動著冒險和探索的衝動，寧願在世界上到處遊逛，把生命化成一串串腳印，留在廣袤的大地上。

第一次遇到彼得和伊凡娜，是在嘎魯廟。那天我一個人登山，到了嘎魯廟後，立刻被美景鎮住。那天天氣不好，山上的雲霧天幕一般遮住了海拔五千多公尺的高峰。雲幕偶爾被風扯開一點，露出一角藍天和一片美景。嘎魯廟對面的駝峰形山頂上，兩峰之間的凹處，居然開滿梯田，還有個小村子。從這邊看去，村子裡的房屋就像用積木搭成的。

我舉著相機，左手托著重達三磅的長焦鏡頭，時而站立，時而半跪，對著駝峰形的山按快門。正忙活著，不遠處傳來女人的聲音：「好相機！」

我站立轉身，見沙土路上迎面走來四個人。當中是個半禿頂、留著花白鬍子、穿著卡其布外套、背著黑背包的西方老頭。後來彼得告訴我，老頭來自澳大利亞，是一位瑜伽師，在達蘭薩拉已經住了二十年。西方老頭邊上走著個半大印度男孩，也背著登山包。一老一小旁邊是一對戴墨鏡、手拿木棍、頭上纏著印度式頭巾的俊男靚女。男的穿著帶紫紅拉鍊的黑色「改良式」中裝，頭上紮著紫紅頭巾，頭巾是牧羊人式的紮法，包在頭上像個帽子，兩端在腦後打個結，留下一段垂在肩上，十分瀟灑。女的身穿橘紅絨套衫、卡其褲，頭上包著深藍

山脊梯田小村

色頭巾。她笑眯眯地看著我，問道：「是數位相機嗎？」

我跟彼得和伊凡娜就這樣認識了。

2

雖然旅行旺季已經過去了，我在達蘭薩拉還是遇到了不少西方人。他們來自荷蘭、英國、加拿大、澳大利亞、比利時、德國、法國等國家。我還遇到過一位紐約人。他家在曼哈頓，跟我算是「遠鄰」。他在達蘭薩拉四年了，還不打算返美，頗有「此間樂，不思蜀」的意思。

四十多年前，達蘭薩拉是不為世人所知的窮山僻壤。西方人寥寥無幾，偶爾出現幾個，通常是受某個慈善組織的派遣，前來短期工作或者考察。一九五九年達賴喇嘛的出走被西方媒體稱為「世紀故事」，一度吸引了大批媒體。可是，當「世紀故事」結束之後，人們的注意力很快轉移，西藏難民以及他們年輕領袖的命運，不再受到西方民眾的關注。西藏本土已經被關在雙重鐵幕之後，沒有人知道在「平叛」過程中，有多少寺廟毀於戰火，多少僧尼死於非命。在蒙古和蘇聯的幾個共和國，藏傳佛教同樣遭到毀滅性打擊。古老的藏傳佛教岌岌可危，似乎難逃一劫。

然而，冥冥中好像早有安排。大批藏人出逃的時間不早不晚，恰好是二十世紀五〇年代的最後一年。當第一波西藏難民在陌生的土地上掙扎求存的時候，世界進入了「六〇年代」。

在西方歷史上，二十世紀六〇年代是一個特殊的年代。那個時代裡，陳腐的社會規範、僵死的宗教信條，以及傳統的行為模式受到年輕一代的激烈挑戰。在躁動不安的氣氛裡，一個新的時代呼之欲出。精神追求者們朦朧地感到，信仰不應僅僅是遵從一套固定的儀式，對生命的認知也不應只限於經典的詮釋。在一個充滿競爭的社會裡，到哪裡去尋找內心的平靜和安寧？在理性與靈性，宗教與世俗之間，是否有一條「中道」？一些人開始把目光轉向東方。

六〇年代開始的時候，數萬逃亡藏人剛剛到達印度。驚魂未定的難民們面臨的最大挑戰，是在炎熱的次大陸活下去。這些人本是農民、牧民、商販、喇嘛和尼姑，他們對雪山之外的世界毫無所知，很多人從未聽說過一個叫作「美國」的地方，當然也不會知道，他們將與這個地方結下不解之緣。

一九六八年十一月初，馬克利奧德甘吉骯髒狹窄的街上，出現了一個穿著白袍黑衣，頭髮花白的美國人。他的來訪使小鎮裡的人們相當興奮。幾週前他們就聽說，一位名叫湯瑪斯．梅頓的人將要訪問達蘭薩拉，並與他們的領袖達賴喇嘛對話。

梅頓是一位著名的天主教靈修大師。他生於法國，雙親都是藝術家。他的父親是蘇格蘭人，母親是美國人。他一歲時，父母帶著他回到美國，定居長島。幾年後母親病逝，父親帶著他離開傷心之地，過了一段流浪藝術家的生活。在他十歲時，父子倆重返法國定居。湯瑪斯十六歲時，父親病故。梅頓為此陷入長時間的憂鬱。

一九三三年，梅頓進入劍橋大學學習，一年後轉學到紐約哥倫比亞大學，攻讀英國文學。在哥大期間，梅頓對經院哲學產生了濃厚興趣。他由此開始靈性修持，並於一九三八年受洗，正式皈依天主教。

一九四一年，梅頓加入了西多派的特拉普修會（Trappist）。特拉普修會也叫「特拉普苦修會」，一六六四年成立於法國。顧名思義，這個教派以苦修著稱。修士們每天祈禱、冥想、幹活，極少外出，彼此幾乎不說話。

加入特拉普修會的同一年，梅頓離開繁華喧鬧的紐約，進入位於肯塔基州的格西瑪尼修道院，開始了長達二十年的隱修。在此期間他開始寫作，到一九六八年，他已經成為著作等身、聲名遠播的靈修大師。梅頓的亞洲之行，原是為了參加在泰國舉行的一個有關天主教修道院方面的大會。去泰國前，他轉道印度，並特地前來達蘭薩拉。他想要知道，在藏傳佛教中，他是否能夠找到新的靈性啟迪。

梅頓或許不知道，他前來尋找的，恰恰是中共所要摧毀的。就在他從美國走向達蘭薩拉的時候，中國正處於「文化大革命」的高潮，藏傳佛教在其發源地正在經歷一場浩劫。來自故鄉的消息使流亡藏人明白，他們的文化和宗教要想保留下去，必須從東方走向西方。

可是，剛剛走出大雪山的藏人不知道怎樣與西方人接觸。他們不知道自己的信仰能為西方人提供什麼，也不知道怎樣向西方人傳播佛教。他們聽說這位來訪者是位大名鼎鼎的天主教神父，同時也是一位著作等身的作家和詩人，更重要的是，他對東方宗教，特別是禪和道教頗有研究。因此，達蘭薩拉的人們對梅頓的來訪多少有點期望。也許，他和達賴喇嘛的談話會打開宗教對話之門，讓西方人開始了解藏傳佛教？

梅頓到達蘭薩拉後，卻讓藏人大失所望：他無意訪問達賴喇嘛。那時候，西方人對藏傳佛教幾乎一無所知。他們對西藏宗教的了解，大多來自於西方探險家、傳教士和旅行者的記述。從許多記述看來，藏人的宗教不過是瑜伽修練、自然崇拜和「黑巫術」的大雜燴，修練者們的興趣無非是為了獲取某些超自然的能力，壓根兒不算一種成熟、認真的宗教。梅頓雖然對禪宗和道教有所研究，但他對藏傳佛教並不了解。而達賴喇嘛尚未走出印度，極少西方人見過他。在梅頓看來，藏傳佛教的領袖只不過是一位「宗教官僚」，他對拜訪這樣的人物毫無興趣，寧願在山裡獨自散步，感受喜馬拉雅。

梅頓看到的達蘭薩拉，是個非常美麗的地方。山高谷深，天邊一道令人肅然起敬的白色山嶺。松樹林裡，他看到一群猿猴在嬉戲。然而，這個美麗的地方卻住著一群背井離鄉、幾乎一無所有的難民。他們在山坡的大樹下支起帳篷權且棲身，等待著被「轉運」到印度各地的難民定居點去。梅頓注意到，這些藏人飽經憂患的臉上，有種異乎尋常的平靜和安詳。他們有的在修路、有的在蓋房，蓋房子的人們一邊幹活，一邊唱歌。失去家園的人們仍然在生活著，孩子們上學讀書，閒暇時，姑娘和小夥子們唱歌跳舞。

即使在極端艱苦的環境中，這些人依然每天堅持宗教修持。他們手裡拿著念珠，喃喃念著「嗡瑪尼唄咪吽」，一遍又一遍圍著佛塔或經堂緩步而行。一天，梅頓在山路上獨行，突然聽到身後傳來「奇怪的聲音」。一個藏人走來，一邊走，一邊吟出長長的「嗡——」音。「嗡」（Om）是六字真言的第一音。在印度教裡，Om是個神聖的音，被認為與創世有關。那是一個遠古的聲音，它融入寧靜的山野，仿佛直接來自山岩。梅頓隱約感覺到，他們內心的平靜一定與他們的宗教有關。可是，他們信仰的核心是什麼呢？

有一天，他在路上與達賴喇嘛的英文翻譯索南喀茨不期而遇。這次偶遇改變了梅頓對藏傳佛教的看法。索南喀茨是錫金人。他因病去西藏求醫，卻迷上了西藏的宗教。因緣巧合，他有機會在西藏遇到幾位甯瑪派高僧，跟隨他們修習佛法。因此，索南喀茨不僅對藏傳佛教的理論相當了解，對實修也有較深的體驗。兩人站在小路上聊起了宗教問題，索南喀茨當場給梅頓上了第一堂佛學課。梅頓當下改變心意，決定去拜訪達賴喇嘛。同時，他也聽從索南喀茨的建議，開始尋訪一位仁波切，打算深入研究藏傳佛教。

一九六八年十一月四日上午，湯瑪斯・梅頓前往馬克利奧德甘吉訪問達賴喇嘛。幾個月前，達賴喇嘛剛剛遷出「天府」，搬到位於馬克利奧德甘吉的一座小山頂的新居。梅頓很驚訝地發現，藏傳佛教的領袖身材高大，是個令人印象深刻的人。梅頓沒有詳細記錄他與達賴喇嘛的交談。他只是提起，達賴喇嘛對西方人有關佛教的錯誤觀念十分敏感。這是否與日後達賴喇嘛多次親自對西方信徒講經有關？

兩天後，五十三歲的天主教靈修大師梅頓，與三十二歲的藏傳佛教領袖又一次見面。梅頓在他的日記裡寫下了談話的基本內容。他提到，當他們談起佛教的靈修時，達賴喇嘛當場盤膝坐在地板上，為梅頓示範佛教的打坐姿勢。

在他的達蘭薩拉之行中，梅頓與達賴喇嘛有過三次交談，交流寺院生活與修道院生活的經驗。梅頓向達賴喇嘛請教佛教中關於心性的理論，達賴喇嘛問了梅頓很多有關天主教的問題。他們的討論是一次相當有意義的宗教對話，可惜梅頓沒有留下詳細內容。梅頓在日記裡寫下了他的感想。他感到自己對達賴喇嘛產生了極大的敬意，並且感到，在他與達賴喇嘛之間，有一種靈性的聯繫。他覺得，他與藏傳佛教的年輕領袖，開始建立一種朋友般的關係。

遺憾的是，梅頓的亞洲之行，成為他一生中的最後一次旅行。在初次訪問達賴喇嘛之前，梅頓拜訪了一位名叫措林仁波切的高僧。一見面，措林仁波切就問梅頓，他是否相信轉世。離開印度之前，梅頓再次拜訪措林仁波切，並請求仁波切教他佛教的修練方法。措林仁波切沉吟良久，然後，做了一件令人驚異的事：他教給梅頓一個十分特殊的修練方法：「破瓦」（Powa）法。「破瓦法」也叫「遷識法」，是藏傳佛教中的高級法門，通常必須有多年修練基礎才能修習。修成之後，頭頂的梵穴會打開。當人命終之時，神識通過梵穴離開身體，往生淨土。

幾週後，梅頓在泰國參加宗教會議。在會上，他發表了題為〈關於馬克思主義與修道院的見解〉的演說。回到旅館後，他在移動電扇時不慎摔倒，電扇倒在他身上，他不幸觸電而亡。

梅頓在達蘭薩拉短暫的停留，也給年輕的達賴喇嘛帶來了影響。一九八一年八月，達賴喇嘛應邀在哈佛大學演講期間，回憶起當年與梅頓幾次交談。他從梅頓那裡了解到，佛教並非唯一重視靈修的宗教，其他的宗教同樣也能帶給人們內心的安寧和快樂。

梅頓和達賴喇嘛留下了一張合影。在黑白照片上，梅頓的黑白修士袍和達賴喇嘛的紅黃袈裟都失去了各自的鮮明色彩，趨向於溫和的灰色調。這仿佛是一個隱喻：在靈性（Spirituality）和宗教（Religion）之間，原是可以找到中道的，不同的宗教之間，也存在許多共同之處。

現在，達蘭薩拉已經成為西方佛教徒和靈性追求者們的聖地之一。

3

「多有靈性的土地啊！」彼得感歎道。一條名叫加利的黃色牧羊犬搖著尾巴走來，轉了幾圈，在彼得身邊臥下。彼得伸手撫摸加利毛茸茸的腦袋，「還有印度人……哪怕是很窮的人，你看看他們的眼睛，也像湖水一樣深不可測。」

「確實是這樣，」我說。

前幾天，我從山上下來，快到廣場時，看到一棵大樹下，盤膝坐著一名老丐。經過他時，老丐朝我伸出一隻手。他的衣服破舊但並不骯髒，神情裡有種很難形容的莊重，好像在對我說，他身為乞丐並非毫無尊嚴的事。我從背包裡找出幾個硬幣，放在他的掌心裡。老丐對我合掌欠身，微微一笑，枯瘦的面頰像乾旱的土地，溝壑縱橫。我突然想起若干年前，我初學瑜伽時，瑜伽師告訴我，印度人見面互道「拿瑪斯特」，並合掌欠身為禮，意思是「我向你心中的神性致敬」。我也對老丐合掌欠身為禮。自始至終，老丐與我沒有說一個字。暮色中，我走下山。回頭看去，老丐坐在樹下，如同一座雕像。

「不過，我們這些來自富裕國家的人，是否把印度理想化了呢？」我對彼得說，「如果我們自己處在這樣的生活狀態，是否會有同樣的感覺？」

彼得說：「我也有類似的疑惑。有時候我會問自己：『假如我處於這樣的生活狀態時，我是否能做到這樣平靜？』」

我望著雲霧縹緲的深谷，想起不知道在哪本書裡讀到的一句話：「快樂不是一種狀態，而是一種心態。」也許，在印度，乞討只不過是一種生活方式而已，是我們站在自己的文化立場，加給這種生活方式太多的道德判斷？我沒法回答，也不敢輕下判斷。我覺得自己看不懂印度。

恒拉吉走出小廚房，坐在水泥門檻上，一聲不響地看著遠山。牧羊犬站起來，走到恒拉吉身邊，把腦袋擱在他的膝蓋上。起風了。平台上的黃色塑膠布嘩啦嘩啦地響，頃刻間，霧鎖深谷，暴雨傾盆而下，氣溫隨之驟降。我把薄外套的拉鍊一直拉到下巴底下，還是忍不住簌簌發抖。恒拉吉站起來，回到廚房，拿出一條披肩遞給我。

「印度人是非常善良的民族，」彼得說。「你看，他們對藏人多好。如果不是印度收留他們，很難想像這些西藏難民會怎樣。如果聯合國難民署把他們分散到各個國家，這些難民肯定早就被同化了。」

「沒錯，」我說。「前幾天，我在流亡政府的圖書檔案館裡找資料，圖書館員推薦給我一本書，裡面詳細記錄了印度政府安置西藏難民的事。南方的第一個西藏難民定居點，六〇年代就安置了三千名難民。印度政府無償提供每個難民一英畝土地，這還不算，難民從北方送到南方，幾千公里的火車費用，都是印度政府支付的。」

彼得轉頭看著我：「是嗎？這事兒我第一次聽說。」

「是啊，」我說，「快五十年了，老一代流亡藏人已經凋零，年輕一代可能都不知道這些事，中國人就更不知道了。」

「你得把這些故事都寫下來，」彼得很認真地對我說，「歷史不應該忘記印度人民對保留西藏文化做出的貢獻。」

「我會寫的，」我說。「過幾天我會去印度南方，到那個定居點去採訪第一代流亡藏人，記錄他們重建生活的故事，也記錄印度政府和人民對他們的幫助。」

「那天在嘎魯廟，伊凡娜和我剛從英德拉山口回來。那地方海拔四千多公尺，是喜馬拉雅山裡的天然通道之一。」彼得對我說，「每年會有少量逃亡藏人從那條通道下來。那裡沒有村莊，只有一些嘎第牧羊人。這些藏人過了英德拉山口，又累又餓，常常是牧羊人給他們第一杯奶茶。這麼多年來，嘎第牧羊人不知道幫助過多少流亡藏人，可是他們從來沒有說起過。對他們來說，救人於危難是很自然的事情。」

山谷裡的雲霧漸漸散開，露出大雨沖洗過的山峰。牧羊人的青石小屋被雨水浸成深藍色，石板泛著粼粼水光。頭頂的黃色塑膠布突然又一陣爆響，雨變成了冰雹。牧羊犬加利嗖一下躥到草地上，追著蹦跳的冰雹撒歡兒。

雨過天青，暮色漸臨。我們告別恒拉吉，走上下山的路。彼得不時停下，站在小路上，雙手柱著木杖，沉默地望著山谷。後來他告訴我，他是在「傾聽大山的聲音」。

「在大山裡，你真的覺得自己非常渺小。」彼得對我說，「如果你沉默地走在山裡，你會聽見大山對你說話。」「你一定有許多心得，」我問他，「寫過書嗎？」

「沒有。不過我在考慮寫書的事兒。」彼得說。「有一次，我從山裡出來，路上遇到一位瑜伽師。我們聊了一路，談到很多感受。瑜伽師說我：『你們這些神祕主義者的問題就是，你們有機會進山，在山裡沉思默想，可是你們不肯把山裡學到的一切寫出來，告訴我們這些沒有機會進山的人。』」

「是啊，」我說，「你為什麼不寫呢？你和伊凡娜的人生經歷那樣豐富，那樣特殊，一定有許多感受與讀者們分享。」

「我告訴瑜伽師說，我不是神祕主義者，」彼得朗聲大笑，「不過我會認真考慮他的建議。」

回到馬克利奧德甘吉時，天已經黑了。彼得邀請我跟他們一同吃晚飯。我們在餐桌上交換了電子郵箱地址，相約保持聯繫。

「我想我們還會再來印度，」伊凡娜笑著對我說，「我們倆都非常喜歡印度。」

「我想我也會再來，」我說。

晚飯後，我在無名街上的餐館門口與彼得和伊凡娜告別。彼得背著大背包，握著伊凡娜的手，兩人的身影漸漸消失在喜馬拉雅的夜色中。

圓祥法師

1

圓祥法師在小床上跏趺而坐，土黃色僧袍蓋住雙腿，手裡拿著一串藏式念珠。我靠著小木桌，坐在圓祥法師對面。小桌正中擺著一尊鍍金釋迦牟尼銅像和一部佛經，小床上鋪了塊邊緣飾著印度式彩色織帶的黃布。黃布、佛像和佛書將「貢嘎客棧」的這間廉價客房變成了一間臨時僧舍。

「在五明佛學院的時候，我們這些漢喇嘛在一起聊天，有好幾個人說，他們前世是文革期間死去的和尚。」圓祥法師操著一口東北話對我說。

我心裡一凜：「他們怎麼會知道呢？」

「修行深的人會知道的。」圓祥法師說。「你還別說，那幾個出家人年紀都是三十多歲，算下來也差不離兒。」

圓祥法師看上去也屬於那個年齡段。我本想問他是否也是文革期間死去的僧人轉世？話到嘴邊又咽回去了。怔了片刻，我問道：「也就是說，他們轉世再來，是為了重續佛緣？」

「是的。前生不能功德圓滿，今生再來繼續修行，濟世渡人。」

我一時不知該說什麼。許多兒時記憶的殘片，從記憶深處湧上來，在眼前亂紛紛地飄浮。大堆破碎的佛像，門上貼著紅色封條的寺門，衰草滿庭的院落，乾涸見底的蓮池，布滿青苔的石階，頹敗的屋頂，古樹上飄落的枯葉，倒塌的佛塔，斷磚破瓦中雜草叢生……

有沒有人知道，在「破四舊」的過程中，舉國上下，有多少寺廟被毀，多少佛像被砸，多少經書被焚，多少僧人被逐，又有多少僧人不堪折磨、鬱鬱而終？有多少僧人命終之時發下誓願，要重回婆娑世界，再來這片被重重暴力和業障鎮住的土地，把佛陀在啟明星下悟出的智慧傳給芸芸眾生，教人離苦之道，以智斷魔？

「也是因為前生心願未了，所以乘願再來。」圓祥法師說。他的聲音好像是從很遠的地方傳來，安詳柔和，卻有某種神祕的力量。我凜凜一驚，滿腦子紛陳凌亂的意象陡然消失。仿佛夢中驟醒，我趕緊聚攏精神，凝神注視圓祥法師。法師神色端莊，手裡的念珠垂在土黃色袈裟上，念珠上的絲穗在燈下發出耀眼的紅光。

與圓祥法師結緣，是達蘭薩拉之行的意外收穫。

前兩天，我到貢嘎客棧的附設餐廳吃早飯。正在餐廳跟老闆說話，他突然說：「快看，你的鄉親！」

我的鄉親？我轉過頭，只見一紅一黃兩個僧人的背影，朝後門的鐵扶梯走去。黃袍僧人背著紅色雙肩帶背包，束腳僧褲，足蹬運動鞋，一副現代雲遊僧模樣。這位雲遊僧為什麼是我的「鄉親」呢？

我回頭看看客棧老闆。他一臉的見多識廣：「那位是漢喇嘛。」

原來如此。我心目中的「鄉親」，如果不是來自同一個城市，至少也得是同省人吧，可是在這位藏人老闆看來，只要是漢人，全都是我的鄉親！

我要了杯奶茶和一份煎餅，請老闆遣人送到平台上去。站在鐵扶梯上往平台上看，頂棚下的一張桌子兩邊，藏漢兩位僧人隔桌而坐。我的「鄉親」面前放著一杯水，紅背包放在他腳邊。

我走到二僧桌邊，用中文問道：「對不起，我可以坐這兒嗎？」

「漢喇嘛」把玻璃杯放在桌上，抬頭看著我說：「請坐。」

法師面色祥和，眉宇間頗有清爽脫俗之氣。

我聽他一口東北腔，不由喜出望外：「師父是東北人？」

我雖然在南方長大，血緣上卻是半個東北人。這回在異國他鄉，還真遇到了半個「鄉親」！

「俗家遼寧。」法師微微一笑。

「請問師父法號？」

「圓祥。」

「師父上山多時了嗎？」我問，「來朝聖？」

「是的，來朝聖。」法師說，「這會兒才剛上山呢。一下車就遇到這位喇嘛。他會說漢話，我問他哪兒有便宜旅店，他就帶我上這兒來了。」

「從大陸來嗎？」我問他。

「從尼泊爾那邊過來的。」法師說。

「師父一路辛苦。路上還順利嗎？」

「你別說，這一路還真有緣，到處有人幫忙。過了邊境，碰到一個會講中文的以色列人。他在這邊很久了，到處都有熟人。他替我一路打招呼，說是有個中國來的出家人，不會藏語也不會英語，請他們協助。還特意告訴他們，說我吃全素，蔥蒜薑都不吃。」法師笑起來。

「要不要吃點東西？我來供養。」出家人萬里雲遊，想必囊中羞澀。

「多謝，不用了。」法師說，「剛吃過乾糧。」
「喝杯奶茶？」
「不用，清水就行。」圓祥法師拿起玻璃杯，喝了一口。
「圓祥師父，請問有沒有時間向你請教一些問題？」
「行。」圓祥法師放下玻璃杯，彎腰拎起背包，「我這就去登記房間，等會兒你問老闆，『甲喇嘛』住哪屋就行了。」
藏人稱漢人為「甲米」，「甲喇嘛」就是「漢喇嘛」的意思。
幾次來拜訪法師都撞了鎖，這天晚飯後，我從外面回來，順便過來看看，沒打算遇到法師的，他卻正好在屋裡。
「法師出家多久了？」我定了定神，問道。
「快十年了吧。出家那年，我不到三十歲。」圓祥法師目光一閃，臉上綻出微笑。他的笑容帶著幾分稚氣，像初出茅廬的學生，笑容和目光形成一種奇妙的對比。笑容的背後是一個歷盡劫波的老靈魂，而那雙眼睛卻亮閃閃的，清明澄澈，如同初生嬰兒。
屋裡響起手機的鈴聲。法師對我道了聲抱歉，打開手機，走到門外說話。我望著窗外的沉沉夜色，突然想起一些有關寺廟的童年記憶。

2

在現代中國史上，我的家鄉具有相當的地位。如今流行「紅色旅遊」，我的家鄉是個大熱點，因為，它是「中國革命」的發源地之一。一九二七年八月一日，我出生的城市，那座歷史上富有盛名的古城，槍聲大作。那天發生的武裝暴動改變了中國的歷史。因此，我的出生地被稱為「子弟兵的故鄉」。小時候，我和同學們每年都會被老師們帶領著，去參觀「革命烈士紀念堂」。紀念堂門口那座一手握拳，一手持槍的軍人雕塑，至今記憶猶新。

讓不到十歲的孩子們去參觀烈士紀念堂，是為了對我們進行「革命傳統教育」，那也是我對中國現代史最初的記憶。可是，有關「革命」的教育並不美好，留下的記憶也不那麼值得懷念。紀念堂裡展出的血衣、烈士遺像、監獄、刑具、槍彈之類的物品，實在是「兒童不宜」。每次參觀時，展廳裡面的氣氛總是讓我產生強烈的恐懼感。

那時候，以及後來很長的一段時間裡，我完全不知道，我的故鄉歷史上曾經文采風流，文章薈萃，是「物華天寶，人傑地靈」的地方。在中國宗教史上，我的故鄉也有一席之地。歷史上，江西與佛道二教頗有淵源。那片靈秀的土地曾是禪宗五派之一曹洞宗的發源地，也是中國佛教淨土宗的源頭。中國佛教史上的「農禪制」，始於百丈懷海禪師，禪師制定「叢林清規」的新吳百丈山，就在今江西奉新縣境內。鷹潭龍虎山是道教天師道的聖地之一。

彷彿冥冥中自有某種因緣，我對故土最早的記憶，與兩座寺廟有關。

很小的時候我就知道，城裡有座大廟，名叫「萬壽宮」。那時候我不懂道教佛教之別，也不知道「萬壽宮」是一座道觀。它靠近贛江，位於老城最繁華熱鬧的地區，好像是老城的心臟。我小時候，那一帶是貧民區。迷宮一般狹窄擁擠的小街巷裡，生活著「舊社會」留下的販夫走卒和三教九流。在「新社會」裡，他們依然處在社會最底層。許多與鬼怪神靈、拐賣人口等等有關的「城市神話」，不知為何總是牽扯到那一帶，不是從那裡開始，就是在那裡結束。因此，我和小夥伴們是不准去那裡玩的，「萬壽宮那邊」對我們來說，完全是另一個世界。

萬壽宮被毀之前，我只去過一次。記憶中的萬壽宮，是一座幽暗陰森的高大殿堂，正中央供著一座大神像。後來我才知道，「萬壽宮」是為紀念晉代道士許遜所建。許遜，即許真君，淨明道派的創始人。為官期間，以治水造福鄉里，被家鄉父老奉為地方守護神。萬壽宮遺址，據說曾是許遜故居原址。年深日久，許遜成為江西人共同的保護神，凡江西人聚居之處，就有「萬壽宮」。鼎盛時期，各地的「萬壽宮」據說有上千座。所有「萬壽宮」皆奉南昌的這座古老道觀為祖庭。

文革的「破四舊」運動中，萬壽宮首當其衝，被徹底摧毀。不僅是神像被毀，連整座廟宇都被夷為平地，只剩下一段殘牆和幾處高台階。不過，「萬壽宮」這個地名依然存在，現在是一座淩亂的小商品市場。

童年記憶中還有一座美麗的小廟。

很多年前，我上小學時，曾經多次路過一間小小的尼庵。小廟外有一道嵌著精緻花窗的白牆，我和小夥伴們常常掂著腳尖，透過花窗向小廟裡張望。小廟的院子裡有條碎石小徑，小徑邊立著幾支綠竹，還有一塊不大的假山石，旁邊種了些花。偶爾會看到一位素服素面的中年尼姑輕輕走過。

有一天，保姆帶我去小廟進香。踏著小徑走進殿堂，光線一下子暗下來，面前立著一尊披著白斗篷，掛著彩色珠串，站在蓮花上的白瓷像。我想那是個漂亮的女神。她站在紅色的帳幔中間，四周圍繞著鮮花，腳下放著一盤盤新鮮水果。我的老保姆跪在女神腳下的拜墊上，在香煙繚繞中雙手合十，念念有詞。女神姿態優雅，臉上一抹淡淡微笑，眼睛朝下，溫柔地望著我。那時我並不知道，她就是被外國學者們稱為「慈悲女神」的觀音菩薩。

此後不久，一場「革命」開始了。小廟的大門緊閉著，不再有人進出。從牆上的漏花窗裡望進去，殿門也緊閉著。綠竹和花草已經枯萎，素服素面的尼姑不知所蹤。

有一天，我們全校小學生被帶去參觀一個「文化大革命成果展」。在市立博物館的寬大展廳裡，我看到很多很多金屬佛像的碎片和巨大的佛像頭。佛頭橫七豎八地堆著，依然滿面寧靜的微笑。在一堆黑色和黃銅色的佛頭中，有一個白色的頭像。我認出了那間小廟裡的白色女神。她的頸部以下是犬牙交錯的殘缺。她低垂的眼睛望著與她同樣殘缺的雕像，嘴角上的一抹微笑依然溫柔寧靜。

那時候我當然不會知道，在遙遠的西藏發生了什麼。即使我知道，象徵光明的班禪喇嘛被關進牢房，象徵慈悲的達賴喇嘛流亡他鄉，我也不會懂得，當光明和慈悲離開之後，對這片土地意味著什麼。

佛教是世界第四大宗教。美國學者瓊安．奧布萊恩和馬丁．帕莫於二〇〇七年出版的《宗教地圖冊》指出，世界人口中的一半以上，生活在佛教曾經是或者現在仍然是主要宗教的國家。根據二〇〇六年的統計數字，蒙古、緬甸、泰國和柬埔寨是佛教徒最多的國家。這幾個國家裡，八十五％以上的人口是佛教徒。其次是寮國、不丹和斯里蘭卡，其人口的七十到八十四％是佛教徒。越南和日本位居第三，佛教徒占人口的四十％到六十九％。全世界只有八個國家是「歧視所有宗教」的國家，包括中國、北韓、越南、寮國、土庫曼斯坦、塔吉克斯坦、古巴和辛巴威。全世界只有五個國家是憲法規定的無神論國家：中國、北韓、越南、寮國和古巴。

在二十世紀，崇尚和平的佛教遭到歷史上最大的破壞。其中破壞最嚴重的，是中國、蒙古和俄國。在世界宗教地圖上，桔色表示「無信仰和無神論」地區。這些國家裡，二十％以上的人口宣稱他們不信仰任何宗教。那片枯色所覆蓋的最大地區是中國和俄國。

不過，《世界宗教地圖》把中國列為「宗教全面復活」、「無神論觀念正在發生改變」，以及「宗教多元化正在發展」的地區。

圓祥法師和他那些乘願再來的夥伴們，就代表了中國大陸這股信仰復活的力量。

3

「法師怎麼會出家的呢？」我問道。

「說來話長，」圓祥法師微微一笑，「多少受了我父親的影響吧。」

達蘭薩拉的夜晚，一如我童年住過的山村小鎮，太陽下山後，夜色很快降臨。山裡的人們雖然不再「日出而作，日落而息」，但山中小鎮也沒有大城市那樣喧鬧的夜生活。店鋪早早打烊，晚飯時間，街上行人寥落。法師住的小房間雖然窗口臨街，卻沒有一點聲音，街上已是一片沉寂。

在安靜的山中夜晚，圓祥法師娓娓道出他出家為僧的心路歷程。

圓祥法師出生於一九七二年。法師出生的時候，文革尚未結束，但已是強弩之末。

「我父親是個大好人。」法師說。「他脾氣特好，我從小到大，從來沒見過他跟人紅過臉。他心還特善，左鄰右舍有難處了，跟他借錢，請他幫忙啥的，他從來不拒。人家都叫他『活雷鋒』。」

聽了法師的話，我不由笑起來。

上世紀六〇年代初，中國剛剛從大饑荒裡掙扎出來，一位駐紮在遼寧撫順市、名叫雷鋒的工程兵運輸連汽車班長，突然間成為全國的精神偶像。中央級的大人物，從黨中央主席毛澤東開始，紛紛為這位不幸殉職的年輕汽車兵題詞，「學雷鋒，做好事」成了一個全國性的口號。「學雷鋒」成為我記憶中的第一個全國性群眾運動。

「小時候，有件事我弄不明白。」圓祥法師說。「有時候半夜醒過來，見我父親盤著腿，半閉著眼睛，一動不動地就那麼坐在床上，也不知道是睡著了，還是醒著。」

「他是在打坐？」我問。

「那時候年紀小，不明白是怎麼回事。」圓祥回答，「我自己學佛以後，再往回想想，我父親沒準兒是在打坐呢。」

「你父親是還俗的出家人嗎？」我問圓祥法師，「還是在家居士？」

「不知道啊，」法師說，「那時候我不懂事，從來沒問過他。」圓祥法師的父親極有可能是一位隱而不宣的佛教徒。那個時代裡，佛教徒是無法公開修行的。家家戶戶都貼著毛主席像，佛像根本無從尋找。就算家藏佛像，也不敢拿出來供奉。

法師的父母都是普通工人，家裡雖然不富裕，但也不缺衣食。他有兩個姐姐。身為獨子兼幼子，集全家寵愛於一身，法師小時候難免持寵而驕。「我小時候特淘氣，」他笑著說，「全家人都讓著我。我想幹啥就幹啥。可是呢，好像我天生就那樣，淘是夠淘的，可也不幹壞事兒。」

八〇年代，中國開始改革開放，開始出現了個體經濟。圓祥法師的父母適時離職，開始個體經營。生意愈做愈好，幾年後，家道中興。中學畢業後，他沒有考上大學，也無意深造，索性棄文從商，與父母家人一同經營家族企業。

「那時候，我兜裡從來不缺錢，家裡也沒多少活兒要我做。」法師說，「生意有姐姐和姐夫幫忙，用不著我搭手。」

「那你成天幹啥呢？」我問道。圓祥法師手裡數著念珠，笑著說：「跟一幫酒肉朋友吃喝玩樂唄。那時候我酒量可大啦。」

家道正興時，法師的父親卻身患癌症。縱有萬貫家財，此時此刻也無能為力。

短短幾個月裡，父親病逝。

圓祥法師那時候才二十出頭。父親從生病到去世，猛然把生老病死的人生真相放到了他面前。他真切感受到了「人生無常」。這個感受從此改變了他的人生道路。處理父親遺體的過程中，出現一些他覺得無法理解的現象。「父親的骨灰裡有舍利子，」圓祥法師告訴我，「這可是我親眼看到的。」他感到這一切似乎在預示著什麼。

他開始對父親的信仰產生興趣。

八〇年代開始，宗教在中國悄然復興。許多被關閉的古剎開始開放，一些在文革中遭到毀壞的寺廟也開始修復。二十出頭的年輕人開始思考一些有關人生的問題。他陪母親和姐姐去寺廟拜佛，向寺廟裡的法師問些問題，並且在法師的指導下，開始讀佛經。也許是「心誠則靈」吧，有一天，佛祖向他顯現。

「那天我一個人在一條小路上走，」回憶起那個獨特的經歷，法師收起笑容，神色凝重。「明明是大白天，亮晃晃的，小路上也不光是我一個人。我也不知道腦子裡頭在想些啥，就記得猛一抬頭，往天上一看，一下子把我給嚇住了：雲彩裡頭清清楚楚現著一尊佛像！」

「是哪尊佛像？」我問。

「是釋迦摩尼佛。清清楚楚的，就在雲彩裡頭！」

「當時你是清醒的嗎？」我問他。「不是白日夢？」

「當然是清醒的啦！當時我還不信，怕是眼睛花了。我立那兒不動，使勁兒揉了揉眼睛，再一看，佛像還在雲裡呢。就跟咱們在廟裡看到的佛像一樣，背後還放光。」

他像凍僵了似的站在小路上，過了不知道多久，也許只是一瞬間，空中的佛像消失了。圓祥法師當下起了出家之念。他不再熱衷於跟朋友們一道吃喝玩樂，朋友們的邀請他一概推辭，同時開始讀經，並開始戒菸酒，素食。

「剛開始很不容易吧？」我笑問。

「可不是嗎！特別是戒酒。我那時候酒量可不小，朋友們跟我打賭，說我要是能戒酒，他們就能戒飯，哈哈！」圓祥法師笑道。

「那時候你有沒有女朋友？」我問他。

「也談過戀愛，但是沒認真談，也從來沒想到結婚啥的。」圓祥法師說。「那時候不知道為啥，好像冥冥中佛菩薩護佑，雖然跟著朋友們吃喝玩樂，可就是沒破色戒。現在想起來，真是幸運啊。」

「可是……」我想說，中國人對家族延續的觀念至今還是很執著的，身為獨子，母親姐姐怎麼會允許他出家呢？

法師好像明白我想說什麼。「家裡是不讓啊。不過我媽和我姐姐都信佛，所以也沒反對得太厲害。」

二十六歲那年，他聽說有位仁波切從西藏來傳法。他決意借此機會剃度出家。

「當時我還有個夥伴也想出家，可是家裡堅決不讓。我一尋思，既然鐵了心要出家，哪有那麼多的麻煩！乾脆，我拽上他，我倆就這麼跑了。找到那位仁波切，我們倆當場就拜師，剃度出家了。」

「就這樣，你就皈依了藏傳佛教？」

「是啊，」圓祥法師說。他的法名「圓祥」的「圓」字就取自師父的名字。出家後，他四處求法，最後終於來到藏區。

「晉美彭措法王你聽說過嗎？」法師問我。

「聽說過。」我說。「聽說五明佛學院就是他創辦的。」

五明佛學院位於四川省甘孜藏族自治州色達縣的喇榮溝，是中國最大的佛學院。這座佛學院建於一九八〇年，由甯瑪派大師晉美彭措創辦。

晉美彭措大師於一九三三年，即藏曆水雞年，出生在青海省班瑪縣境內的多科智美曲列。兩歲時，他被認證為十三世達賴喇嘛的上師列饒林巴尊者的轉世。他十四歲出家，二十二歲受比丘戒。受戒之後，藏地社會動盪，佛法日漸衰微。晉美彭措大師始終祕密修持，並多有著述。

一九八〇年，有感於漢藏兩地佛教衰落，高僧大德凋零，佛法後繼乏人，晉美彭措大師親率三十餘名弟子，前往色達，創建色達嘎榮五明佛學院。五明，即聲明、工巧明、醫方明、因明和內明，是大乘佛教僧人必習的功課。晉美彭措大師在佛學院親自為弟子們灌頂，受戒，講授佛經。

一九八七年五月十五日，十世班禪喇嘛批准學院正式成立，並賜給學院親筆題寫的「喇榮五明佛學院」藏文匾牌，中國佛教協會會長趙樸初為學院親筆題寫漢文院名。班禪喇嘛尊稱晉美彭措大師為「聖者法王」。一九八八年，大師應十世班禪喇嘛邀請，前往北京的佛學院，向各派高僧講經。一九九〇年，晉美彭措大師去印度傳法期間，受十四世達賴喇嘛邀請，前往達蘭薩拉講經。除此之外，大師還在亞洲和歐美各國弘法。

姐姐們見圓祥出家之心很堅定，不再阻攔他，並且資助他前往四川求法。他告別家人，一路風塵，前往四川甘孜。

年輕的漢地出家人來到國家級貧困縣色達，進入平均海拔三千八百公尺，有「聖地」之稱的喇榮溝，眼前出現的景象令他心神震撼。喇榮溝的地形像一朵巨大的蓮花，五座青翠的山嶺猶如蓮花瓣，蓮花的中心是一片谷地，中央座落著大經堂和壇城。金色寶幢在陽光下閃閃發光，五色經幡迎風飄揚。以谷底的大經堂為中心，四面的空地和山坡上密密麻麻蓋滿了紅色的小木屋，幾乎每座小木屋都面對谷地中央的大經堂。這就是五明佛學院。當時，這座民辦佛學院不僅是世界最大的佛學院，還是世界海拔最高的大學城。五明佛學院鼎盛時期，嘎榮溝裡有來自全國各地的僧眾約三萬多名，其中絕大部分是藏僧，漢僧有近千名，還有從台灣、香港、內蒙、以及海外慕名而來的僧尼。

九〇年代末，圓祥法師來到五明佛學院時，在佛學院學習的僧尼尚有近萬名。圓祥法師買了一座小木屋，安頓下來，正式開始了寺院生活。

圓祥法師告訴我，佛學院不分派別，顯密兼習，通常的學制是四至六年。這些年裡，學僧們除了上課，還要自己修行。五明佛學院海拔近四千公尺，山高天寒，冬天更是天寒地凍，生活非常艱苦。漢人很難適應那裡的高海拔和苦寒的氣候，堅持數年的漢僧有好幾個心臟出現問題，不得不提前離開，有的甚至死於心臟病。

二〇〇一年六月的一天，一群警察闖進五明佛學院。正在上課的學僧們被命令馬上離開。佛學院被命令即刻關閉，學僧們被驅逐，各謀去處。不久，民工們進入五明佛學院，拆毀僧眾居住的小木屋。到二〇〇二年夏天，共有二千四百座小屋被拆除。後來，一些僧人悄悄潛回佛學院，重新建起小屋。可是，佛學院院長，晉美彭措大師不在嘎榮溝。他被送往成都軟禁。

「馬上離開，讓你們去哪兒呢？」我問。

「當時是各省宗教局派人來，把本省的人帶回去。」圓祥法師說。在一片混亂中，圓祥法師離開五明佛學院，被帶回家鄉。

二〇〇二年十一月，晉美彭措大師被允許回到色達，佛學院重新開始上課。學僧的人數大減，只剩下數千人，漢僧寥寥無幾。圓祥法師沒有重返色達，他在家鄉住了一陣後，又回到四川，依止高僧阿秋喇嘛，繼續修行。他在藏地前後修行了九年。

「藏區太寒，時間長了，身體確實有點吃不消。」法師說。「所以到印度這樣氣候溫和的地區待一段時間，同時也想去朝聖。」

圓祥法師盤膝坐著，手裡一直數著念珠。說起這些往事，他語氣非常平靜，好像這一切與他有關，又與他無關。

二〇〇四年一月，晉美彭措大師因心臟病在成都圓寂。

4

離開達蘭薩拉的前一天，我去圓祥法師的房間，向他告別。法師還是盤腿坐在鋪著黃布的小床上，手裡拿著念珠。

圓祥法師很高興地告訴我，他去拜見了達賴喇嘛，並把家鄉信徒們托他帶來供養眾僧的一筆錢轉交了達賴喇嘛辦公室。說著，他從僧袍的領口拉出一條銀鏈，鏈子下面掛著一個拳頭大小的銀佛龕。他打開佛龕的小門，小心翼翼地取出一尊寸許高的鍍金佛像。

「瞧，托你的福，我也得到達賴喇嘛賜的佛像啦！」他笑呵呵地對我說。

「哪裡，哪裡，」我趕緊說，「那是你自己的福報。」

「還是托了你的福哇，」他說。「我來的時候，家鄉有些佛教徒托我帶了一筆錢，供養這邊的出家人。我去達賴喇嘛辦公室捐獻，手續辦完後，我跟達賴喇嘛辦公室的人求一尊佛像，人家不給我，說佛爺的佛像不是隨便給的。我就把你給推出來了，說：『前天採訪達賴喇嘛的那個漢人，還不是出家人呢，都得到達賴喇嘛賜的佛像了。』我這麼一說，人家就給我啦！」

圓祥法師說著，滿臉都是隱藏不住的笑。我也跟著他高興起來：「要是我真的這麼有福報，那就太好了，也算有幸跟師父結緣吧。」

圓祥法師起身下床，打開衣櫃，拿出一串黃色的藏式腕珠遞給我：「差點兒忘了，這串腕珠是仁波切加持過的，給你。」

我合十致謝，接過腕珠，戴在手腕上：「師父下一站去哪裡朝聖？」

「陪幾個藏人去佛祖成道處，菩提迦耶。」他說。「我已經去朝聖過了，他們幾個沒去過，不知道怎麼走，請我帶他們去，我答應了。過幾天就走。」

「師父去菩提迦耶，能不能幫我撿一片菩提葉？」

「當然，」圓祥法師說。「可是怎麼給你呢？」他歪著頭想了想，「對了！我這裡有一片，是上次朝聖帶回來的。給你吧。」

他雙手捧起桌上的佛像，佛像下面有一片壓平了的心形樹葉。圓祥法師放下佛像，拿起樹葉交給我。我趕緊翻開筆記本，珍重地把菩提葉夾到本子裡，然後雙手合十，向法師告別。

繁星閃爍，夜涼如水。街上沒有一個行人，小鎮在大山的懷抱裡安靜地歇息。我走到拐彎處，回頭一看，星光下，圓祥法師還站在門口，土黃僧袍的下擺在微風裡輕輕飄動。

第三部

聖地，在喜馬拉雅山南

身為中國人，我常常覺得，我所經歷過的時代，真是一個古怪而又荒誕的時代。後人寫中國佛教史的時候，提到文革中對佛教的毀滅性破壞，會不會稱之為一場「法難」？「法難」過去三十多年了，佛教在中國仍未恢復元氣。漢地佛教表裡不一，藏地佛教流落他鄉。

不僅虔信佛教的藏人在流亡，拉薩的主要寺廟也在流亡。乃穹寺、大昭寺、色拉寺、哲蚌寺、紮什倫布寺，以及不少其他著名寺院，都在印度重建。雖然流亡的寺院比本土的原寺規模小得多，但卻擁有更多的高僧，因此，許多年輕僧人從西藏各地慕名前來，在印度學習佛法。

初到達蘭薩拉，我住在半山腰，西藏流亡政府祕書處旁邊的乃穹寺客棧。我的房間在三摟，陽台面對白色的朵拉達山，另一面俯瞰康加拉山谷。清晨，山谷裡的霧氣如同淡紅輕紗，夜晚，谷底燈光璀璨，宛若散珠碎玉的河。

一九六〇年，印度總理賈瓦哈拉爾・尼赫魯選擇達蘭薩拉為十四世達賴喇嘛的定居處時，或許也是因為達蘭薩拉與佛教本有一段歷史淵源吧。很早以前，朵拉達山脈下的康加拉山谷中，佛教一度頗為興盛。唐代高僧玄奘前往印度取經時，曾經路過康加拉山谷，那時候，山谷裡還有幾十座寺廟。

一千多年裡，康加拉山谷有過多少故事？有的故事或許會在歷史書上留下一點記錄，而更多的故事已經被後世遺忘，如雨去雲飛，水過無痕。佛教在這裡是怎樣衰敗乃至消失的，史書似乎不見記載。山谷裡只留下一些遺址，斷牆殘壁，無語向黃昏。

一千多年前，把佛教傳入西藏的蓮花生大士留下一個預言。

「當鐵鳥在空中飛翔，鐵馬在地上奔馳的時候，」預言如是說，「藏人將如螻蟻一般星散各地，佛法將傳向紅人的土地……」

當鐵馬在雪域佛國橫衝直撞時，聖者被迫遠走他鄉。而曾經沐浴佛光的康加拉山谷，卻有幸又一次成為佛教勝地。藏傳佛教以此處為基地，傳向全世界。

佛法從喜馬拉雅山南走向山北，又從山北回歸山南，往返之間，一千多年的歲月悠悠而過。

這是巧合，還是因緣？

乃穹寺

1

十月的最後一天，我從德里的西藏難民定居點啟程，前往達蘭薩拉。老舊的大客車在黑沉沉的山中顛簸一整夜，終於在清晨時分停下。從下達蘭薩拉乘計程車，沿著崎嶇狹窄的公路盤旋而上，到達半山腰時，路邊出現一條岔路，路口豎著一座高大的藏式牌樓，這裡就是西藏流亡社會的最高行政機構。

流亡政府是幾座老舊的樓房。跟達蘭薩拉的寺廟和學校比起來，最高權利機構的房子相當簡陋。不過，這幾座簡陋樓房附近，有三座很漂亮的建築，一座是流亡政府下屬的「西藏檔案圖書館」，另外兩座是乃穹寺和嘎東寺。

乃穹寺和嘎東寺是流亡政府的護法神廟。嘎東寺正對著流亡政府的外交與新聞部；乃穹寺緊挨著議會大樓。兩座寺廟一高一低，一左一右，護衛著藏民族的境外中樞。

議會大樓旁邊有座黃色三層小樓房，樓前有一棵巨大的法國梧桐，樹下的小塊平地上擺了幾套桌椅，那是乃穹寺對外開辦的小吃店。深秋季節，梧桐樹的大葉子綠中帶黃，山風吹來，黃葉飄旋而下，落在木桌上。咖啡館對面的雕梁畫棟就是「西藏檔案圖書館」。

小黃樓和議會大樓中間，有一道寬台階。順階而下，再拐個彎兒，眼前忽地出現一座三重頂的彩繪藏式門樓，鑲嵌彩色法輪圖案的鐵門大敞著。我走進大門，進入一座一塵不染的黃色小院，這就是乃穹寺，西藏國家神諭的駐錫地。

國家神諭在西藏歷史上有重要地位，並且在西藏政治生活中起著一種十分獨特的作用。護法神多傑扎登（一譯「金剛扎登」）是達賴喇嘛和西藏政府的保護神，從第二世達賴喇嘛開始，每一世達賴喇嘛都與國家神諭保持特殊的關係。歷代乃穹寺都直接隸屬於達賴喇嘛之下。

關於乃穹的歷史，達賴喇嘛在《流亡中的自由》裡有這樣的介紹：

乃穹原本是和印度聖人法護的一位後裔同來到西藏的，在中亞的巴塔霍爾定居。西元八世紀，赤松德贊國王在位

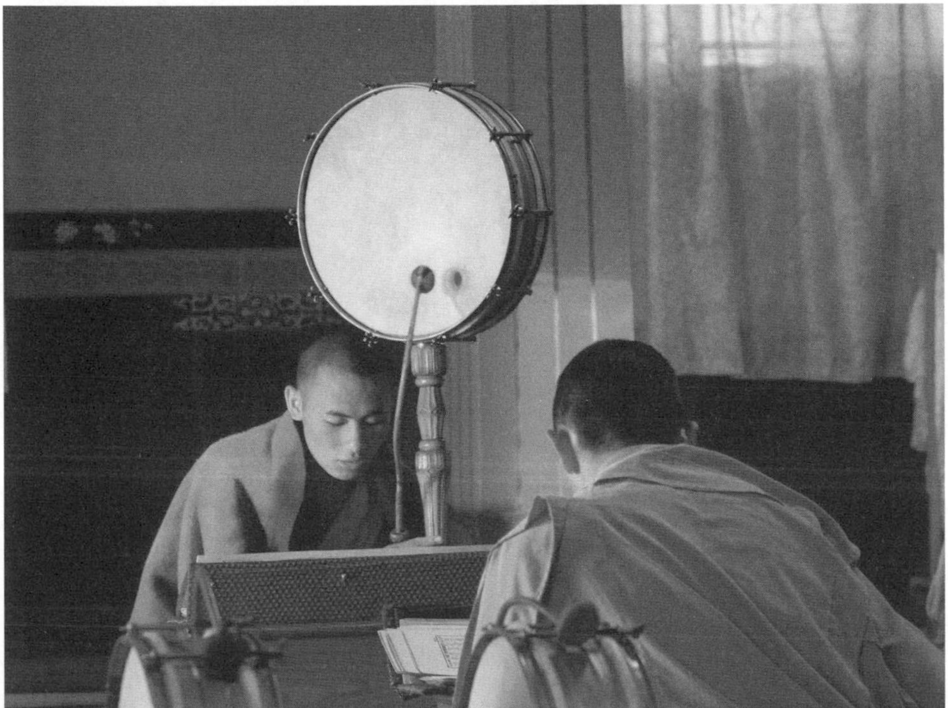

乃穹寺晨誦

時期，印度密宗上師，無上的西藏精神領袖蓮花生大師指派他當桑耶寺的護法（桑耶寺是西藏的第一座佛教寺廟，不過是由另一位印度學者，寂護大師所創建的）。後來，第二世達賴喇嘛與乃穹發展出密切的關係——從這時候開始，乃穹和哲蚌寺密切相關——此後，多傑扎登就被指派為歷代達賴喇嘛的個人護法。

從那個時代算起，乃穹神諭至今已有好幾百年的歷史了。

達蘭薩拉乃穹寺始建於一九七七年，於一九八四年落成。一九八五年三月三十一日，十四世達賴喇嘛和頂果欽哲仁波切共同主持開光儀式後，乃穹寺正式啟用。達蘭薩拉乃穹寺可以說是拉薩乃穹寺的「鏡像點」，原寺位於拉薩城西約四公里處，為第五世達賴喇嘛親自設計。十三世達賴喇嘛駐世期間，拉薩乃穹寺有一百一十五位僧人。一九五九年拉薩事件之後，這一百一十五名僧人中，只有六位僧人成功出逃，其中包括當時的乃穹神諭洛桑晉美。達蘭薩拉乃穹寺現有七十名僧眾，由乃穹神諭圖登諾珠和乃穹卻杜仁波切主持日常事務。

乃穹寺被認為是達蘭薩拉最漂亮的藏式建築。兩座相連的方形石砌房子依山而建，加上殿門前的四方形高台，從高到低四層，組成乃穹寺的主殿。按照藏式建築常見的風格，大門前修築了帶天棚的前廊，天棚三面圍著寬寬的白布幔，上面裝飾著藍色盤長紋。盤長是「吉祥八寶」之一，也叫吉祥結，象徵佛法迴環無礙，綿綿不絕。天棚頂上，一對金色臥鹿仰望高大的鍍金法輪，每座殿的四角都裝飾著金色和黑色寶幢。屋頂下方漆成深紫色，上面繪著白色圓點。黃窗櫺外的牆上漆著黑框，窗上掛著紅黃藍白四色布幔。在青翠山嶺的襯托下，這座藏式建築看上去精緻典雅。

一圈黃色平房圍繞著主殿，房前自然形成一片小廣場。這些房子有些是辦公室，有些是僧舍。平房的平頂修成一道圍著欄杆的平台，兩座式樣精巧的煨煙爐正對著主殿，煙爐後面有座金頂的黃色小房子，那是放置酥油燈的小屋。我走上平台，站在金頂小屋旁邊，靠著欄杆往下看。雲煙繚繞之處，是深深的峽谷，回頭遠望，朵拉達山脈逶迤而過，峻峭的白色山峰在藍天下巍峨聳立。

殿堂的大紅門已經開了，門口垂著鏤空織花門簾。我一動不動地站著，靜聽殿堂裡傳來的誦經聲。藏語的誦經聲有一種獨特的韻律和節奏，是一種特別的吟唱。誦經聲中不時響起樂器的音響，鼓聲深沉凝重，鈴聲悠遠空靈。乃穹寺的全稱為「乃穹寺多傑扎央林」，意為「乃穹寺金剛妙音洲」。寺院的崇拜儀式是第五世達賴喇嘛親自制定的。

太陽尚未升上朵拉達山頂，空氣清新，微風宜人。抬頭仰望，天空藍得華貴，樹梢懸掛著半輪月亮。山那邊，朝陽正在上升。日光月華的映照下，殿堂角上的經幢栩栩生輝。陽光照在乃穹寺主殿門上的織花門簾，鈴鼓唱誦，聲聲可聞。

一個穿著黑色藏袍，腰繫彩條圍裙的婦人慢慢走到殿堂前，面朝大門端正地站立，雙手合十，五體投地。

朵拉達山脈

2

一天清早，我到殿堂去聽僧人的晨誦。

太陽尚未升起，一縷紅雲棲在山頂一動不動，彷彿在空中凝結。空氣新鮮，晨風清涼，經鈴聲悠悠傳來，清亮悅耳。

我繞過小樓，走進乃穹寺，把鞋子留在門外，走進殿堂。四位年輕僧人相對趺坐，正在誦經。他們一邊念誦，一邊做著複雜的手印。

殿堂裡的地板一塵不染，亮得可以照出人影。牆上掛了一排唐卡，這些唐卡都掛得非常高，有的直接掛在天花板下，好像壓根兒就沒打算讓信徒們觀看。窗台邊有個木架，上面掛了一大堆哈達。

乃穹寺內部與其他寺院的正殿完全不同。大門兩側各有一幅巨型唐卡，左邊的是吉祥天母，右邊就是乃穹護法神金剛扎登。此刻，兩幅唐卡上面的彩色布條垂放下來，遮住了畫面。據說，只有在乃穹神諭舉行降神儀式的時候，這兩幅唐卡才會顯露出來。

正殿後部，正對著大門的位置上，有座木質平台，但卻沒有安置佛像。平台的後面有一座高達天花板的木製藏式櫃子，最高一層的中央放置鍍金釋迦牟尼像。

平台前方正中有一張用黃布遮住的法座。法座前方的供桌上，放著一排排盛滿清水的小銀碗。供碗後面有一長條刺繡帷布，繡帷上的金魚倒映在清水上，活靈活現的，好像在游動。一位年輕僧人端著一隻木盤，小心翼翼地把糌粑捏成的佛塔形供品放在供桌的銀碗後面，整齊地擺成一排。平台左右各有一個房間，門上掛著五色布簾。右側的那間房門敞開著，布簾搭在門邊。

我按照順時針方向，從殿堂的左側走向殿堂後部，踏著幾級木階走上平台，繞過法座，走到右側房門口停下，朝屋裡張望。小房間裡光線暗淡，對著門有扇窗子，射進一道陽光。一位年輕僧人正好站在那道陽光裡。他面前有張木桌，桌上放著一隻大銅盤，盤子中央擱著一隻銅燈盞。喇嘛雙手舉著一把漂亮的大銅壺，往銅燈盞裡倒油。他把銅壺舉至頭頂，口裡念著經，然後手臂放低，銅壺細長彎曲的嘴湊近燈盞，傾出幾滴油。他大概眼角瞥到我，轉頭看我一眼，抿嘴一笑，迅即回頭，繼續倒油。

我從右側走下平台，在右邊殿堂窗下的黃色卡墊上盤腿坐下。此刻我所在的地方，是一個非常神祕的地點。乃穹神諭已經傳承十四代，而神諭的祕密，至今仍然是不解之謎。

「神諭」這個詞的藏文叫作「庫登」（Kuten），英文通常用Oracle這個現成的詞來表示。Oracle這個詞來自於拉丁文，有兩層含義。一層含義是指「神對人所提出有關未來的回答」，另一層含義是指「舉行此項儀式的地點」。這個名稱容易被誤解為「神諭本人代替神回答詢問」，其實神諭本人並無預知未來的能力，他具備作為「神人仲介」（Medium）的能力，能夠讓神靈附體，也就是讓神靈進入他的意識，通過他來回答問題。「靈媒」的性質和「神諭」相同，只不過一個是神與人之間的仲介，另一個是逝者與生者之間的仲介。

在西藏宗教文化的框架裡，乃穹神諭是護法神多傑扎登的專有神諭，他的作用是為護法神提供一個「身體基礎」，讓護法神通過他的身體降臨，回答達賴喇嘛本人或者噶廈政府代表提出的問題。在尋找達賴喇嘛的轉世靈童這件關係到西藏政教兩界的大事上，乃穹神諭也有重要的作用。

西藏現代史上，乃穹神諭最著名的一次降神，應該是一九五九年三月十七日。當時的拉薩陷入巨大的危機之中，達賴喇嘛所在的夏宮羅布林卡被大批民眾包圍了數日，中國軍隊嚴陣以待，炮彈上膛，戰爭一觸即發，形勢萬分危急。十七日之前，達賴喇嘛已經通過第十三任乃穹神諭洛桑晉美向護法神請示了兩次，兩次都得到同樣的指示：留下來，繼續與中共對話。

十七日，形勢愈來愈緊張。當天下午，兩發炮彈落在羅布林卡宮北門外，發出震天動地的巨響。達賴喇嘛再次請洛桑晉美降神。護法神附體後，神諭突然高喊：「快走！快走！今晚就走！」他隨即抓起紙筆，清楚地畫出一張草圖，明確指示達賴喇嘛一行的出逃路線。

達賴喇嘛意識到形勢已經無法逆轉，注定要發生的，誰也無法阻止它的發生。當夜，達賴喇嘛一行易裝潛出羅布林卡，開始了長達近半個世紀的流亡生涯。

憑藉敏銳的商業敏感，好萊塢一把抓住這個神祕的歷史片斷，將之再現於由馬丁・斯科西斯執導的電影《達賴的一生》（Kundun）裡。影片中的洛桑晉美一身裝束像一名古代武士，又像一名祕境巫師。他穿著色彩斑斕的錦緞法衣，足蹬藏靴，胸前綴一面亮閃閃的圓形護心鏡，背後斜插四支三角旗，頭戴裝飾羽毛和鈴鐺的高冠。在眾人緊張的注視下，乃窮神諭漸漸進入迷狂狀態，他甩開助手，踉蹌幾步，隨即拔劍，用尊貴緩慢的步伐起舞。陡然間，他發出一聲高喊。那聲高喊改變了西藏的歷史，也改變了達賴喇嘛和他自己的命運。這組鏡頭多少有點兒藝術化，但它為充滿神祕感的西藏文化增添了一個令人印象深刻的注腳。

大多數觀眾可能並不知道，在真實的降神儀式中，乃窮神諭這套服裝從裡到外足足有八層，頭上的高冠重達三十磅，他全身裝束重達七十磅。在正常狀態下，身穿降神法衣的乃窮神諭根本無法舉步，只能在助手的攙扶下蹣跚而行。進入「附體狀態」時，神諭身體膨脹，面容扭曲，眼睛凸出，呼吸急促，身體的能量陡然增加。進入這種狀態時的神諭行動自如，全身重量彷彿全然消失。此時，神諭的個人意識也全然消失，由護法神取代。那時候，他不再是洛桑晉美，他成為護法神的「身體基礎」——這恰恰是藏語「庫登」的字面意思。

一九八四年四月二十六日，第十三世乃窮神諭洛桑晉美在達蘭薩拉圓寂。此後三年，乃窮神諭空缺。神諭不同於仁波切轉世，完全取決於神靈的選擇，只有護法神才能決定要借誰的身體降臨。人們唯一能做的，只有祈禱和等待。

三年裡，達賴喇嘛和乃穹寺僧眾多次舉行法會，祈禱神諭早日出現。

3

現今西藏自治區南部的亞東縣，有一個名叫帕裡的小鎮。小鎮位於喜馬拉雅山脈中段，與不丹接壤，境內有數十條喜馬拉雅天然山道通往不丹。小鎮平均海拔四千三百多公尺，有「世界第一高鎮」之稱。

一九五八年七月十三日，西藏與不丹邊境的帕裡鎮，一戶普通農家裡，一個男嬰呱呱落地。這個男嬰是家中的獨子，父母為他取名為圖登諾珠。圖登諾珠的父母都是農民，不過，他的父系中有位先祖是聲名卓著的隱修士。

圖登諾珠的童年是在西藏境內度過的。那段時間的西藏是大動盪的年代，戰爭和一連串運動接踵而至，藏傳佛教遭到滅頂之災。一九六六年，圖登諾珠八歲。

中國開始文化大革命。文革的「星星之火」在北京點燃後，疾速燎原，野火一般從內地燒到西藏，高原小鎮帕裡也未能倖免。這場運動是一九四九年之後中國規模最大、時間最長的一場全民政治運動。文革之火所到之處，代表「舊文化」的宗教文化首當其衝，無數寺廟、佛像、聖物、碑銘等等被摧毀，大量經書、帛畫、聖像等灰飛煙滅。

就在那一年，圖登的父母帶著年僅八歲的兒子離開家鄉，出走不丹。在不丹住了一年多，圖登的父親決定帶著妻兒去達蘭薩拉。如果運氣好，他希望在達蘭薩拉能夠接受達賴喇嘛的祝福，然後，他有意追隨先祖，拋下世間的一切去當隱士，入山修練密續。就這樣，圖登諾珠跟著父母來到達蘭薩拉，被流亡政府安排在一個新建的難民營裡，以築路維生。那年圖登諾珠不滿十一歲。他是獨子，父母不願送他去寄宿學校，他跟在父母身邊，在築路工地上做工。

圖登諾珠從小就有出家為僧的願望。在漢人的文化意識裡，出家為僧常常被認為是一種逃避，是遭受某種重大打擊之後萬念俱灰，悲觀厭世的結果，這或許與僧人的社會地位較低有關。在漢地，僧人雖不至於淪為「下九流」，但在「中九流」裡也不過排在倒數二、三。藏人社會卻正好相反。藏人認為出家為僧是累世積攢的福報，僧人備受尊崇，因此出家為僧常常是個人的主動選擇。

漢文化重視家族的延續，「繼承香火」幾乎可以說是漢人的集體焦慮。在漢人家庭裡，身為獨子的男孩，人生最重要的責任是生個兒子，以保證家族的延續。但在虔信佛教的藏人看來，世間的一切本來無常，人生不過因緣而聚，對家族繁衍的焦慮感遠不如漢人那樣強烈。一個藏人家庭裡，所有的兒子都出家為僧，亦非罕見之事，父母還常常會以此為自豪。在這樣的文化氛圍裡，圖登諾珠自幼就有出家的願望並不奇怪。他的願望得到父母的支持，十一歲那年，圖登諾珠在達蘭薩拉的嘎東寺剃度出家。

那時候，現在的乃穹寺尚未建造，臨時寺院在距離現址約一公里的山下。圖登每天來往於嘎東寺和乃穹寺之間，早上下山去乃穹寺學習，晚上回到嘎東寺。如此往來一年多。圖登的內心深處感到乃穹寺對他有某種神祕的吸引力。一九七一年，乃穹寺擴大，增加了少年僧侶的人數，並開始接受童僧，圖登諾珠於是加入了乃穹寺。

為了與護法神保持密切聯繫，乃穹寺的僧人每天都要念經，舉行儀式。從那時開始，圖登諾珠在乃穹寺系統學習佛教哲學、經典、基本儀規、壇城製作、金剛舞等。少年圖登漸漸了解了乃穹寺的歷史，以及護法神的來歷。

4

西元七世紀初到九世紀，藏傳佛教史上稱為「前弘期」。這個時期是佛教傳入西藏，逐漸奠定基礎，並且於西藏的本土信仰彼此適應、艱難融合的過程。西元七世紀之前，佛教雖然已經開始進入藏地，但正史對其經過語焉不詳。因此，藏傳佛教的起源，通常被認為是從藏王松贊干布時代正式開始。松贊干布迎娶尼泊爾的赤尊公主和大唐的文成公主，兩位公主各帶了一尊釋迦牟尼像入藏，並建造大昭寺、小昭寺供奉。但是，佛教那時候尚未「組織化」，大、小昭寺有佛像，無僧團，還不算「三寶具足」的寺院。佛教的組織化要到赤松德贊時代才形成。

根據《紅史》的記載，藏王赤松德贊派人從印度迎請多位大師前來藏地弘法，請諸譯師翻譯佛教經典，並建造西藏的第一座寺廟桑耶寺。《紅史》詳細描述了桑耶寺：「國王並仿照歐丹大普日寺依須彌山的形狀修建大屋頂寺，其下層為吐蕃式樣，中層為漢地式樣，上層為印度式樣。並依須彌山四周金山、遊戲海圍繞之意，修建內外三道巡禮過道，四大洲、八小洲、日月等潭。並修建四座神殿，四座佛塔、圍牆等代表須彌山的四座山峰。修建此桑耶不變自然成就寺，從陽火兔年奠基，至陰土兔年歷時十三年建成。」

桑耶寺也是藏傳佛教僧團制度的起源。史稱「七覺士」的第一批西藏僧人在此寺出家，成為西藏最早的僧團。藏王還從印度邀請了一位佛法大師擔任桑耶寺堪布，並在寺內翻譯佛經。因此，桑耶寺是藏地第一座佛、法、僧三寶具足的寺院。

入藏弘法的諸位印度大師中，最富盛名、也最具傳奇色彩的當數蓮花生大師。他可以說是藏傳佛教「組織化」和「本土化」的第一人。圍繞蓮花生大師，有許多神話故事和民間傳說。第五世達賴喇嘛所著的《西

蓮花生大師像

藏王臣記》裡，對蓮花生大師的神跡有詳盡的記錄。大師與藏王使者相見時，「顯示令日月下降，河水倒流，種種神通變化不一而足，諸藏使臣皆生起堅信不退之心。」大師入藏的路上，一路「有力鬼神多有前來試道」，面對前來挑戰的鬼神，大師「以身、語、意三密無邊法力，收其命根，使其發誓聽命。」建立桑耶寺之前，「蓮花生大師降伏所有八部鬼神，令其立誓聽命，建立鬼神所喜之共祀，歌唱鎮伏鬼神之道歌，在虛空中作金剛部舞，並加持大地地基等。」

「八部鬼神」即苯教信奉的瘟神、山神、地神、本土神、游神、龍神、獨腳鬼和作崇鬼。傳說蓮花生大師運用超凡的能力，調伏了十二丹瑪女神、雪山長壽女神，降伏念青唐古喇山神等許多神靈，在「令其立誓聽命」後，根據他們的法力，將這些神靈指派為佛教的護法神。最後，只剩下五個法力高強，桀驁不遜的神靈拒絕聽命。蓮花生大師與這五個神靈進行了一連串惡戰，最終降伏了他們。五個神靈中的一個化身為八歲小童，代表另外四個來見蓮花生大師，表示投降，並且願意效忠。蓮花生大師拿起一支象徵霹靂的金剛杵，在小童的頭頂打下一個印記，在他的舌尖上塗了一點花蜜，然後封他為佩阿嘉頗（Pehar Gyalpo），令他們成為佛教護法神。由於佩阿嘉頗過於威猛，不能直接與世間接觸，必須通過一些聖器作為「物質基礎」，才能與他們溝通。蓮花生大師將這些聖器安置在桑耶寺。即便如此，佩阿嘉頗也不能與人類相通，降神時，前來的只是他的主要助手多傑扎登。

護法神的來歷相當生動地表現了佛教在藏地「本土化」的過程。由於藏地本土信仰中神靈體系的龐大，藏傳佛教中的護法神也自成體系，擁有獨特的儀式、咒語、聖像、故事等等，這個體系在漢傳佛教中是不存在的。

佩阿嘉頗成為西藏政府的守護神，始自第五世達賴喇嘛。他親自督建拉薩城外的乃穹寺，並且把佩阿嘉頗的聖物從桑耶寺遷至乃穹寺。十三世達賴喇嘛在位期間，乃穹寺僧人從五世喇嘛指定的一百零一增加到一百一十五人。

一九五九年三月二十日，第十三任乃穹神諭洛桑晉美逃離拉薩。他的逃亡路線正好跟達賴喇嘛的逃亡路線相同。兩個月後，洛桑晉美來到印度。一九六二年，乃穹寺堪布乃穹仁波切也逃離西藏，來到達蘭薩拉，並帶來了護法神的聖物。洛桑晉美在達蘭薩拉繼續降神，直至一九八三年圓寂。

圖登諾珠完成基本修習後，選擇專攻儀規。十年後，一九八一年，圖登諾珠成為儀師，即做宗教儀式時的主持人。

兩年後，第十三任乃穹神諭圓寂。沒有任何跡象表明下一任神諭將在何時何地出現。為了加速下一任神諭的到來，達賴喇嘛親自寫了一段祈禱詞，交給乃穹寺。由於乃穹神諭與哲蚌寺的特殊關係，達賴喇嘛的祈禱詞也交給了位於印度南方的哲蚌寺，兩寺僧人每日祈禱，祈求乃穹神諭早日轉世。

一九八七年三月三十一日，一群來自印度哲蚌寺的僧人前來達蘭薩拉乃穹寺做法事，圖登諾珠手捧香爐站在乃穹寺大殿裡。當僧人們開始念誦經文時，突然間，圖登諾珠發出一聲叫喊。在眾人驚愕的目光中，圖登諾珠渾身痙攣，出現護法神附體之相，隨即倒地昏迷。醒來後，他對經歷過的事情一無所知。

這個事件立刻被報告給達賴喇嘛。兩天後，圖登諾珠被達賴喇嘛召見。根據傳統，乃穹神諭必須經過一系列測試，還要經過一些特殊的修行。圖登諾珠通過了測試，隨後完成了必要的修行。

一九八七年九月四日，乃穹寺大殿舉行了一場正式慶典。流亡政府和各寺院都派代表參加了。圖登諾珠接受了眾人敬獻的哈達，然後前往達賴喇嘛的住所，接受他的祝福。從那天起，來自「世界第一高鎮」的農家子圖登諾珠，成為第十四世西藏國家神諭。

作為乃穹神諭，圖登諾珠身負重大責任。他的生活方式也隨之改變。他必須遵守飲食戒律，不能吃魚類、豬肉和蔥蒜一類刺激性蔬菜。他也不能隨意外出，不管去哪裡，他必須向流亡政府報備，還必須保持聯繫，以便隨時被召回達蘭薩拉。不過，圖登諾珠比起他的前世有更多的自由。為了適應新的環境和形勢，達賴喇嘛對藏傳佛教做出了一定程度的改革。乃穹寺可以在西方建立「分寺」，乃穹神諭也可以外出弘法。現在，乃穹寺在夏威夷有一處道場，乃穹神諭和乃穹仁波切也訪問過台灣、美國等地。

達賴喇嘛與他的「特別護法神」究竟是一種什麼樣的關係呢？達賴喇嘛做出重大決策之時，在多大程度上仰賴乃穹神諭的指示？達賴喇嘛在他的自傳《流亡中的自由》中說：

> 幾百年來，直到現在，新年慶典期間向乃穹請教國家政事，已經成為達賴喇嘛和政府的傳統。除了新年之外，如果有特別的疑難之事，也可以召請神諭。我每年都要諮詢他好幾次。二十世紀的西方讀者或許會認為這種事太離譜了。連很多西藏人，尤其是那些自認為「進步」的西藏人，對我繼續使用這種古老方式來收集情報也頗有疑慮。但是，我之所以這樣做，原因很簡單：當我回顧以往多次請教神諭的經驗，事實證明每次他的回答都是正確的。
>
> 這並不是說，我只依賴神諭的忠告。並非如此。我尋問神諭的意見，一如我尋問內閣的意見，亦如我傾聽自己的良心。我把神明當作我的「上院」，噶廈則是我的「下院」，正如其他領袖一樣，在做有關國事的

決定之前，我會諮詢兩院的意見。有時候，除了乃穹的建議之外，我還會考慮某些預言。

當代學者們從各個角度對「神諭現象」做了許多研究，但至今尚無定論。

5

鈴鼓聲和誦經聲突然停止，大殿裡一下子安靜下來。乃穹寺的晨誦結束了。

我仍然坐在窗下的卡墊上，看著喇嘛們放下長柄鼓，把金剛鈴放在面前的小桌上，小心地整理好經書，用黃布把書頁包好。

我轉頭注視牆上被布條遮住的護法神像。來自印度的蓮花生大師降伏了藏地神靈，使之成為佛教護法，一千多年後，護法神卻跟隨他所保護的達賴喇嘛來到印度。時空間的因緣流轉，此時此刻明晰如斯！

神像下方的卡墊上，靠牆斜放著一頂儀式上戴的黃帽，卡墊前的小桌上放著幾部經書，有兩部翻開著，一部壓在另一部上面，好像在靜靜等待閱讀者回來繼續研讀。陽光從窗櫺的方格中洩下，照在翻開的書頁上。

喇嘛們收拾停當，一言不發地站起身，走到門口，掀起薄紗門簾，魚貫而出。大殿裡只剩我靠牆獨坐。有人在寺院背後的小屋裡轉動經輪，清脆的經鈴聲聲傳來，更顯出殿堂的空寂。

陽光從門口的薄紗簾子裡透進來，在光滑的地板上印出一片虛幻的花影。

重生的觀音

1

博大精深的藏傳佛教，猶如一條大河，從雪域高原發源，流向印度，又從印度流向歐美各國。回眸遠望，透過歷史和神話的迷霧，大河的源頭，兩位異域女子盈盈而立。她們像兩枝來自異鄉的奇花，被命運從故國的深宮移植到雪域高原，卻在高原綻放，花香綿綿，流芳後世。

這兩位異族女子是吐蕃國王松贊干布的兩位王妃，赤尊公主和文成公主。在西藏歷史上，吐蕃王松贊干布和他的這兩位異族王妃是極其重要的人物。他們的事蹟藏漢史書上都有記載，不過，那些記載不是太過於簡略，就是混合了大量神話與民間傳說，一些基本年代也略有出入。儘管如此，前人留下的史料，仍然能夠為我們拼出西藏歷史畫冊上一幅壯美的圖畫。

西元六三一年，吐蕃第三十三代贊普松贊干布遣使前往尼泊爾，求娶尼泊爾國王盎輸伐摩之女赤尊公主。佛祖釋迦牟尼誕生地在後來的尼泊爾王國境內，尼泊爾人很早就接受了佛教信仰，因此，盎輸伐摩國王和他的女兒都是虔誠的佛教徒。赤尊公主入藏時，隨身攜帶父王所賜的一尊八歲等身不動金剛佛像，以及佛經、法輪和其他法物。

西元六四一年，即唐貞觀十五年，松贊干布迎娶大唐宗室之女文成公主。松贊干布求娶文成公主的經過，《新唐書》第二一六卷〈吐蕃傳〉中有一段記載。從那段短短的記載來看，松贊干布娶文成公主為妃的過程堪稱一波三折。〈吐蕃傳〉中的「棄宗弄贊」即松贊干布，他從「太宗貞觀八年，始遣使者來朝，帝遣行人馮德遐下書臨撫。弄贊聞突厥，吐谷渾並得尚公主，乃遣使齎幣求昏，帝不許」開始，直到「十五年，妻以宗女文成公主，詔江夏王道宗持節護送，築館河源王之國」，歷時數年才如願以償。

在此期間，松贊干布為了求婚還大動干戈，跟大唐帝國打了一仗。由於唐太宗不肯許婚，松贊干布聽信使者之言，說是吐谷渾挑撥離間，導致太宗不肯許婚。松贊干布遷怒於吐谷渾，發兵攻打。吐谷渾無力抵抗，「走青海之陰」，任吐蕃軍隊「掠其人畜」。打敗吐谷渾之後，松贊干布還不肯甘休，繼續進兵攻破黨項、白蘭等諸羌，然後「勒兵二十萬入寇松州，名使者貢金甲，且言迎公主，謂左右曰：『公主不至，我且深入。』」擺明了非娶大唐公主不可，若太宗不肯許婚，戰火就要擴大。

都督韓威偷襲未成，被吐蕃軍打敗。太宗「乃詔吏部尚書候君集為行軍大總管，出當彌道，右領軍大將軍執失思力出白蘭道，右武衛大將軍牛進達出闊水道，右領軍將軍劉蘭出洮河道，並為行軍總管，率步騎五萬進討。」牛進達在松州夜襲吐蕃兵營，「斬首千級」，打了一場勝仗。這時，松贊干布部下大臣厭戰，八人自殺，以死相諫，松贊干布只得退兵。退兵後，松贊干布派使者謝罪，並再次請婚。這回唐太宗答應了，松贊干布派大相祿東贊獻金五千兩，以及各類珍寶作為聘禮。

文成公主也是虔誠的佛教徒，入藏時，她攜帶一尊釋迦牟尼十二歲等身像，三百多卷佛經，以及大量卜算、工藝和醫學方面的書籍。兩位身為佛教徒的異國公主入藏，她們帶來的佛像和經書，促進了佛教在吐蕃的傳播。因此，學者們認為，松贊干布時期是藏傳佛教的開端。

著於十四世紀的藏文史書《紅史》中，對兩位公主入藏有簡短記載：

松贊干布迎娶尼泊爾國王俄賽郭恰之女，忿怒度母化身之赤尊公主，在陪嫁物中有同釋迦牟尼八歲身量相等的世尊不動金剛佛像，以及彌勒法輪，自現旃檀度母像，並建造了拉薩幻顯神殿（即大昭寺）。又迎娶唐朝皇帝唐太宗的女兒文成公主，陪嫁物中又與釋迦牟尼十二歲身量相等的覺臥釋迦像，並修建嘉達日沃且神殿（即小昭寺），並建造自成五位一體觀音菩薩像等。

《紅史》作者蔡巴貢噶多吉關心的，顯然是兩位公主帶來藏地的佛像和法物，以及她們修建的佛殿，對於文成公主進藏的始末，以及兩位異族公主之間的關係，作者未著筆墨。有關她們的故事，以及大昭寺和小昭寺的故事，在更早的西藏史書《西藏的觀世音》中有許多饒有趣味的敘述。

《西藏的觀世音》，亦稱《松贊干布遺訓》、《大悲觀世音菩薩別記——遺訓淨金》等，史傳為來自古印度的阿底峽尊者（西元九八二—一〇五四）在拉薩大昭寺釋迦牟尼佛殿寶瓶柱的頂端發現的「伏藏」，因此又稱為《柱間史》。這部史書相傳為松贊干布親自寫下的遺訓，其中的許多故事為後世史家引用。

這部藏文古書記錄了藏民族的早期歷史，以及吐蕃國王松贊干布與他的兩位異族王妃的事蹟。書中詳細記載了迎娶赤尊公主和文成公主的經過。兩位公主修建大昭寺、小昭寺的過程也有詳細的敘述，敘述中還夾著類似說唱的詩文。這兩個故事前半部分相似，但在「迎請文成公主」這章中，對贏得公主的過程有一大段描述，是在「迎娶赤尊公主」一章中沒有的。值得注意的是，《柱間史》中，松贊干布向唐太宗請婚的過程，從〈吐蕃傳〉中記載的「武力逼婚」變成了吐蕃大臣噶爾東贊（祿東贊）以智慧戰勝天竺、大食、霍爾、沖木等國的幾百名求婚使臣，贏得大唐公主的故事。五世達賴喇嘛所著的《西藏王臣記》中，也記錄了類似的故事，很有可能是沿用了《柱間史》中的記載。

從史學角度來看，《柱間史》中雖然有一些史實，但書中所述的歷史事件更接近於一個民族的「神話歷史」。「神話歷史」的價值不在於史料的真實程度，而在於神話故事背後所隱含的思想和價值觀。松贊干布的請婚從武力強求變成以智力取勝，是一個富有深意的價值轉換。它意味著，在接受佛教的慈悲觀念之後，藏民族從崇尚武力轉變為崇尚智慧。這個轉化過程中，兩位異族王妃居功甚偉。在藏人的心目中，她們是度母的化身，她們主持修建的兩座最早的佛殿，即拉薩的大昭寺和小昭寺，至今香火不絕。

大昭寺還供奉了一尊十一面千手觀音像。這尊塑像傳說是松贊干布親自命人按照自己的相貌建造的。有關這尊十一面觀音像的來歷，《柱間史》中有詳細的敘述。這尊觀音像的「心臟」，是一尊「蛇心旃檀天成十一面大悲觀世音像」，傳說這尊蛇心旃檀觀音像是松贊干布的本尊。松贊干布去世時，化作一道光，幻入這尊以他的相貌塑造的觀音像中。《柱間史》中說，松贊干布、赤尊公主和文成公主同時幻入這尊十一面觀音像中。當然，這並非信史。松贊干布去世之後，文成公主在藏地還生活了幾十年。但是，種種傳說賦予這尊十一面千手觀音像特殊的意義。松贊干布之前的國王並沒有留下圖像，也沒有留下具體的、可以讓後世的族人緬懷和崇拜的塑像。因此，這尊觀音像就成為藏民族歷史和宗教具體的源頭。藏民族的早期歷史仿佛縹緲的雲煙，而松贊干布從雲煙中顯現，凝固在這尊十一面觀音像上。

象徵慈悲精神的觀世音菩薩被尊為西藏的保護神，也是藏民族精神的象徵。圍繞著這尊觀音像的種種傳說，使這尊塑像成為西藏歷史和西藏精神的象徵。因此，這尊十一面觀音像成為西藏最神聖的佛教聖像之一，千百年來，受到無數虔誠教徒的頂禮膜拜。

2

十一月初的一個下午，我帶著相機去達蘭薩拉大昭寺，打算去拍達蘭薩拉辯經院的學僧們辯經。每天下午兩點到三點半，是辯經院學僧上辯經課的時間。青年喇嘛們按照不同的班級，在大昭寺前的一塊草坪上辯經。辯經的場面已經成了達蘭薩拉一景，每天下午喇嘛們辯經的時間裡，有很多遊人帶著照相機和錄影機來拍照。

我到達大昭寺的時候，辯經已經開始了。大昭寺前的廣場上人聲鼎沸，裹著絳紅袈裟的年輕僧人大多集中在欄杆後面的草坪上，也有幾個坐在殿堂的門口，或者靠著大柱子，正在激烈辯論。辯論的對手通常是一個坐著，一個站著，站的問，坐的答，為了加強語氣，發問的揚手頓足，做出獨特的擊掌姿勢；回答的就要看各自的學識了，有些若有所思，有些從容不迫，也有的一臉窘態，像是招架不住對手的追問。

辯經的學僧裡面還有幾個穿著灰布僧袍的韓國僧人，也在用藏語辯經。來自世界各地的遊客拿著形形色色的照相機，站在欄杆外，對著僧人們猛按快門。僧侶們顯然早已習慣了這樣的場面，他們神情專注，一點也不注意周圍的動靜。

達蘭薩拉大昭寺，當地的印度人稱之為「主神殿」，建於上世紀六〇年代末，是達賴喇嘛講經的經堂。這是一座兩層的黃色建築，式樣更接近於西式，看上去十分典雅。嚴格說來，「主神殿」是一個小型建築群。經堂的正對面是達賴喇嘛居所的大門，它的左側有經輪、佛塔，以及一間小咖啡館，右側就是辯經院，及其所屬的南捷寺、佛塔、僧舍等建築。經堂與辯經院之間有台階和天台相連，形成一個整體。經堂的背面還有一排金色轉經筒。

建築群在一道狹窄山梁的頂端，靠著廣場邊的欄杆遠眺，山高谷深，對面的山坡上冒出一座新建的賓館，碧綠的樹林裡隱約可見五彩經幡。修建大昭寺時，建造者們顯然考慮到了環境因素，儘量保留了一些原有的樹木，因此，經堂前後左右有許多參天大樹，整個建築群與四周的環境十分協調。與拉薩的原寺相比，達蘭薩拉大昭寺是另一種風格。她仿佛老樹上的一根枝條，移植到異國，在他鄉長成的一棵新樹，既保持了老樹的基因，又長出了不同的樹形。

拉薩大昭寺有一尊十一面千手觀音像。這尊塑像是藏民族最神聖的佛教造像之一。關於拉薩大昭寺和十一面觀音像的來歷，藏民族流傳著一個動人的故事。

傳說赤尊公主入藏後，先幫助松贊干布國王擴建紅山宮。紅山宮裡，王妃和國王各有宮殿，其間有金銀橋相通。一天，「尼泊爾公主行至自己的宮殿，迎請國王於銀橋，向國王請示建立佛殿之事，國王道：『你可任意選土擇地建佛殿。』」於是赤尊公主派人在東之乃卡地方建立佛殿。白天修築好了，夜晚就被摧毀，佛殿始終無法建成。赤尊公主還在雅隆、烏如吉雪和後藏等地挑選山靈水秀的地點，為一百零八座佛殿奠基，但同樣無法建成。

赤尊公主聽說文成公主善卜算，派侍女拿了一升金沙送給文成公主，請她推算應在何處建立佛殿。「漢妃遂展開八十種博唐圖表推算，得知雪域藏地乃羅剎女仰臥相。臥塘之湖乃羅剎女之心血，三座山為其心骨。此地位於羅剎女之心上，故應山羊負土填平此湖，在上面修建佛殿……」赤尊公主心裡頗有疑惑，但還是照文成公主的話而行，以山羊負土填湖。填了一半又放棄了，另外在拉東的乃塘修建佛殿。結果還是白天建造，夜晚被毀。赤尊公主入稟國王，國王與赤尊公主騎馬來到湖邊，叫她取下戒指，抛到空中，戒指落地之處，就是修建佛殿的地點。赤尊公主默禱本尊後，將戒指抛向空中。戒指「忽裹一光團，降落湖中。」光團中幻化出各種光形成的九層寶塔，連成一片光網，其中出現神殿的圖紋。赤尊公主於是決定填土平湖，建造佛殿。

為了支持赤尊公主，松贊干布命尼泊爾工匠以他的面貌造十一面觀音像，如此「可讀除障礙，不再生違緣」。松贊干布親自為這尊觀音像準備材料，包括各種珍奇的聖物。夜晚，松贊干布睡覺時夢到諸佛和菩薩降臨，第二天一看，那些材料已經自動變成了一尊十一面大自在觀音像，蛇心旃檀觀音像亦被安放進造像裡面。此後佛殿終於建成。這座佛殿就是大昭寺。赤尊公主將她帶來的佛祖八歲等身像供奉在這座佛殿內。松贊干布命尼泊爾工匠建造的十一面觀音像也移到大昭寺供奉。為表示對家鄉的思念，大昭寺的大門朝向西方，尼泊爾的方向。

此後，大昭寺數次遭到破壞，又經過幾度修復和擴建。西元一四〇九年，格魯派創始人宗喀巴大師為大昭寺釋迦牟尼佛像供奉純金五佛冠，並首次舉行了傳召法會。藏曆正月十五日夜晚舉行酥油燈節，在大昭寺以及八廓街擺上供品和香火。這就是藏傳佛教中的傳召法會和酥油燈節的來歷。西元一六四二年，五世達賴喇嘛時期，大昭寺經過大規模擴建和裝修，具備了現在的規模和風貌。

大昭寺曾經是噶廈政府機構的所在地之一。從五世達賴喇嘛開始，掌管財政、稅務、糧食、司法、外交等政府部門就設在大昭寺的二樓。可以說，大昭寺不僅僅是一座佛殿，它凝聚了藏民族的歷史、文化和集體記憶，已經成為藏民族文化和精神的象徵。從西藏各地一路磕著長頭走向拉薩的藏人，他們的最終目的地就在大昭寺中，藏人稱之為「覺仁波切」的十二歲釋迦牟尼等身像，以及這尊十一面千手觀音像前。

為了供奉佛祖十二歲等身像，文成公主修建了小昭寺。小昭寺的大門朝東，面對文成公主的故鄉。金城公主入藏後，將兩寺供奉的佛像調換，此後，佛祖十二歲等身像一直供奉在大昭寺。

兩位異國公主帶來的佛像、松贊干布國王的十一面觀音像、以及作為觀音像之「心臟」的蛇心旃檀天成觀音像，這四座西藏最古老的造像，在雪域高原一同度過了一千三百多年的漫長歲月。

達蘭薩拉大昭寺中，也供奉著一座十一面千手觀音菩薩像。這座觀音像於西元一九七〇年開光。這座十一面千手觀音像與拉薩大昭寺的古代觀音像之間，有一段神祕的因緣。那段因緣的背後，有一個鮮為人知的故事。

3

一九六七年初，正是中國內地文革運動最混亂狂暴的時候，紅衛兵和造反派在毛澤東的謀劃和支持下，在地方各行政管理層面實行「奪權」。全國各地政府，包括公檢法系統的正常行政功能一時失效，整個國家基本上處於無政府狀態。在此期間，以「革命」的名義，全國到處發生不同規模的打砸搶事件。

一九六七年二月七日，《紐約時報》刊登了一條發自印度首都新德里的報導。這篇題為〈藏人指控中國人褻瀆寺廟〉的報導說，二月六日，達賴喇嘛的執行代表圖登甯捷在記者招待會上展示了兩尊佛像的頭部，其中一個高約十六英寸，另一個高約十二英寸。圖登甯捷告訴與會記者，這兩個觀音像頭像來自拉薩大昭寺，是大昭寺供奉的十一面千手觀音像上的兩個。一九六六年八月二十五日，紅衛兵洗劫了拉薩的「主佛殿」（大昭寺），剝下塑像上貼的金片，然後將這座建於西元七世紀的塑像砸毀，碎片被扔到大街上和水溝裡。同時遭到毀滅的，還有一千多座大小佛像。

一九六六年爆發的「無產階級文化大革命」是從「破四舊，立四新」運動開始的。「四新」的具體內容究竟是什麼，恐怕現在也沒人能夠說清楚，而「四舊」的具體內容卻是一開始就很明確的：一切代表「封、資、修」的東西，都屬於「四舊」，在被「破」之列。首當其衝的，是代表「封建思想」的宗教文化。在舉國上下一片砸寺廟、毀佛像、燒舊書之類摧毀「舊文化」的過程中，沒有人知道，隱藏在雙重鐵幕背後的西藏究竟發生了什麼。

文革一開始，有一千三百多年歷史的大昭寺就被洗劫一空，大量經書和唐卡付之一炬。文成公主入藏時帶來的釋迦牟尼十二歲等身像被紅衛兵砍了一刀，佛像身上的珠寶裝飾全部被剝去，但佛像倖免於難。其他所有的佛像，包括相傳松贊干布、赤尊公主和文成公主入滅時幻化而入的十一面千手觀音像，全被砸毀。大昭寺內一千多年來積累的金銀珠寶全部散失，至今下落不明。

大昭寺的劫難尚未完結。一九六八年六月七日，拉薩發生「六．七大昭寺事件」。那天，解放軍拉薩警備區部隊攻進被「造總」（「拉薩革命造反總部」）占領的大昭寺，開槍打死十二人，打傷多人。佛教聖地成為名符其實的屠殺場。

文成公主修建的小昭寺也未能逃過一劫。搗毀小昭寺佛像的任務被「分配」給拉薩第二居民委員會。居民委員會組織居民去砸寺廟，大家十分不情願，但在取消戶口和糧卡的威脅下，不得不去砸小昭寺。小昭寺供奉的佛像是尼泊爾赤尊公主帶來的釋迦牟尼八歲等身像，這尊佛像是金屬打造的，無法砸毀，於是被鋸成兩半，扔到一個倉庫裡。

劫後的大昭寺被不同機構占據。先是成為「紅衛兵破四舊成果展覽辦公室」，堆放西藏各地送來的「四舊」，然後又被兩個造反派組織前後占據過一段時間。造反派撤出後，大昭寺隨即被軍隊占據，樓下的佛殿被用作豬圈。軍隊撤離之後，大昭寺被改為政府招待所。

大昭寺的毀滅是西藏文化遭受摧殘的一個縮影。經過「平叛」和「文革」兩度劫難之後，昔日雪域佛國的幾千座寺廟中，保持完整的只剩下八座，僧人剩下不到一千名。

一九六六年十月十五日，國務院總理周恩來與中央民族學院幹訓班西藏學生談話時說：

西藏地區經歷了三次大解放：第一次是一九五一年人民解放軍進駐西藏，西藏回到了祖國大家庭；第二次是一九五九年的農奴解放，平叛之後，進行了經濟制度的改革，取消了農奴制度；第三次是文化大革命，喇嘛獲得了解放。全西藏有十幾萬喇嘛，百分之九十已還俗，要組織這些解放出來的小喇嘛參加生產。

……

這次文化大革命是思想大革命，就是要把喇嘛制度徹底打碎，解放小喇嘛。但是，破除迷信則是長期的，迷信思想在沒有新思想代替之前，是一下子消滅不了的，這是長期改造的事。現在，西藏正在破四舊，打廟宇，破喇嘛制度，這都很好，但廟宇是否可以不打爛，作為學校，倉庫利用起來。佛像，群眾要毀可以毀一些，但也要考慮保留幾所大廟，否則，老年人會對我們不滿意。

從這段談話中可見，文革期間對西藏宗教文化的摧毀，並非沒有得到最高領導層的支持。一九七二年，周恩來批示修復大昭寺，那是因為，隨著中美關係改善和中日建交，中國將逐步對外開放，西藏也將開放。被洗劫一空，變成了招待所的大昭寺，是一個活生生的證據，絕不能讓外國人看到的。

修復後的大昭寺，只有文成公主帶來的釋迦牟尼十二歲等身像和一尊松贊干布像是原物，其他所有的佛像都是重塑的，壁畫也是重繪或者修復的。文革之後，被鋸成兩半的釋迦牟尼八歲等身像的上半身在北京發現。十世班禪喇嘛把這半尊佛像運回拉薩，與下半身拼接，依然供奉在小昭寺。

4

拉薩大昭寺十一面千手觀音像上的這兩個頭像，是怎樣來到達蘭薩拉的呢？《紐約時報》的報導引述圖登寧捷的話，說頭像是「被人在夜深人靜時從水溝裡撿出來」，偷運到達蘭薩拉的。

一個晴朗的秋日，我再次來到康加拉山谷裡的羅布林卡。根據一位藏人朋友提供的資訊，我專程來尋訪建造千手觀音像的塑造者，一位名叫邊巴的著名佛像塑造師。

我跟著翻譯卡爾瑪走進一間金屬佛像塑造室。一群年輕人正在用傳統的方式手工鑄造佛像。大家全神貫注，房間裡只有一片叮叮噹噹的敲打聲。一位面容清臞，中等身材的老人背著手，腰板挺直，站在一個青年身邊，注視著他正在敲打的大型蓮花座。老人顯然是這裡的藝術指導。我請翻譯卡爾馬詢問這位老人，佛像塑造師邊巴在不在。

老人轉過身，看看我，然後對卡爾馬說了句話。

卡爾馬對我說：「他就是邊巴。」

我喜出望外，趕忙道明來意：「我想請教他有關達蘭薩拉大昭寺千手觀音像的幾個問題，請問他現在有時間嗎？」

邊巴老人把我們帶進一間空房間。房間裡沒有傢俱，地上放著一個卡墊和一條捲起來的地毯。老人在地毯捲上坐下，卡爾馬盤腿席地而坐，我坐在卡墊上，取出筆記本和錄音機。

邊巴老人告訴我，他從小就在拉薩跟隨三位聲名遠播的佛像塑造師學習，學成之後，不久就成為著名塑像師。但在當時的西藏，邊巴沒有機會塑造佛像。因此，他離開拉薩，來到達蘭薩拉，希望有機會為自己的

重生的觀音

民族貢獻才藝。

一九六七年的一天，邊巴奉召前往法王府。聽說邊巴來到達蘭薩拉，達賴喇嘛請他為大昭寺塑造三尊造像，一尊是佛像、一尊是千手觀音像、一尊是蓮花生大師像。達賴喇嘛同時交給他一袋銀圓，和來自拉薩大昭寺的八個觀音殘面。

「這八個殘面是一位西藏和尼泊爾混血的人，從拉薩收集來，帶到印度的。」邊巴老人說。

「是八個殘面？不是兩個？」我問。

「是八個，」邊巴老人肯定地說。

「這八個殘面現在在哪裡？」

「一個由達賴喇嘛保存在法王府裡，七個鑲嵌在大昭寺的觀音像上。」邊巴老人說。

「也就是說，現在的達蘭薩拉大昭寺千手觀音的十一面中，有七個是來自拉薩大昭寺的千手觀音像？」

「是的。」卡爾瑪轉述邊巴老人的話，「這八個殘面很重。」

我真想知道，當初那位勇敢的人是怎樣冒著生命危險，把這八個千手觀音殘面帶出西藏，奉獻給達賴喇嘛的。這裡面一定有個令人動容的故事。

「是什麼材料塑造的？」

「是泥塑，」邊巴老人說。「傳說建造千手觀音像前，松贊干布國王做了一個夢，夢見必須用來自印度各個佛教聖地的泥土摻合來塑造觀音像。松贊干布派人去印度，到各個聖地取土。」

「達蘭薩拉大昭寺的觀音像是用什麼材料？」我問。

「銀子，也有泥塑。」邊巴老人說

一九六三年，一位西藏流亡者來到達蘭薩拉，奉獻給達賴喇嘛一袋銀圓。這時候，銀圓早已無法作為貨幣使用，但是銀的成分依然有價值。達賴喇嘛把這袋來自中國的銀圓，以及七個來自西藏的的觀音殘面交給邊巴，囑他以此塑造一尊觀音像。這袋銀圓交換成印度的銀錠，鑄造成千手觀音的身體和手臂。七個殘面加上四個新面，成為觀音的十一面。

「是哪七個？」我在筆記本上畫出觀音十一面的草圖，請邊巴老人說明。邊巴老人通過翻譯，向我一一說明。我按照他的指示，記下達蘭薩拉千手觀音像上，來自拉薩大昭寺七個觀音殘面的具體位置。

5

拍完辯經照片後，我上到二樓，脫下涼鞋，走進達賴喇嘛的講經堂。經堂三面都有大玻璃窗，採光很好，加上內部不點香燭，沒有煙燻的痕跡。地板一塵不染，窗戶乾乾淨淨，莊嚴中不失優雅，有種令人覺得親切的現代感。牆上掛著兩排色彩明麗的大幅唐卡，帶來歷史的承繼。

經堂地板上，一個中年男人面對金剛獅子法座跏趺而坐。他的存在使經堂裡的氣氛顯更加凝重。達賴喇嘛的法座背後，有座高大的金色釋迦牟尼佛像，法座兩側，一邊是巨幅唐卡，另一邊就是那尊十一面千手觀音像。蓮花生大師像就在觀音像旁邊，兩座塑像都面朝西藏，遙遙佑護雪域的子民。

我走到十一面千手觀音像前，抬頭仰視。觀音銀質的手臂展開如雙翅，在胸前合十的雙手繞著一串信徒供奉的珍珠項鍊，掛著一藍一白兩條哈達。

十一面呈寶塔形，一到三層形式相同。自下而上為五層，一到三層為左、中、右三面，四到五層為中央單面。

第一層，藏語稱為「察廈」，三面均來自拉薩。
第二層，藏語稱為「巴爾廈」，中面與左面來自拉薩。
第四層，藏語稱為「措廈」，來自拉薩。
頂層，藏語稱為「唯派克末」，來自拉薩。
一到三層的九面戴著鑲嵌紅寶石和綠松石的五佛冠，黑眉紅唇，眉間嵌一顆小小的綠松石。銀色的觀音雙目低垂，唇邊含笑，眉目間靈光流動，有一種無法形容的氣韻。歷經劫波，慈悲不滅，這就是西藏的觀世音。我雙手合十，至額，口，胸，五體投地。

我想起邊巴老人的話：「嘉瓦仁波切（藏人對達賴喇嘛的稱呼）對我說：『這座觀音像是用中國的銀幣和西藏的觀音面鑄造的，將來我們要帶回西藏。』嘉瓦仁波切要我把觀音像和蓮花生大師像建成能夠移動的，這樣我們將來可以帶回西藏去。嘉瓦仁波切打算把那尊釋迦牟尼佛像留給印度人民。」

從一九六七年到一九七〇年，佛像塑造師邊巴用了整整三年的時間，完成了這三座塑像。

6

十一面千手觀音像毀滅之後，造像「心臟」的下落是一個謎。很多年裡無人提及觀音像包含著的另一尊造像。似乎沒有人知道，那尊造像是與大昭寺其他的佛像一同被毀，還是被人祕密隱藏起來了。

幾十年後，達賴喇嘛向一位名叫湯瑪斯．賴爾德的美國記者透露了天成觀音像的下落。大昭寺被毀時，泥塑的十一面觀音像被打碎，露出了裝藏在其中的造像。那尊觀音像是木質的，倖免於難。虔誠的藏人冒著危險，悄悄把那尊蛇心旃檀觀音像保存下來，輾轉送到達蘭薩拉，敬獻給達賴喇嘛。現在，這尊蛇心旃檀觀音像，松贊干布的本尊，在達蘭薩拉法王府，由達賴喇嘛親自保藏。

湯瑪斯·賴爾德有幸見到了這尊從喜馬拉雅山南前往山北，又從山北回到山南的的觀音像。當達賴喇嘛雙手捧著那尊觀音像時，他舉起袈裟掩住口鼻，以免自己的呼吸褻瀆了松贊干布的本尊像。

「我初次見到這尊觀音像時，」達賴喇嘛對賴爾德先生說，「感受到極大的 ningjie（悲憫）。」他說著，淚水盈睫。

喇嘛嘉瓦

1

走進路邊咖啡館，第一眼看到的是二僧一俗坐在店堂正當中的一張桌邊。店裡只有四、五張小桌子，全坐滿了人，只有二僧一俗那桌有個空位。我走過去問他們可不可以坐這兒。穿灰上衣的中年男人連聲說「Of course」，一邊站起來，把自己的椅子讓給我。我把相機從脖子上取下來，打算放在桌上，可是桌子太小，放下相機的話，桌上幾乎就全占滿了。我端著相機猶豫著，二僧之一朝我伸出手：「來，我幫你拿著吧。」

我把相機交給他，去櫃檯要了杯咖啡。不一會兒，一個男孩捧來一套白瓷杯碟，放在我面前，杯裡的咖啡濃香撲鼻。櫃檯後面的咖啡研磨機一陣尖叫。嘈雜聲中，我跟兩位僧人聊起來。

幫我拿相機的僧人名叫嘉瓦，巴塘人，看上去不到三十歲。他的英文說得不錯。他的同伴二十來歲的樣子，英語不好，坐在一旁努力聽我們聊天，時不時插句話，或者吐出幾個字。

嘉瓦九歲的時候，由叔叔帶來印度。為什麼要到印度來呢？嘉瓦說他那時候懵懵懂懂的。「不是為了讀書，也不是為了要見達賴喇嘛，我那時候才九歲，知道什麼？大人跟我說，要我去印度，我就跟著走了。」

他家是農民，半農半牧。這樣的家庭很少有閒著的時候。農忙時一家老少在地裡勞作，地裡沒活兒了，還得放牧。小孩子多半幫著放牧，難得有受教育的機會。大人們看他這樣在家鄉待下去，顯然沒前途，還不如到印度去碰碰運氣呢。商量好了才跟他說，叫他去印度投奔達賴喇嘛。嘉瓦就跟著叔叔走了。

嘉瓦的印度之行很不容易，叔侄倆闖關三次才成功。兩人從家鄉巴塘出發，來到拉薩，花了十來天時間，從拉薩步行到中尼邊境，打算伺機溜出國境，先進入尼泊爾再說。不料被邊警抓住，五花大綁送回拉薩。警察倒沒為難嘉瓦這個不到十歲的小孩子，到了拉薩就把他放了。叔叔被送進監獄，關了幾個月。牢裡放出來後，叔叔領著他，再次步行到邊境，又一次闖關。運氣不好，又被逮了個正著。叔侄二人再次被送回拉薩。這次叔叔算是有了前科的人，不免要吃點苦頭。嘉瓦免了牢獄之災，在拉薩晃蕩了好幾個月，等叔叔出獄。

俗話說「有志者，事竟成」，就連逃亡也是這樣。嘉瓦的叔叔鐵了心非跑不可，第三次闖關終於成功，叔侄倆輾轉到了達蘭薩拉。那是十幾年前的事了。現在，嘉瓦是大名鼎鼎的達蘭薩拉辯經院的高年級學僧。能進入達蘭薩拉辯經院可不是件容易的事。進入辯經院之前，必須具備普通中學十年級以上的同等教育水準，或者通過辯經院舉辦的入學考試。辯經院全部學制十四年，辯經院畢業，相當於取得碩士學位，考取格西的話，就相當於取得佛學博士學位。

達蘭薩拉辯經院成立於一九七三年，是一所高水準的佛學院。辯經院的發起人，也是第一任校長洛桑嘉措一九二八年出生於西藏東部，十一歲出家，後來到哲蚌寺學習。一九五九年拉薩事件後，他逃出西藏，到達印度，在極其艱苦的條件下繼續學習佛法，並且取得格西學位。遺憾的是，一九九七年的「雄天事件」中，這位高僧不幸被害。

辯經院剛成立時，全部人員，包括師生和校長洛桑嘉措在內，只有三十餘人。在達賴喇嘛的支持下，辯經院很快發展成一所現代化的佛學院。辯經院的主要目標是培養高水準的佛教人才，學成之後，這些僧人可以到各地寺院去當堪布，教導下一代僧人。辨經院由來自各地的高僧任教，課程中除了傳統佛學理論、儀規等，還有藏語、英語、物理、數學、西方哲學、電腦等非佛學課程，學僧們有機會把現代科學理論與佛學理論比較，加深對佛教基本理論的理解。

辯經院就在達蘭薩拉大昭寺旁邊，達賴喇嘛還會抽空親自為辯經院的學僧們講經。學僧們處在非常開放的環境中，常常與來自世界各地的各種人物交談，增長見聞，開拓眼界，不再是從前在西藏封閉的寺廟傳統中培養的僧人。因此，想要進入達蘭薩拉辯經院學習的年輕人很多。可惜學校經費有限，校舍容量也不足，辯經院無法每年招收新生，通常是每隔幾年才招一批新生，每次只招收三十名。不過，外國學僧不包括在這三十個名額之內。

我問嘉瓦他們一天的作息時間，他從頭到尾仔細說了一遍，聽得我目瞪口呆。辯經院的學習生活，比我當年在美國讀大學的留學生涯緊張得多。

學僧們每天早上六點起床拜佛。拜佛之後，早飯前還要做一小時早課。七點到八點半，是學僧們背書的時間，早餐包括在內。八點四十五分開始正式上課，通常是語言文化課，學英語或者西藏文化。此後是十五分鐘的休息，大家可以去喝杯茶，略事休息。十點到十一點三十分，學僧們按照各自的不同程度分班上經學課，下課後是半小時午餐時間，午餐後有一個半小時的午休，大家可以回去補覺，也可以外出逛逛。我看看錶，現在正是午休之間，難怪嘉瓦和他的同學在咖啡館裡喝茶。

午休結束後，有一個半小時的辯經課。其中一小時是辯經，之後是全體學僧集中念誦。此後有一段休息時間，大家可以去喝下午茶。喝完茶有一個半小時的背經時間，學僧們可以用來複習功課，也可以用來背誦佛經。傍晚，五點半到六點，晚餐。然後是轉經時間。六點半以後，一小時晚課，誦經，祈禱。晚上十點到十一點晚自習，可以用來辯經或者背誦。

前些年辯經院在山下的康加拉山谷裡開設了分院，現在學僧的人數增加了不少，但還是不夠吸納每年許多從世界各國到印度來習經的人。

「畢業後，你打算去哪裡？回西藏，還是設法去歐美？」我問嘉瓦。

「我打算回西藏去，」他說。

聊了一陣，他看看錶，站起來向我告別，說辯經課時間快到了，他得回去準備。

「下午你有事嗎？」他問我。

「沒有特別的事，」我說，「回旅店給相機的電池充電，吃點東西，休息一下。」

「有空來看我們辯經，」嘉瓦說，「很有意思的。」

「一定來，」我說，「你也參加辯經？」

「他當然要參加，」嘉瓦的同學對我說，「他還是……還是……」他努力想著，「辯經課的『領隊』呢！」他用的是captain這個英文詞。我一下子沒反應過來，片刻之後才明白，他是說，嘉瓦擔任辯經課的監督師，負責召集，並監督同學們認真辯經，不可嘻笑逗鬧。

「我可以拍照嗎，Captain？」我笑著問嘉瓦。

「當然可以，」嘉瓦和他的同學笑答。

達蘭薩拉辯經院已經走向世界，與歐美的一些大學建立了聯繫，彼此交換學生。二〇〇七年授予達賴喇嘛榮譽教授職稱的喬治亞州亞特蘭大市的美國艾莫瑞大學，是美國南方的一所名校。這所大學在二〇〇一年就與達蘭薩拉辯經院建立了交換學生專案。艾莫瑞大學的學生可以到達蘭薩拉辯經院學習西藏語言、文化、基本佛學理論，還可以在老師的指導下獨立做田野調查。所以，該校授予達賴喇嘛榮譽教授職稱，是順理成章的事。

回顧來時路，從一九五九年到今天，經歷了多少坎坷和艱辛，才走到今天？

2

一九五九年，從西藏逃往印度的難民中有數千名僧尼，其中還有一些仁波切。這些僧尼有些剛出家不久，還在初級學習階段；有些出家多年，快要完成學業了，卻在最後階段中斷。為了生存，僧尼們不得不去各個築路營修路。

新來的難民帶來的消息相當令人沮喪。在西藏各地，許多高僧被捕入獄，大量寺廟遭到嚴重破壞，大批僧尼被迫還俗。宗教是藏民族文化的基礎，宗教無法傳承，意味著藏民族的文化基石將被動搖。當時西藏的情況不容樂觀，宗教傳承的任務，就只能由流亡社會來承擔。因此，年輕的達賴喇嘛必須面對藏傳佛教的傳承和持續這件大事。到達印度僅僅幾個月後，流亡藏人的第一所佛學院就開始上課了。

這所佛學院設在布哈杜爾臨時難民營。布哈杜爾靠近印度和不丹邊界。英國統治時期，布哈杜爾曾經是座重犯監獄，印度獨立時期的不少仁人志士，包括聖雄甘地和日後印度的第一任總理尼赫魯都曾被關押在這裡。一九五九年八月底，布哈杜爾西藏難民營裡的難民全部被送到築路營。空出來的營地很快住滿了各教派的僧人，其中大部分來自色拉寺和哲蚌寺。甘地曾經住過的監獄區用來收留尼姑，囚禁過尼赫魯的監獄區住進了一千五百名喇嘛。

布哈杜爾四面環山，只有幾條小路通往山外。山裡有大象和老虎出沒，現在，包括布哈杜爾在內的一大片地區被印度政府闢為孟加拉虎保護區，其自然環境可想而知。雨季來臨時，營區到處是螞蟥，一出門腿上就叮上幾條。蛇是常客，有時候蛇盤在僧人們住的屋頂和梁柱之間，不知道何時就會掉下來，落到床上。蚊子就更不用說了，連蚊帳都擋不住它們的侵襲。

對藏人來說，比螞蟥蚊子毒蛇更可怕的是酷熱的氣候。來自高原的西藏僧人熱得受不了，平時索性連袈裟也不裹了，就穿著短衫短褲，還常常熱得喘不上氣來。離昔日的監獄不遠有一條河，在西藏不慣洗澡的僧人們每天都會到河裡洗一番，有時候一天得洗好幾次來降溫。伙食也很差，藏人不習慣以米飯為主食，但是印度只有大米，每天吃的只有米飯和蔬菜一類的印度食品。在這樣的環境中，不要說學習，生存本身就是一個嚴峻的挑戰。失去了勇氣和信心的僧人有的放棄學習，有的甚至自殺了斷。

就在這樣艱苦的條件下，許多僧人們仍然非常努力地學習。他們知道，承繼西藏文化命脈的重任，如今落到了他們的肩上。他們使用的經書是從築路營裡收集來的，很多難民離開家鄉的時候，隨身帶來了祖傳的經書和佛像，這些經書被搜集起來，供學僧們使用。

剛開始的時候，大家集體住在大房子裡，上課、念經都在大屋裡進行，居住條件相當糟糕，室內擁擠不堪。昔日的監獄有一塊供犯人放風用的空地，學僧們就在那片空地上辯經。由於各教派的儀規有些不同，僧人們逐漸開始按教派形成一個個小團體，跟著各自教派的仁波切修習。有些人設法建造了一些小屋搬出去，居住條件因此略微改善了一點。

可是，布哈杜爾佛學院不久出現了新的問題。祖祖輩輩生活在寒冷高原的藏人，對很多疾病毫無抵抗力。酷熱、擁擠、營養不良是傳染病的溫床，佛學院裡開始流行各種傳染病。寄生蟲、肝炎等疾病輪番出現，最後終於爆發了一場肺結核，導致幾十名喇嘛死亡，數百人感染。營地裡只有一位醫生，大家只能在高溫下排隊等待發藥。所有的感染者必須隔離治療，一些患者被送往大吉嶺等氣候較為涼爽的地方休養。

幾年後，南方的幾座難民定居點開始生產糧食，基本上做到自給自足，有條件接受僧人了。布哈杜爾佛學院的僧人們開始分批前往定居點，在那裡修建寺廟。在邁蘇爾附近的第一個西藏難民定居點，僧人們先後修建了色拉寺、紮什倫布寺，還有寧瑪派的南卓林等寺院。到一九七〇年代末，西藏難民社會在印度和尼泊爾已經修建了一百三十多座寺廟。藏傳佛教的四大教派和苯教都有了各自的境外基地。

現在，在印度、尼泊爾和不丹已經有二百二十三座寺廟，三萬多名僧尼。由於四大教派的法王都在境外，各教派的主要經學院也在境外，可以說藏傳佛教的中心如今已經不在西藏本土。因此，對於想要認真修習的僧尼來說，流亡社區有強大的吸引力。每年從藏區出走的藏人中，四十五％是不同年齡的僧人，其中約五％是尼姑。他們有的是來朝聖，參加達賴喇嘛主持的法會和講經，有些是到自己教派的寺院裡接受灌頂儀式，正式開始修習。還有許多已經出家的年輕僧人，在藏地無法獲得安靜的修習環境，缺乏高僧指導，只得冒險離開家鄉，到印度來修習。

3

下午趕到大昭寺，辯經已經開始了。大昭寺前的草坪上，裹著絳紅袈裟的僧人正在一對一對地辯論。嘉瓦神情嚴肅地來回巡視，有時候站在一對辯論者旁邊聽一陣，有時候過去說幾句。

我站在一邊茫然地看了一陣，看得一頭霧水。嘉瓦巡視半圈，朝我站立的方向走來。我急忙朝他招手。嘉瓦看到我，咧嘴一笑，跨過草地外的欄杆，走到我旁邊。我立刻向他提出一串問題。

「這裡有三個班級在辯經。那邊，」他指著靠近達賴喇嘛居所的一小群人，「是一個低年級班。這邊這些人是另一個班的。還有那邊，」他指著廣場邊上的一簇人，其中還有個高大英挺的洋喇嘛，「是高年級班的。」一洋喇嘛想必已經在辯經院學了幾年，已經從低年級升到了高年級。此刻他站在一張綠色長條靠背椅前，他的辯經對手蹲在椅子上，抬頭望著他，兩人正辯得熱火朝天。在他們的身後，虛空無限，山巒起伏，濃綠的樹林生機勃發。

世界各主要宗教都有自己的宗教教育方式，但是通過辯論來訓練邏輯思維，加深對基本理論的理解，是藏傳佛教獨一無二的教育方式。辯經來源於古代印度，是早期佛教保留的印度教元素之一。唐代高僧玄奘赴印度取經時，就在那爛陀寺與印度比丘辯經。辯經制度從印度傳來西藏，在藏地一直保留下來，在佛教各派中，只有藏傳佛教中有這種教育方式。

我原先以為辯經只是一對一的辯論，這回現場觀摩才知道，原來並非如此。一對一的辯經是基本方式，也有幾個對一個的。辯經是公開進行的，任何人都可以旁聽，只是不可越俎代庖，替答辯者回答問題。參加格西考試的時候，答辯常常是一人面對眾多提問者，還有大量民眾在現場旁觀。

辯經開始時，要先說「底吉塔確森！」（Dhih ji itar chos can），祈請象徵智慧的文殊菩薩。Dhih是文殊菩薩的種子音，觀想中就是用這個音來引發文殊菩薩的形象。說這句話的同時，辯論者伸長雙臂，左手心朝上，然後以右手心擊打左手心。可惜我來晚了，錯過了這個儀式。

在外人看來，宗教儀式是一套毫無意義的古怪行為。其實儀式是一套象徵性的動作，其背後含有深意。祈請文殊菩薩之後，辯經就不再是一種普通的、世俗的行為。它被「神聖化」，具有了神聖的意義，好像文殊菩薩就在冥冥中觀看。心中有神聖，辯經的雙方就必須自覺地調整自己的心、口、意，使之與佛教精神相符，祛除爭強好勝、炫耀學識之心，把辯經當作彼此切磋、相互學習的機會。這也是辯經這種學習方式的本意。

辯經時有一套動作，常見的是擊掌和跺腳，一招一式都有規範。這套動作除了加強語氣之外，還有更深一層的象徵意義。左手伸向前方，象徵關上六道輪迴中，下三道的大門，兩手相擊象徵智慧和善巧的結合。如果回答者答不出來，或者入了問者的「套」，回答前後矛盾或者違背常識，問者就用手裡的念珠在對方頭上繞三圈，表示對方輸了。

辯經有一套嚴格的程式和規則，如果不服從規則，辯論很容易變成各說各話，或者變成了爭吵鬥氣。辯論的時候，通常答者坐，問者站，問者向答者提出一個陳述，後者只能在「接受」、「推理不成立」和「推理不能貫通」這三個答案中選擇一個。

問者根據答者的回答，提出下一個問題，就這樣連續發問，一個個問題就像手術刀一樣層層解剖，考驗答者對這個陳述內在邏輯的理解。

理解不深的答者往往會前後衝突，自相矛盾，說明他對基本佛學理論的理解還需深入。當然，高水準的答者也有可能通過回答，找出問者的破綻，把問者逼到死角，反而使問者張口結舌，自相矛盾。所以，辯經之所以是「辯」，是通過雙方的切磋來彼此加深理解。因此，辯論不僅加深雙方對佛教基本理論的理解，也訓練了僧人的邏輯思維能力和反應能力。

嘉瓦一邊回答我的問題，一邊注視著辯經的同學們。說完，他對我笑笑，回到草地上，繼續在同伴們中間巡視。

我站在廣場上，看著一群年輕僧侶們熱烈地辯論。一對僧人避開同學們，在大昭寺樓下的經堂門口辯論。他們倆一個穿著灰布僧袍，一個裹著絳紅袈裟，顯然一個是藏僧，另一個是留學的韓國僧人。藏僧坐在經堂門口的水泥階上，韓僧站在他面前。韓僧看上去還是個青少年，他的擊掌跺腳動作不大熟練，不時出錯，不是手腳沒配合好，就是話說出去了，動作卻沒跟上，他放聲大笑，他對面的藏僧抬起頭，一臉老成持重。韓僧笑著繼續提問，同時生硬地做出擊掌的動作。

通往二樓的階梯前，一對高個子僧人站在黃色大柱子下激辯。兩人看上去很激動。問者動作瀟灑，聲音洪亮；答者不甘示弱，聲音也不低。兩人滿臉笑容，顯然棋逢對手，彼此都很欣賞這樣的智力挑戰。不一會兒，又有一個僧人加入辯論，成了二對一的辯論。一個黃髮西方小男孩走過來，爬到辯經僧人旁邊的欄杆上，好奇地仰頭看著喧嚷著的僧人們。

有對與眾不同的辯者，坐著的以袈裟包頭，有點兒愁眉不展，站著的輕輕擊掌，好像怕嚇著了他。擊掌後，提問的僧人等待片刻，然後蹲身對答者說話，像是在啟發對方。答者懦懦地說幾句，臉上的表情好像在問「是這樣嗎？」問者滿臉笑容地站起來，又是一擊掌，一跺腳，發出下一個問題，然後俯身面對答者，很耐心地等待回答。

草地上，一對辯經的僧人一動一靜，站著的提問者動作相當誇張，坐著的回答者神情非常安詳。提問僧人手裡的念珠跟隨他擊掌的動作甩動，有幾次差點兒甩到回答者的頭上。回答者盤腿而坐，氣定神閑。

此刻我才理解達賴喇嘛在他的自傳《流亡中的自由》裡對辯經的描述：「辯經中機智是很重要環節。如果能夠用幽默的技巧把對手的主張化為已用，就會得到高分。因此辯經成為一種通俗的娛樂，甚至風行於沒有受過教育的一般藏人之間。他們也許跟不上辯論中的智性層面，但是依然能夠享受辯經的樂趣和場面。過去常見牧人和遠離拉薩的鄉野村民，耗費半天功夫，在寺廟的庭院裡觀賞充滿學問的辯經。」達賴喇嘛從十二歲開始辯經訓練，十三歲就進入哲蚌寺和色拉寺學習辯經，他的辯論對手，是學富五車的堪布和有名望的學者。

4

時間到了，嘉瓦走到草地中間，拍了幾下手，喊了一聲。此起彼伏的聲音嘎然而止。坐在地上的僧人紛紛站起來，從四面八方聚攏來，圍著嘉瓦。他說了幾句話，然後朝經堂走來。眾人跟隨他，走到經堂前方的寬廊下，圍成圓圈席地而坐，嘉瓦坐在圓圈中央，帶領大家祈禱。

眾人低聲誦經。大約半小時後，誦經結束，學僧們站起來，三三兩兩地談笑著散去。他們的一天尚未結束，還有幾個小時的學習時間在等待他們。

我從大昭寺旁邊的台階走下去，沿著小路走出南捷寺和辯經院的大門，回到熙熙攘攘的世俗生活之中。不經意間，我回頭一望，立刻被眼前的景色鎮住。山谷裡霧氣茫茫，落日正在晚霧中緩緩下沉。霧氣升騰如海，一輪紅日載浮載沉，看上去酷似海上日出。

藍哈達

1

我趕到達蘭薩拉辯經院的時候，還不到七點，可是已經來晚了。門口的隊伍已經排了幾十公尺長，還有很多人從不同的方向朝這裡走來。

這天是禮拜天，又是蒙古—俄羅斯文化節的高潮。達蘭薩拉常年有各國佛教團體來請經求法，但這次一下子從蒙古和俄羅斯的卡爾梅克、圖瓦和布裡亞特來了一個三百多人的佛教請經團，專程來向達賴喇嘛供奉永駐長壽儀規，並舉辦為期三天的蒙古—俄羅斯文化節，讓見慣了人來人往的本地居民也相當興奮。那幾天，馬克利奧德甘吉到處都看到穿著鮮豔袍子的蒙古和俄羅斯來客，他們成了小鎮的話題。好幾個人告訴我：「機會難得，別忘了去參加法會啊！」

這天上午七點到八點，達賴喇嘛將舉行一小時長壽灌頂法會。法會之後，蒙古和俄羅斯佛教徒代表團為達賴喇嘛供奉長壽儀規，也就是為達賴喇嘛祈壽，希望他健康長壽，長駐人間。下午，代表團的演員們將為達賴喇嘛獻演一場歌舞。

一大早，街上已經到處是人。所有的人都朝一個方向走，形成一道道人流。人流最後全都匯集到達蘭薩拉辯經院的大門口，排成僧俗兩條長隊。許多人天沒亮就趕來，一邊排隊，一邊揉著眼睛打呵欠，娃娃們趴在媽媽背上酣睡。

還好前一天我軟磨硬泡給自己弄到了一張記者證，憑著「獨立撰稿」記者身分，可以到為媒體專設的保安區去排隊。雖然有幾十個人在那邊等待通過安檢，畢竟快得多了。進了大昭寺，我剛要上樓，卻被擋在樓梯口的安全人員攔住。他瞥了一眼我那張夾在攝影包帶子上的記者證，彬彬有禮地用英語說：「去那邊，媒體專區。」

我扭頭一看，原來「同行」們都在那裡嚴陣以待了。從達賴喇嘛府邸到大昭寺前，留出了一條通道，穿著盛裝的蒙古和俄羅斯佛教徒們站成兩排，捧著哈達夾道而立。路的拐角是個有利地形，一邊可以看到達賴喇嘛府邸的大門，一回頭又能看到大昭寺。拐角上擠了一小簇人，他們有的扛著攝像機，有的舉著照相機，有個大高個兒居然有本事在密密麻麻的人群裡豎起三腳架，小鋼炮一般的鏡頭對著小路。我趕快謝過保安員，一路說著「對不起」，穿過人群，衝過為達賴喇嘛一行空出來的通道，擠進「同行」堆裡，手忙腳亂地取出照相機和錄影機。

準備停當後，我的目光馬上被來自蒙古和俄羅斯的佛教徒們吸引住了。他們的衣服真漂亮。最有特點的是他們頭上戴的帽子。那些帽子式樣相當可愛，有的像微形蒙古包，頂上還有絲穗；有的帽子上豎著一把羽毛，有的一角垂著纓絡，活像博士帽。幾個身材高佻的漂亮姑娘穿著一模一樣的紅色長裙和黑色繡花寬邊紅色短衫，戴著同樣的紅黑兩色圓帽，像是隨團來的舞者。

來自大草原的蒙古佛教徒們雙手捧著哈達，一個挨一個，整齊地排成單行，每個人都面朝達賴喇嘛居所的方向，神情急切。我突然注意到，我對面那行蒙古佛教徒手裡的哈達不是白色的，而是天藍色的。那是一種很乾淨的藍，像純淨的湖水映著無雲的天空。一個身穿紫紅色長袍的男人手裡捧著一白一藍兩條哈達，藍白兩色相互襯托，像藍天和雪山相互映照。

人群突然一陣騷動。接著長號聲響起，坐在地上的人群呼一下站起來，手捧哈達的蒙古和俄羅斯佛教徒們不約而同深深躬下身，把哈達舉到額頭。前後左右的「同行」們一陣推擠，快門驟雨般響個不停。我踮起腳尖，伸長脖子，無奈面前的攝影機把我擋得嚴嚴實實的，只見一頂黃綢寶傘高高飄來。頃刻間，黃綢寶傘飄到我面前，達賴喇嘛裹著黃色袈裟，在眾人的簇擁下走過來。他一邊走，一邊滿臉笑容地向兩邊的民眾舉手致意。那一刻，聚集了幾千人的大昭寺前鴉雀無聲，只有照相機快門的聲響。

我慌忙舉起相機，沒來得及按下快門，人群又是一陣騷動。黃色寶傘已經消失在大昭寺內，人群開始聚攏，眾人紛紛席地而坐。我旁邊的記者們各自扛著設備，衝鋒般朝大昭寺奔去。我扣上鏡頭蓋，把相機掛在脖子上，跟著眾記者跑上二樓。站到樓梯上回頭一看，大昭寺前的草地和廣場上已經坐滿了僧俗民眾。

朝聖的俄羅斯代表團成員

到了樓上，第一眼看到的是一大堆食品。各種餅乾、藏式麵餅、成箱的瓶裝水和果汁，以及桔子、蘋果、香蕉一類的新鮮水果，堆得像座小山。不時有人走過來，取出帶來的食物，扔到食品堆上。在這樣的場合，這些食品就算被達賴喇嘛親自加持過，具有特別的加持力。帶來食品的人就是以經過特殊加持的食物供養眾生，是一件積累功德的善行。

蒙古佛教徒手捧藍哈達

我走到經堂門前往裡面張望，地板上坐滿了人，達賴喇嘛已經升座。經堂的天花板上和柱頂上懸掛著一條條金盞花串，法座上也環繞著金盞花和蘭花串。達賴喇嘛盤腿坐在法座上，正在低頭翻看經書。高高低低的好幾台攝像機，從各個角度對準法座。我想走近門口，卻被保安員擋住了。我央求他讓我到門口去拍幾張照片。「五分鐘，」他說。

我趕緊走到門口，單腿跪下，把手臂支在膝蓋上，托著沉甸甸的長焦鏡頭，調整好焦距，不由分說猛按快門。拍完照站起來，一轉身，發現保安員身邊還有幾個人排著隊，等著到門口去拍照。大高個兒把他的三腳架轉移到小山般的食物堆旁邊，「小鋼炮」換成了攝像機，正在東轉西轉地拍民眾場面。眾記者輪流拍完，一個栗色頭髮、穿著印度式長裙的西方女孩走過去，站在門口，遙對法座上的達賴喇嘛，雙手合十，深深一拜，然後中規中矩地磕長頭。

2

擴音器裡傳來一聲響亮的吟唱，那是領唱師的聲音，宣示法會開始。我站在柱子邊，從敞開的窗口看進去，達賴喇嘛頭戴黃色「邊夏」（尖頂法帽），手握鈴杵，半低著頭，雙目微闔，開始誦經。大昭寺內外一下子安靜下來。坐在講經堂門口的喇嘛們雙手合十，低聲應和。

二樓圍廊兩邊的樓梯上有點輕微的響動。我轉過頭，見蒙古和俄羅斯的佛教徒們排成單行，每人捧著一件供奉給達賴喇嘛的禮物，從大昭寺外一直排到二樓經堂的門口，等待進入經堂，接受達賴喇嘛的祝福。他們臉上莊肅虔敬的神情令人感動。

蒙藏民族之間有漫長的歷史淵源。蒙藏的首次接觸是在西元一二四〇年。那次的接觸是一場戰爭，其結果是慘烈的焚寺屠僧事件。那一年，成吉思汗的孫子，即成吉思汗第三個兒子窩闊台的次子闊端派多達那布率軍入藏，火焚熱振寺和傑拉康寺，還殺死了熱振寺的五百名僧侶。蒙古軍隊在西藏沒有久留，很快就撤軍了。傳說蒙古撤軍是因為京俄大師祈禱度母，因而「天降石雨」，使蒙軍將領心生畏懼，於是匆匆北撤。

然而，歷史在這裡出現一個有趣的轉折。蒙藏這兩個民族似乎是「不打不成相識」，就是這個闊端，一二四四年遣使前往西藏，迎請薩迦班智達，向他請教佛法。當時闊端住在涼州，即現在的甘肅武威。年已六十多歲的薩迦班智達帶著兩個小侄子八思巴和恰那前往涼州，於一二四七年與闊端會晤。薩迦班智達為闊端講授佛法，使得這位王子皈依佛教，並為薩迦班智達修建幻化寺，供奉了大量財物。

薩迦班智達和闊端相繼去世後，一二五三年，忽必烈會晤薩迦班智達的繼承人，薩迦五祖八思巴。八思巴本名羅卓堅贊，《元史・釋老傳》說他「生七歲，誦經數十萬言，能約通其大義，國人號之聖童。」並簡略記載了忽必烈和八思巴的關係：「歲癸丑，（八思巴）年十有五，謁世祖於潛邸，與語大悅，日見親禮。」忽必烈建立元朝後，尊八思巴為國師，授予玉印，將佛教定為國教，並且免除喇嘛服兵役、賦稅和驛馬的義務。八思巴授忽必烈密教金剛灌頂，並為忽必烈創造蒙文新字。作為答謝，忽必烈先是以衛藏十三萬戶之地為供養，後來又以整個西藏三區為供養。藏傳佛教由此在蒙古廣為傳播，蒙古人成為藏人之外另一個廣泛信仰藏傳佛教的民族。

達賴喇嘛這個尊號也始於蒙古人。元滅後，佛教一度衰落，直到格魯派傳入蒙古，佛教再度復興。一五七八年，蒙古土默特部首領俺答汗會見時任哲蚌寺寺主的索南嘉措，雙方互贈尊號，俺答汗贈索南嘉措以「聖識一切瓦齊爾達喇達賴喇嘛」尊號，簡稱「達賴喇嘛」。索南嘉措贈俺答汗「轉千金法輪咱克喇瓦爾第徹辰汗」尊號。這就是「達賴喇嘛」的來源。索南嘉措追封格魯派創始人宗喀巴的弟子根敦朱巴為第一世達賴喇嘛，根敦嘉措為第二世達賴喇嘛，自己則成為第三世達賴喇嘛，由此建立了達賴喇嘛轉世制度。索南嘉措之後的第四世達賴喇嘛雲丹嘉措是蒙古人，也是格魯派世系上唯一的一位非藏人達賴喇嘛。

一小時的灌頂法會結束後，排著長隊的蒙古佛教徒們開始魚貫而入，向達賴喇嘛致敬，並接受他的祝福。領頭的是三名年輕僧侶。他們手裡捧著藍色、白色和金色的哈達，上面托著各種供物。一個僧人手托銀盤，裡面放著製作十分精美的塔型吉祥八寶，緊隨他們之後的兩名僧侶一個捧著哈達繫著的經書，一個捧著釋迦牟尼銅像。這三件供品象徵「身、口、意」，佛像代表「身」、經書代表「口」、塔代表「意」。

僧侶之後，盛裝的蒙古佛教徒們依次而來。他們有的捧著小型佛塔，有的捧著經書佛像，還有一人舉著一把象徵吉祥如意的孔雀傘。那把傘是用完整的綠孔雀羽毛製成的，尺寸太大，必須收攏了才能進門。數百名來自蒙古和俄羅斯的佛教徒們就這樣一個一個走到達賴喇嘛的法座前，在誦經聲裡，向達賴喇嘛獻上他們的崇敬。

在二十世紀裡，佛教這樣一個反對殺戮，提倡和平的宗教，與主張「階級鬥爭」的共產主義思潮迎面相撞。中國、蒙古、越南、柬埔寨等主要佛教國家紛紛被紅潮淹沒。這兩種針鋒相對的意識形態，進行了長達半個多世紀的交鋒。

在蘇聯的支持下獲得獨立之後，蒙古被納入蘇聯的勢力範圍。蒙古人民共和國成立後，蒙古實行政教分離。不久，新政權即開始了沒收寺院財產，關閉寺院，驅逐和處決僧侶等一系列滅佛運動。這期間還激起了僧侶們的武裝反抗，反抗被血腥鎮壓。

一九二四年，蒙古有二千五百多座寺廟，僧侶十一萬多名，到一九三九年，蒙古境內的僧侶減至一萬三千六百多名。大量僧侶去哪裡了呢？被「減去」的僧侶中，一萬七千多名被正式逮捕，二萬多名被處決。其餘的不是還俗，就是死於反抗運動，或者死在獄中。到一九四〇年，整個蒙古只剩下不到五百名僧侶，全國的寺院幾乎全部關閉，佛教在蒙古幾近全毀。到上世紀八十年代末，蒙古約有一千名僧侶，只有境內最大的寺院，烏蘭巴托的甘丹寺開放。

八〇年代末，前蘇聯風雨飄搖，自顧不暇，蒙古佛教開始悄然復甦。一九八八年二月，蒙古人民黨舉行的第十九屆五中全會做出決議，為過去遭受迫害的僧侶和教徒平反，恢復名譽。部分寺廟重新開放，允許民眾拜佛。一九九〇年三月，蒙古決定實行多黨選舉。一九九二年頒布的新憲法重申國家尊重宗教，公民有宗教信仰和不信仰的自由。現在，蒙古有一百多座寺院，甘丹寺仍然是全國最大的寺廟和最重要的佛學中心。甘丹寺擁有一座高達二十六公尺半的銅鑄佛像，是世界最大的銅佛。二〇〇三年，蒙古佛教徒在烏蘭巴托建立了佛教電視台。亞洲十五個佛教國家於一九七〇年聯合成立的「亞洲佛教和平會」（ABCP）總部就設在烏蘭巴托。

目前，根據美國中央情報局《世界實況資料手冊》（CIA World Factbook）公布的數字，至二〇〇八年七月，蒙古人口約計為接近三百萬，其中五十%信仰藏傳佛教。由於歷史淵源，蒙古信徒絕大多數為格魯派。因此，蒙古信徒同樣尊達賴喇嘛為最高精神領袖。自從一九七九年，達賴喇嘛首次訪問蒙古後，至今已經八次訪問蒙古。最近一次是二〇〇六年八月，達賴喇嘛在烏蘭巴托的甘丹寺向民眾講經。這些來自蒙古的佛教徒中，有上了年紀的老人，但大多數是中青年，其中不少青年人，看上去不過二十來歲。

3

法會快要結束時，已近午飯時間。一群僧人上樓，把經堂前的食品裝在桶子裡，分給參加法會的民眾。我這才感覺饑腸轆轆，我向一個少年僧人伸出手，他遞給我一包餅乾，一根香蕉。

法會結束後，達賴喇嘛在眾人簇擁下離去。我回頭看著樓下，眾人紛紛退後，讓出一條空道，兩邊的人合十躬身，黃綢寶傘朝法王府飄去。幾天後，達賴喇嘛將應日本佛教徒的邀請，去日本講經。

我逆著人流進入經堂。經堂左上角，幾位不同年齡的僧人坐在地上，收拾面前的經書。一位看上去年紀很大的老僧笑眯眯地望著我。達賴喇嘛法座前，一位年輕僧人正忙著收拾，他把法座上的花串取下來，放在地板上，然後展開一方黃布，仔細地把法座包裹起來。包完後，他彎下腰，提起地上的花串，走出經堂。

我走到法座前，拾起幾朵散落在地板上的蘭花。一位穿著藍色織錦蒙古袍的短髮中年女人走來，站到法座前面，雙手合十，深深下拜。她抬頭看到我，微微一笑。我指指法座，朝她伸出手，掌心托著幾朵蘭花。她明白了我的意思，連忙合十欠身，表示道謝，然後從我的手心裡拈去一朵花。一位身高體胖，穿著深紅色絲絨長袍的俄羅斯女人走來，用眼睛問我：「可以給我一朵嗎？」我點點頭，她拿起一朵蘭花，插進袍襟的扣眼裡。

我們這三個女人站在達賴喇嘛的經堂裡，互相沒有說一句話，只用微笑和手勢交談。一剎那間，我猛然意識到，我們三人來自蒙古、俄羅斯、中國，這三個經過共產主義運動血與火的國家。那場運動已經成為歷史，而我們還活著，我們的心靈還活著，我們的希望也還活著。

將近一個世紀的撞擊，古老的佛教在一些國家裡雖然經歷了滅頂之災，但也獲得了改革的機會。特別是在上世紀六〇年代，佛教進入西方之後，從西方社會學習現代管理方式，也從其他宗教學習把慈悲的理念化為社會關懷、人道援助等行動。達賴喇嘛多次與其他宗教領袖對話，佛教精神為西方社會帶來新的元素，成為代表和平非暴力的社會力量。

在人類歷史的不同時期裡，暴力有時候確實會用鮮血和烈火淹沒和平與慈悲。然而，正是「上善若水，以柔克剛」，只要人類還在這個地球上生存，剛性的暴力終將不敵柔性的慈悲。

今天，佛教已經在蒙古、俄羅斯、中國、柬埔寨、越南等國家復蘇。在暴力革命烈火焚燒過的土地上，崇尚智慧、慈悲、和平的信仰，猶如離離原上草，春風吹又生。

智慧之海

1

一九九九年八月中旬，紐約的報紙、電台和電視台紛紛大幅報導達賴喇嘛的紐約弘法之行。達賴喇嘛將在紐約舉辦多場法會，還將在中央公園的東草坪公開演講。達賴喇嘛訪問紐約並非新鮮事，自一九七九年首次訪美以來，他已多次訪美，也多次前來紐約，為信眾們講經說法。但在中央公園公開演講，此前只有過一次，那是一九九一年，五千多人參加了那次演講。

八月十五日是星期天，一大早我就坐地鐵去中央公園。演講十一點開始，才九點多，東草坪那邊已經排了一條長隊。各種年齡和膚色的人們排成一條單行，隊伍繞過公園的鐵欄杆，排到人行道上。隊伍裡還有一些穿著藏袍的藏人。我第一次知道，原來還有藏人住在紐約。

那時候，我對西藏的一切所知甚少。雖然很早就在國內的報紙上讀到過「達賴分裂集團」，但是，中國報紙上卻從未出現過達賴喇嘛的照片。因此，「達賴喇嘛」對於我來說，只是一個名詞，以及這個名詞形成的某種「概念」。我生活的環境裡沒有一個藏人。可是，大家提起西藏，幾乎全是負面的，因為我們對西藏的了解只有一個來源：《農奴》，一部描寫舊西藏如何黑暗、野蠻、落後的電影。

到美國後，我開始接觸不同文化。我的美國朋友中有好幾個佛教徒，其中有人修習藏傳佛教。他們偶爾提起達賴喇嘛，都是一臉的景仰和崇敬。現在，既然有這樣的機會，我何不去中央公園看一看呢？就這樣，我站到了東草坪前緩緩移動的隊伍裡。

安全檢查後，我走進一片草地。舉辦方估計會有兩萬人參加演講，可是草坪上已經有很多人，臨時搭建的舞台前方坐得滿滿的。舞台兩邊各裝了一個大螢幕，遠處的人可以從螢幕看到台上的情景。我找了一片較空的地方，席地而坐。我前面坐著一對穿著藏袍的年輕夫婦和兩個孩子，他們在草地上鋪了張床單，上面放著食物，一家大小坐在床單上，一邊說話，一邊吃早餐。

我突然想起很多年前，長江上的一次偶遇。

八〇年代初，我在上海讀大學。那時我家在九江市。有年暑假，我沒有像往常那樣坐火車，而是與一位同學乘長江輪，逆流而上。船艙裡住了四個人，除了我們倆，還有一對身材高大的青年男女。這兩個人很快引起了我的好奇。

他們穿著跟我們差不多的衣服，皮膚顯得粗糙，年齡看上去比我們大好幾歲。普通話帶有一點北京腔，可又明顯不是北京人。他們大部分時間坐在上層床上，用我們完全聽不懂的語言低聲交談。

後來，我跟他們攀談起來。他們告訴我，他們是藏人，在中央民族學院讀書，跟我們一樣，暑假回家，乘長江輪到南京、重慶，順便一路遊玩。我的同學比較關心時事，一聽他們是藏人，立刻問他們：「你們對達賴喇嘛怎麼看？」

兩個藏人互相看了一眼，欲言又止，猶疑之後，女青年壓低嗓門說：「不管別人怎麼說，我們藏人還是信仰達賴喇嘛的。」

我瞪大眼睛看著她。她沉默片刻，又說：「前陣子，達賴喇嘛派了一個代表團到西藏去，成千上萬的藏人歡迎他們，包圍他們的專車，請求達賴喇嘛回西藏。」

這回輪到我們沉默了。我們沉默，是因為不知該說什麼。「達賴集團」派了一個代表團去西藏？成千上萬「翻身農奴」信仰「叛國集團頭子」，竟然還要求他回來？這大大超出我們對西藏的了解。我隱隱感到，在不經意中，我撞上了一扇緊閉的門。

我心裡掠過一絲恐懼。文革剛結束不久，對「反動言論」的恐懼還深植心中。我們沒有再問，他們也沒有再說。下船後才想起來，我們連他們的名字都沒問。也許，潛意識裡我們倆心裡都有點兒害怕，誰也沒敢問。

前方傳來長號聲和誦經聲。草坪邊的大螢幕上顯示出舞台中央的黃色靠背椅，台上擺著一盆盆鮮花。幾名裹著絳紅色袈裟的僧人坐在靠背椅前，正在吹號誦經。接著，著名影星理查·基爾走到舞台正中間，人群一陣歡呼。他拿起話筒說了幾句話，向聽眾介紹達賴喇嘛。然後，一位裹著袈裟的老人微微躬身，從舞台側面走過來。全場起立鼓掌。我前面的藏人動作正好相反，他們一家大小全都在草地上，五體投地磕長頭。我這才注意到，我身邊已經坐滿了人。第二天，報紙上說，參加這場公開演講的人數接近五萬，比一九九一年的那次增加近十倍。

整個演講期間，我目不轉睛地看著大螢幕。這就是我從小被告知的「分裂集團頭子」？這就是代表「封建勢力」和農奴制的「叛國分子」？舞台上是一位謙和的老人，滿臉近乎天真的笑容。他用口音濃重的英語演說，不時開幾句玩笑，然後哈哈大笑，笑聲很有感染力，台下的眾人也跟著他一同開懷大笑。他表情豐富，神情自然，一副話家常的口氣，與我想像中的「奴隸主」相差實在太大。

那天，達賴喇嘛講的話，我只記住了一句：「我的宗教是慈悲。」

2

一九三五年七月六日，西藏東北部，安多境內塔澤村（今青海省平安縣石灰窯鄉紅崖村）。淩晨時分，小村沉浸在安靜的睡眠中，只有農民祈確茨仁家的牛圈裡，閃著微弱的燈光。一豆火苗的光照下，祈確茨仁的妻子德吉茨仁生下他們的第五個孩子。幾頭老牛和牛犢低著頭，默默注視著初來世間的健康男嬰。

這個孩子就此開始他奇特的人生之旅。

當今之世，大概很少有人比他更奇特了。他是一個矛盾的集合體，一個古老封閉的民族面對現代世界時出現的種種矛盾，在他身上充分體現。

他是一個出生在牛圈裡的農家子，卻成為一個民族的政教領袖。他的許多族人冒著生命危險，翻過大雪山，千里迢迢而來，就為了向他獻上一條哈達，接受他的祝福。

他沒有上過一天學，沒有在學校裡學過任何課程，不過，迄今為止，他已經出版了七十多部著作。在這些著作裡，他不僅談宗教，也談科學；他討論人生觀，也討論現代社會與現代人的心靈建設。他的著作被翻譯成多種文字，在世界各國暢銷，有好幾本書還上過《紐約時報》暢銷書榜。

他從未受過現代教育，自然沒有任何一所大學的學位。可是，他擁有來自於十幾個國家的約五十個榮譽博士和榮譽教授頭銜，包括宗教學、歷史學、哲學、外交學、法學、文學、人文學、神學等，幾乎涵蓋了現代人文學的主要學科。

他在一片被自然和人為封閉的土地上長大，可是，迄今他已經出訪三百多次，訪問過六十多個國家，足跡遍及五大洲。他所到之處，廣受歡迎，在世界各國公開演講時，常常有成千上萬的普通民眾參加。

他是一位流亡僧侶，沒有土地、沒有國家、沒有軍隊、沒有市場、沒有強大的經濟實力，卻贏得世人的普遍尊敬。二十多個國家頒發給了他四十多個獎項，他還獲得了世所公認的人類最高獎——諾貝爾和平獎，以及代表美國國家最高榮譽的國會金獎。

他自稱「一個平凡的僧人」，然而，五十年來，他會見過二百多名各國政要。在半個世紀的流亡歲月中，中國的最高領導已經更換了四代，美國經歷了十任總統，歷史上征戰不休的歐洲已經結成聯盟，冷戰以蘇聯的分崩離析結束。他帶著不變的微笑，見證這一切。

然而，中國政府加於他另外一串稱號：「政治和尚」、「披著僧袍的豺狼」、「達賴叛國集團頭目」、「分裂分子」、「反動分子」、「西藏最大的奴隸主」等等。

不過，對於世人而言，那些頭銜和稱號都不那麼重要，並非人人都知道他所擁有的頭銜、獎章和稱號。吸引人們的，可能只是他擁有的一個最普通的特點：微笑。無論是對總統王公，還是對你我這樣的普通人，他都是一臉溫暖和善的微笑。當你看到他的笑容時，很難不受到感染。你會不由自主地放鬆心情，舒展雙眉，和他一同微笑。同時，你可能會感到有點失望：他不像你想像中的「菩薩」、「高僧」、「上師」，他周身並沒有籠罩一圈神祕光環，正如他自己說的那樣，他只是「一介凡夫」，一個「普通的僧人」。不過，在許多人的心目中，他是一個現代神話。

3

一九三三年十二月十七日，「偉大的十三世」、第十三世達賴喇嘛土登嘉錯在拉薩圓寂，享年五十七歲。事出突然。十三世達賴喇嘛從身感不適到猝然離世，只有短短幾天的時間。這時人們才明白，乃穹神諭在達賴喇嘛夏宮羅布林卡降神時，何以會有那樣一番奇怪的舉動。那年夏日裡的一天，乃穹神諭在羅布林卡公開降神。降神結束時，神諭轉過身，面對十三世達賴喇嘛，對他行禮告別，然後飄然而去。這本無特別之處，不過神諭所做的，竟是最後告別的動作。當時十三世達賴喇嘛身體健康，精神旺盛，毫無將要離世的徵兆。誰也沒有想到，僅僅幾個月後，達賴喇嘛留下一紙遺言，猝然離去。

七年後，一九四〇年二月十八日，在布達拉宮裡，安多塔澤村農民祈確茨仁之子丹增嘉錯正式成為第十四世達賴喇嘛。那一年，丹增嘉錯年方四歲半。

此時，第二次世界大戰激戰方酣。俄國早已變成了蘇聯，紅潮正向周邊地區擴散。蒙古共和國正在全面清剿境內傳統的佛教信仰，大規模摧毀寺廟，迫害僧侶和教徒的運動已近完成，在暴力的推動下，一種新的意識形態即將徹底征服蒙古社會。中原大地正值抗戰最艱苦的歲月，幾年前，中央紅軍完成了後來被稱為「二萬五千里長征」的大撤退，在陝北休生養息，靜待變局。不到十年後，他們將全面奪取政權。

十四世達賴喇嘛的坐床儀式上冠蓋雲集，有國民政府方面的特使，英國、尼泊爾、不丹、錫金等國使節，以及西藏僧俗兩界的高層人士，沒有人會想到，年幼的第十四世達賴喇嘛，將要面對的是一個什麼樣的世界，他將如何在那樣一個世界裡，承擔民族存亡的重任。

當時的西藏仿佛被封閉在「時間膠囊」中。雪山擋住了外部世界對西藏的窺探，同時也擋住了藏地人們朝外部世界的眺望。倚仗著西藏特有的地形，決定藏民族命運的上層人士採取自我孤立的策略，試圖以此保護西藏獨特的文化和生活方式。數百年來，這個策略一直是比較成功的。然而，二十世紀中葉的西藏，面對的是完全不同的世界。隨著現代交通工具的出現，地球上已經沒有不可逾越的天險。

然而，西藏上層人士顯然沒有領悟到，世界已經不同往昔，在現代技術高速發展的世界裡，空間距離和地理高度，已經無法維護西藏的安全。十三世達賴喇嘛或許意識到了這一現實，他極力推行一系列改革計畫，仿佛是在與時間賽跑。可是，在他駐世時，改革計畫屢遭挫折。在他圓寂後，轉世靈童尋獲、坐床到執政之前，有整整十年的時間，即一九四〇年到一九五〇年。這十年間，西藏的一切維持原狀，表面上平安無事。

在西藏現代史上，這十年可以說是至關重要的十年。在這十年中，年幼的達賴喇嘛按照傳統的方式，在幾位高僧的指導下學習。噶廈政府和上層貴族安於現狀，對即將面臨的天翻地覆之變一無所測。

也就在這十年中，毛澤東親自對進軍西藏做出了部署。一九四九年二月，毛澤東在西柏坡會見蘇共中央政治局委員米高揚。談話中，毛澤東對米高揚說：「西藏問題並不難解決，只是不能太快，不能過於魯莽。」

一九四九年十月十三日，毛澤東就西南和西北作戰部署致電彭德懷：「經營雲貴川康及西藏的總兵力為二野全軍及十八兵團，共約六十萬人。西南局的分工是鄧、劉、賀分任第一、第二、第三書記，賀為軍區司令員，鄧為政治委員，劉為西南軍政委員會主任。」

毛澤東使用「經營」二字，耐人尋味。顯然，毛澤東一開始就打算對西藏採取「長期占領，逐步改造」的策略。而在同一時刻，噶廈政府想的卻是設法向新政府討還「被漢人占去的西藏領土」，這真是可悲的誤判。

一九五〇年一月二日，正在蘇聯訪問的毛澤東從莫斯科致電中共中央和彭德懷，並轉鄧小平、劉伯承和賀龍，對占領西藏下達具體指示：「由青海及新疆向西藏進軍，既有很大困難，則向西藏進軍及經營西藏的任務應確定由西南局擔負。」毛澤東指示：「應當爭取於今年五月中旬開始向西藏進軍，於十月以前占領全藏」。毛澤東在這封電報中還提到了進軍西藏的理由：「西藏人口雖不多，但國際地位極重要，我們必須占領，並改造為人民民主的西藏。」

一九五〇年五月二十五日，毛澤東以中央軍委主席的名義下達〈關於進軍西藏的訓令〉，要求西南軍區和西北軍區的進藏部隊分幾路進駐西藏，並對兵力部署、補給、修路等提出具體安排。

一九五〇年十月六日，昌都戰役爆發。中國人民解放軍兵分四路，對西藏的門戶昌都南北夾擊。十月十九日，昌都城破，藏軍主力幾近全軍覆滅。

十一月初，噶廈政府向英國、印度、美國和尼泊爾等國求援，並致電聯合國，希望聯合國代表西藏調停，均未獲結果。大兵壓境時，噶嗄政府才不得不面對這個事實：由於西藏與外部世界長期隔絕，與任何一個國家都沒有建立有效的聯繫，此刻，西藏在軍事和外交上完全孤立無援。藏軍主力大部被殲，拉薩幾乎無兵可守，聖城岌岌可危。雪域民族猛然間面臨千年未有的大變化，前程未卜，無人知道藏民族將何去何從。上至達官顯貴，下至黎民百姓，人人惶惶不安。人民對噶廈政府相當失望，民間開始流傳要求達賴喇嘛出掌政權的呼聲。但是，他尚未達到傳統的執政年齡。

倉惶之中，噶廈政府把這個抉擇交給乃穹神諭，請護法神定奪。降神過程中，被護法神附體的乃穹神諭戴著沉重的高冠，手捧哈達，搖搖晃晃走到坐在法座上的達賴喇嘛面前，把哈達放在他的膝上，向眾人宣布：「他的時代來臨了！」

昌都戰役不到一個月後，一九五〇年十一月十七日，拉薩舉行盛大典禮，第十四世達賴喇嘛丹曾嘉錯臨危受命，提前執政，成為西藏政教領袖。這時，他還未滿十六週歲。

典禮前，達賴喇嘛見到他的大哥，來自青海塔爾寺的住持塔澤仁波切土登吉美諾布。塔澤仁波切此行拉薩並非專程前來參加弟弟的即位大典，而是負有一個「不可能的任務」。塔爾寺早已在中共控制之下，身為達賴喇嘛的大哥，土登吉美諾布已經被監控多時，兩名幹部幾乎形影不離地跟著他，監視他的一舉一動。各級官員不時前來，反復要求他前往拉薩，勸說達賴喇嘛派人與中央政府和談，他一再拒絕。

有一天，土登吉美諾布被召到西寧。他被告知，他必須前往拉薩勸說達賴喇嘛。事成之後，他過去與國民黨的往來將一筆勾銷，他還會被授以高位。同時，土登吉美諾布得到指示，如果達賴喇嘛「反對進步」，應該設法「除掉」他。他們暗示他說，為了事業而大義滅親並非罪孽，還告訴他一些因此而獲得獎勵的事例。如果他趁機逃離西藏，對方說，他將永遠別想再踏上西藏的土地。土登吉美諾布擔心自己成為人質，使得拉薩方面更加被動，只得答應。在兩名中共幹部和一名電報員的陪同下，土登吉美諾布帶了兩名僧侶，心情沉重地走向拉薩，隨即拜見他的弟弟。

三十多年後，達賴喇嘛回憶他與大哥的那次談話，還記得他「處於一種可怕的狀態，極度緊張焦慮。他在告訴我他所經歷的事情時，甚至結結巴巴，語不成句。」達賴喇嘛那時才隱約領悟，他所面臨的將是什麼樣的局面。

此後，土登吉美諾布出走海外，成為達賴喇嘛家族的第一個流亡者。留在西藏的達賴喇嘛，面對天翻地覆的大變化，必須做出一系列重大的抉擇。這些抉擇對西藏民族的命運和前途將產生至關重要的影響。

也許，一個有關十三世達賴喇嘛猝逝的傳說，到那時才顯示出深意。傳說，在聽取蒙古佛教毀滅的報告之後，「偉大的十三世」明白，西藏同樣在劫難逃。他深知西藏已經不能憑藉獨特的地理位置來維護文化傳承，西藏必須走向現代。然而，自己日漸衰老，已經無力領導藏民族度過將要面臨的大變局。他決定提前離世，讓自己的轉世在大變動來臨前長大成人，並且有機會接受傳統教育。他用這樣的方式，為十四世達賴喇嘛、也為藏民族，爭取到了寶貴的十年。

即位大典後，達賴喇嘛按照傳統，任命了僧俗兩位司倫，同時派出代表團，前往北京談判，自己則避難亞東。一九五一年一月，達賴喇嘛攜帶政府印信，與隨行人員到達亞東。該地靠近印度邊界，一旦情勢危急，他將立即出走印度。

4

一九五一年夏，亞東，藏名「卓木」。

即位只有幾個月的達賴喇嘛住在一座名叫東卡的小寺廟裡，一邊在經師的指導下研習，一邊等待中國政府派駐西藏的代表張經武將軍。

冬天已經過去，寺廟周圍的山坡上綠草萋萋，開滿各種野花，空氣裡彌漫著茉莉、金銀花和薰衣草的芳香。東卡寺遠離拉薩，也遠離風暴中心，生活安靜平和。牧人在草地上放羊，閒暇時，人們到山坡草地上野餐。他們在清澈的河裡汲水，在河邊生火做飯，對即將到來的大變局一無所知。

七月十六日，一位信使衝進東卡寺，向達賴喇嘛報告說，中國政府派來的駐藏代表即將前來拜訪。十天前剛剛度過十六歲生日的達賴喇嘛跑到陽台上，用十三世達賴喇嘛留下的望遠鏡眺望遠方。天氣溫熱，高原的太陽照射著雨後的草地，渦漩狀的水氣從地面蒸發。朦朧迷茫的水氣中，三名穿著單調灰制服的男人，在幾名穿著傳統高官紅袍的藏官陪同下，走進他的視野。

達賴喇嘛有點興奮，又有點緊張。當時，他面臨一個重大抉擇。

他已經從收音機裡聽到了有關《十七條協定》簽訂的消息，也知道一位代表已經在前來西藏的路上。不久前，他收到他的大哥塔澤仁波切從印度加爾各答寄來的信，請求他立即去印度，設法尋求西方國家、特別是美國的支持。塔澤仁波切告訴他，如果他選擇流亡的話，美國方面已經答應將提供幫助。與此同時，拉薩三大寺的堪布也來到亞東，促請達賴喇嘛回拉薩，並且帶來留在拉薩的兩位司倫的信，請求他儘快趕回拉薩。《十七條協定》簽訂的消息，使拉薩僧俗民眾焦慮不安，需要他回拉薩安定民心。

達賴喇嘛決定，在亞東等待中央政府派來的代表。

在那個濕熱的夏日裡，剛滿十六歲，從未離開過西藏的達賴喇嘛與四十五歲、身經百戰的張經武將軍初次會見。會見之前，雙方為如何安置座椅還有過一番爭執。有關這次會見，張經武將軍是否留下記錄不得而知。達賴喇嘛在他的回憶錄中說，張將軍「顯得十分友好，並不古板」，但是會見充滿「冷淡的禮貌」。張將軍伸手遞給西藏的少年執政者一份《十七條協議》影印本，以及協定的兩份附件。喜歡拆裝手錶的達賴喇嘛接過文件，順便注意到張將軍手腕上戴著的勞力士金錶。

除了協定及附件，張將軍還交給達賴喇嘛一封毛澤東寫給達賴喇嘛的親筆信。這封信寫於一九五一年三月二十四日，也就是簽訂《十七條協議》的第二天。這封寫給「達賴喇嘛先生」的信對他的決定是否產生影響，達賴喇嘛在自傳中沒有提及。這封信後來發表在《毛澤東文集》第六卷，信一開頭，毛澤東以長者對晚輩的口氣說：「西藏地方政府在你親政以後，開始改變以往的態度，響應中央人民政府和平解放西藏的號召，派遣以阿沛・阿旺晉美先生為首的全權代表到北京舉行談判。你的這項舉措是完全正確的。」毛澤東還托張經武帶來一批禮物，送給達賴喇嘛。

信中還說：「從此，西藏地方政府和西藏人民在偉大祖國大家庭中，在中央人民政府統一領導下，得以永遠擺脫帝國主義的羈絆和異民族的壓迫，站起來，為西藏人民自己的事業而努力。」毛澤東所說的「異民族」指的到底是什麼，信中並沒有解釋。但是，在他手書那封信的時候，是否意識到，相對藏民族而言，他自己也屬於「異民族」呢？

達賴喇嘛當時未必知道，爭取勸說他回到拉薩，是毛澤東「經營西藏」部署中的一個重要環節。談判前，中央已經就達賴喇嘛離開西藏去印度的可能性做出了設想，指示要「採用一切方法與達賴集團談判，使達賴留在西藏並與我和解。」因此，最好的狀況就是勸說達賴喇嘛返回拉薩，同時班禪喇嘛儘快趕回日喀則，這樣就會對平穩西藏局勢起很大作用。

一九五一年八月十五日，《人民日報》發布一條消息：「達賴喇嘛於七月十六日在亞東會晤中央人民政府赴藏代表張經武，七月二十一日已率西藏地方政府僧俗官員多人啟程返拉薩。張經武代表亦於七月二十三日啟程前赴拉薩。」

一九五一年九月九日，十八軍先遣部隊進入拉薩。十二月一日，范明將軍所率之十八軍獨立支隊進入拉薩，兩支部隊總共約六千人。

十二月十九日，班禪喇嘛在中國警衛營的護送下，不顧高原嚴寒的冬季氣候，兼程趕回西藏，於次年四月二十八日進入拉薩，六月二十三日回到紮什倫布寺。可以說，毛澤東「經營西藏」的步驟在那個階段上，爭取到了他所期望的最佳結果。

後來，達賴喇嘛回憶說，當時促使他做出返回拉薩的決定，有兩個主要因素：「第一，顯而易見，與美國或任何國家締約最可能的結果是戰爭。戰爭意味著流血。第二，儘管美國是個極強大的國家，卻在幾千哩外。反之，中國卻是我們的鄰邦，雖然實質上沒有美國強大，卻很容易擁有更多的優勢。因此，以武力來解決紛爭，也許必須耗費好多年。」而且，達賴喇嘛認為，即使美國願意幫忙，「我們藏人終究還是得再度獨立承擔一切。結果還是一樣，中國照舊我行我素，其間，將會損及無數生命，藏人、中國人和美國人，全作無謂犧牲。」

達賴喇嘛不幸言中。後來，對西藏民眾的抗爭武力鎮壓的結果，最終導致了藏人民族意識的覺醒。幾十年來，藏人一次又一次暴動，中國軍隊一次又一次鎮壓，陷入一個可悲的迴圈。雖然中國官方不願承認，但五十多年來，藏人不斷的反抗，證明中共對西藏的「經營」遠談不上成功。

達賴喇嘛決定回到拉薩，同中央政府派駐西藏的代表合作，還有一個考慮。他在東卡寺避難期間，每天都通過一台古老的收音機收聽北京電台的藏語廣播。他對大多數節目印象深刻。關於「工業進步，所有中國人民一律平等」的主張，在他聽來，「像是物質與精神進步的完美結合。」

達賴喇嘛至今抱持這樣的觀點：西藏宗教與現代化並不矛盾，西藏的物質進步並不需要以拋棄傳統為代價。至於中國和西藏的關係，中國可以幫助西藏發展經濟，而現在，在整個中國「一切向錢看」的情況下，「我們藏傳佛教能夠幫助無數失去了遠景、失去了精神的中國青年。」當我採訪達賴喇嘛時，他對我這樣說。也許，這個觀念就是在那時開始萌芽的。

那時候，身為僧侶，自幼接受佛學教育，每天堅持打坐修行的達賴喇嘛或許並不了解，以「階級鬥爭」和「暴力革命」為手段的意識形態，與佛教的慈悲與和平的主張是根本對立的。要到幾年後，十九歲的達賴喇嘛和十六歲的班禪喇嘛應邀在內地參觀訪問時，他才有機會了解毛澤東對宗教的真實看法。

「宗教是一種毒藥。」在最後一次會見時，毛澤東轉向達賴喇嘛，對他說，「首先，它減少人口，因為和尚尼姑必須獨身；其次，它忽略物質進步。」

5

十一月的一個下午，我乘車從馬克利奧德甘吉盤旋而下，來到康加拉山谷裡的羅布林卡。這是一座以達賴喇嘛在拉薩的夏宮命名的花園式建築群，全稱叫作「羅布林卡西藏傳統工藝研究所」，以保存傳統西藏民間手工藝為宗旨。花園裡植滿花樹，一道清水在石砌水渠中汩汩流淌，環繞整個庭園。樹叢裡藏著幾座石砌的藏式樓房，裡面是縫紉間、唐卡工作室和木雕工藝室，花園裡還有一座小型展覽館和一座兩層的經堂。

我跟在一位手搖轉經筒的老婦後面，踏上幾級石階，走進經堂。經堂裡供奉的釋迦牟尼像是康加拉山谷裡最大的佛像，兩邊牆上的窗子相當別

手持轉經筒的老婦

致，十二條方格玻璃組成一個倒三角，頗具現代風格，看上去有點兒像教堂裡的管風琴。窗邊的牆漆成土黃色，淡繪千佛，千佛圍繞著描金蓮花佛塔，成為佛塔的背景。

我輕輕走上二樓。二樓牆上畫著歷代達賴喇嘛畫像，一道木製迴廊繞著畫像一圈，供人瞻仰。

我在第十三世達賴喇嘛的畫像前停下。畫像上，十三世達賴喇嘛土登嘉錯與他的十二位前世的表情姿態大同小異。十三世達賴喇嘛生於一八七六年，逝於一九三三年，他在世期間，攝影技術已經很流行，因此他有不少照片傳世。很多照片上，十三世達賴喇嘛留著兩撇八字鬍，神情嚴肅。

十三世達賴喇嘛在世期間，曾經兩次流亡境外，這兩次流亡時，他都被清廷革除名號。第一次流亡是在英國入侵西藏期間。當時，以榮赫鵬率領的英國軍隊已經到達距拉薩僅三十五英里的地方。達賴喇嘛派總堪布持函去見榮赫鵬，要求榮赫鵬就地談判，不要進入拉薩。身為職業軍人兼探險家，榮赫鵬滿腦子沸騰著大英帝國的光榮和他自己的夢想，眼看他的人馬就要成為第一支進入聖城拉薩的歐洲軍隊，而自己是這支軍隊的首領，榮赫鵬豈肯放棄這名垂青史的機會？他毫不遲疑地拒絕了十三世達賴喇嘛的要求，命人用筏子把人員給養分批運過河，準備即刻進兵拉薩。

藏曆木龍年六月十五日，即西曆一九〇四年七月二十九日，十三世達賴喇嘛匆匆離開拉薩，前往蒙古避難。一九〇八年，他從蒙古去北京，分別與光緒皇帝和慈禧太后會見。在京期間，光緒和慈禧相繼去世。十三世達賴喇嘛遂於一九〇九年十二月返回拉薩。這次流亡期間，他與英，俄、德、美、法等國的外交官有過接觸。十三世達賴喇嘛開始對國際政治有了初步的了解。

一九一〇年二月十二日，藏曆新年期間，千餘川兵進入拉薩，導致十三世達賴喇嘛再次境外避難。這回，他帶著少數隨員南行印度。一九一〇年二月二十一日，十三世達賴喇嘛進入印度。在印度避難的三年裡，十三世達賴喇嘛開始認識到，西藏的教育、軍隊、政府必須改革，以適應新的時代。

十三世達賴喇嘛印度避難期間，辛亥革命爆發，清王室被推翻。他於一九一二年七月返回拉薩。返藏後不久，他向全藏官民發布了一份文告。這份文告被認為等同於十三世達賴喇嘛的「獨立宣言」。文告中申明西藏與中國元、明、清代的關係「乃植基於施主與僧侶關係的合作」，宣布對寺廟和政府的一些改革措施，並提到「西藏是一個天然資源豐富的國家，但科學的進步不像其他國家。我們是一個小的、宗教的、獨立的國家。」十三世達賴喇嘛雖然對外交的重要性有所了解，但他畢竟缺乏國際政治經驗。這份文告只是對西藏人民的內部宣告，並非交給國際社會，希望得到國際承認的文件。這也就是當時沒有一個國家承認西藏是獨立國家的原因——那時候，西藏人民並未產生現代意義上的「國家意識」，十三世達賴喇嘛本人也還意識不到，他應該設法取得國際社會的承認。

半個世紀後，一九六二年，第十四世達賴喇嘛在流亡印度之後出版他的第一本自傳《我的土地，我的人民》中，這樣回顧這段歷史：

> 當我們現在回顧這段歷史，很明顯，是我們自己的政策把我們推進了這種絕境。我們在一九一二年取得完全獨立時，滿足於回到孤立。我們從來沒有想到，我們的獨立，對我們自己是一個如此明確的事實，而對外界卻需要合法的證據。

他從中得到一個教訓：「世界已經小得不容任何人維持在毫無傷害的孤立之中了。」

然而，十三世達賴喇嘛的兩度流亡，給了他與外部世界接觸的機會。使他了解到，由於長期孤立，西藏已經與世界的發展完全脫節。回到西藏後，他開始著手進行一系列的改革。他引進郵政系統，改革政府的行政體系，訓練軍隊，興辦現代教育，派遣優秀青年去歐美留學，還帶進發電機和幾輛汽車。遺憾的是，改革來得太晚，而且，就連這些為時已晚的改革也遭到貴族和上層僧侶階層的抵制，難以實施。到一九三三年，西藏恐怕只有十三世達賴喇嘛明白，西藏自我封閉的太平日子已經來日無多了。

從這個意義上來說，藏民族的現代化之路，始於十三世達賴喇嘛。

6

我離開十三世達賴喇嘛的畫像，走到樓梯邊，低頭看著大殿。大殿裡多了幾個小青年，有的在磕頭，有的站在佛像前合十默禱。緊接著，幾個西方男女走進大殿，好奇地東張西望。

奇妙的是，十四世達賴喇嘛與他前世的經歷頗有些相同之處。在出走印度之前，達賴喇嘛也曾兩次離開西藏，不過他不是流亡，而是受邀出訪。

一九五四年七月，十九歲的達賴喇嘛和十六歲的班禪喇嘛應中央政府之邀去北京出席第一屆全國人民代表大會。這是達賴喇嘛第一次離開西藏。九月四日，達賴喇嘛和班禪喇嘛抵達北京，朱德和周恩來親自前來車站迎接。在京期間，毛澤東多次宴請西藏的兩位青年領袖，兩個年輕人也儘量維護與中央領導人的友好關係。他們得到中國政府最高領導的熱情接待和種種許諾，令達賴喇嘛感到，西藏的前途或許不會全無希望。人代會後，兩位西藏青年領導被安排到好幾個省分去參觀。三個月的時間裡，他們參觀了寺廟、工廠、工會、農業合作社、學校等。

中國之行對年輕的達賴喇嘛有深遠的影響。北京是他見到的第一座大城市，他第一次踏上水泥和瀝青路、第一次乘坐火車、第一次登上輪船、第一次見到工廠和集體經營的農業生產方式。達賴喇嘛在《我的土地，我的人民》中回憶了他在中國參觀的感受。中國在工業方面的進步，以及經濟的發展，給他留下深刻印象。他感到「全中國有一股生氣」，政府機構組織良好，效率很高，「沒有人能夠否認，中國在共產主義領導下取得的巨大工業進步」。他感到「那些沒有知識的工人們似乎很滿足，他們的基本生活條件在當時來說，也還算是不錯的。」

然而，他同時也注意到，他所到之處，人民被嚴密地組織起來，他們不僅衣著相同，談吐、行為、思維也相同。人們甚至好像失去了開懷大笑的習慣，他們似乎在被要求笑的時候才會笑，被要求唱歌的時候才會唱歌。通過敏銳的觀察，達賴喇嘛當時已經明白，「他們幾乎無法做出另外的舉動，因為他們只有單一消息來源——報紙和電台只報導政府觀點的消息。」中國是個幅員廣闊的國家，可是，達賴喇嘛驚異地發覺，「甚至在西寧，接近我出生的西藏邊境上，一位地方黨政官員對我發表了一通長篇大論，所說的話跟我在北京聽了無數次的話一模一樣。」他感覺到，中國雖然取得了很多進步，但「進步的代價是人民所有的個體性。他們成了整齊劃一的人類群體。」

在知識分子那裡，他覺察出一種「隱藏著的不滿」。十九歲的達賴喇嘛那時不會想到，三年後，中國內地將會發生一場浩大的政治運動。在那場史稱「反右」的運動中，知識界被鼓勵公開他們「隱藏的不滿」。當他們坦率地說出真實想法後，卻遭到大規模整肅，大批優秀知識分子被投入監獄，其中有許多被押送至達賴喇嘛的家鄉青海。無數國之良才死於非命，活下來的人們在今後的幾十年中噤若寒蟬。「百花齊放」如同曇花一現，頃刻盛開之後立即凋零衰敗。這個被稱為「陽謀」的權術後來也被用於班禪喇嘛，獲得了同樣的效果。

那次中國之行使達賴喇嘛想到，「即使是高效率和進步也必須與其代價相平衡，可是，在我看來，中國的代價是可怕的。」

這仿佛是一個預言。《我的土地，我的人民》出版於一九六二年。當時，不惜代價的「高效率和進步」，已經造成了災難性後果，整個中國被抛進中國歷史上少見的大饑荒中。在風調雨順的和平年代裡，成千上萬的人民死於一場人為造成的饑荒。此後，一場接一場的政治運動把整個中國變成一座龐大的機器。整齊劃一的談吐、行為和思想使國家變成一潭死水，不再有活力，最終把中國推到了崩潰邊緣。

中國之行期間，達賴喇嘛會見了好幾個國家的外交使節，並且與印度總理尼赫魯短暫會面。這是達賴喇嘛第一次外交經驗。在中國經歷的一切大大擴展了他的眼界，使他堅定了西藏必須改革、必須發展，藏民族必須走向現代化的信念。同時，他在中國的觀察使他無法全盤接受共產主義發展觀。他開始思考藏民族自身的現代化之路。

從某種意義上來說，十四世達賴喇嘛繼續了他的前世未能完成的事業。只不過，他的改革事業不是在西藏本土，而是在境外的西藏流亡社會裡進行的。

我不禁想到，未竟的事業、完成的願望、未實現的目標，也會隨著轉世而流轉嗎？

7

一九五六年十一月十二日，達賴喇嘛和班禪喇嘛應印度佛教組織「瑪哈菩提學會」之邀前往印度，參加釋迦牟尼誕辰兩千五百年的紀念活動。

這次印度之行一波三折。得到邀請之後，達賴喇嘛無法自行決定是否能夠成行。一開始，中國方面不同意他親自去印度參加這個活動，要求他指派代表前往。後來印度政府致電中國政府，民間邀請轉變成了官方邀請後，他們才得以成行。

到達新德里後，達賴喇嘛參觀的第一個地點，是聖雄甘地火化處。為了紀念甘地，印度政府在嘉木那河邊，甘地遺體火化的地點修建了一座紀念園。公園裡花樹參差，綠草茵茵。達賴喇嘛站在生氣勃勃的綠草地上，面對黑色大理石甘地紀念碑，低頭合十祈禱。

那時，達賴喇嘛剛滿二十一歲。在民族大變局的風口浪尖上，他被命運推上了歷史舞台。執政六年來，這位毫無政治經驗的青年，已經經歷了數次危機。幾年來，他一邊在經師們的指導下繼續學業，準備通過格西考試，一邊努力在噶廈政府與西藏工作委員會之間維持平衡，試圖通過妥協與合作來為西藏爭取實質意義上的自治。但是，雙方對許多關鍵性的問題看法相差太大，這一目標難以實現。

一九五六年三月，四川、雲南藏區的土改激發民變，反抗浪潮開始朝拉薩蔓延。同時，中央政府向西藏調進大批幹部，準備將強制性的社會改造推行到衛藏地區。四月二十二日，西藏自治區籌備委員會成立大會在拉薩舉行。達賴喇嘛在會上致詞說：

> 西藏除了社會主義道路以外，別無其他的選擇，但是社會主義和西藏現有的具體情況相距甚遠，我們必須逐步進行改革。但什麼時候改革，如何改革，這還得看工作發展和各方面的具體情況，同時是要西藏的領導人員和廣大人民自己商量去進行，而不是由別人強迫包辦，這點毛主席在對歷次致敬團和參觀團的講話中均有明確的指示。

一九五六年春季的事件，《中國共產黨重大歷史事件紀實》中，有一段簡略而隱晦的介紹。《紀實》說，當時，全國除了西藏，都已經完成了民主改革，西藏工委「想把工作搞得快一點，積極進行民主改革的準備，以期儘快改變西藏的落後狀況。全區出現了增加機構、擴大編制、增加人員的大發展局面。」中共中央把這種局面視為「急躁冒進的苗頭」予以糾正。但是，損害已經造成。「一小撮分裂分子有意歪曲金沙江以東四川藏區民主改革的真相，借江東改革中出現的問題製造輿論，反對民主改革。」

「四川藏區民主改革的真相」究竟是什麼？「江東改革」的過程中到底出現了什麼「問題」？有關人士是否對那些「問題」產生的原因有所理解？是否糾正了那些「問題」？《紀實》未作說明。不過，幾年後，班禪喇嘛在《七萬言書》中對那些「問題」有具體描述。班禪喇嘛一九五六年就主動提出要在自己的轄區內進行民主改革試點，把他的上書作為反對改革的罪證，無論如何是說不通的。而在當時，無論「真相」如何，「問題」何在，其所造成的損害已經難以逆轉。西藏山雨欲來，達賴喇嘛受到幾方面的壓力，對「西藏人民自己的事業」前景愈來愈悲觀，他無所適從，深感沮喪。

回頭看來，《十七條協議》是一份很奇怪的文件。這份文件只有基本原則，而無實施細則。一些至關重要的概念，比方說「西藏」的範圍到底是什麼？「民主改革」的內容是什麼？《十七條協議》裡都沒有具體的規定。對這些重要概念，中央政府和西藏噶廈政府的理解相差甚遠，這樣一來，在具體實施上就不可避免地出現許多問題。這些問題不僅在當時引發巨大的社會動盪，其影響還綿延後世。許多現在糾纏不清的問題，多多少少都會牽扯到這份沒有實施細則的協議。這也使得漢藏兩方對一些歷史事件的看法南轅北轍。

最典型的問題就是對「西藏」的定義問題。對中方看來，「西藏」指的是西藏三區的「衛藏」地區，也就是一九六五年九月一日成立的「西藏自治區」；而對藏人來說，「西藏」是一個整體，包括康、安多和衛藏。這三區的人雖然方言、社會形態有所差異，但是他們有共同的文化傳承和宗教信仰，以及建立在這個基礎上的民族認同感。因此，當康和安多地區率先進行「民主改革」時，中共認為這些地區不屬於《十七條協定》涵蓋的地區，因此在那些地區進行土改不算違反協定，但藏方認為那些地區屬於西藏，因此在那些地區土改是違反協定的。由於協議上未對「西藏」的疆界作出具體規定，雙方只得求助於歷史，而歷史上這些區域的歸屬並非一成不變，造成對「什麼是西藏」這一基本問題的爭論至今不斷。

「西藏」定義的問題還影響到後世對一些歷史事件的提法。比方說，按照如今中國政府網站上的說法，昌都地區清代歸駐藏大臣和達賴喇嘛管理。清末趙爾豐曾在昌都地區實行改土歸流；民國時期則名義上屬於西康。然而，一九一八年，西藏政府在該地設立「朵麥基巧」，將昌都地區劃為二十五個宗。一九五〇年，中國軍隊進軍西藏前，數萬大軍先在昌都與藏軍大戰，史稱「昌都戰役」。也就是說，在一九五〇年，昌都地區仍屬噶廈政府管轄，自然是「西藏」的一部分。在西藏境內打過一場大戰，與「和平解放西藏」不是自相矛盾了嗎？

那個天高氣爽的秋日裡，達賴喇嘛終於有一點時間，遠離不再安寧的家園，在印度獲得短暫的平靜。面對甘地紀念碑，他覺得自己與聖雄甘地非常接近。年輕的達賴喇嘛深深感動。他感到自己來到一個高貴的靈魂面前，在冥冥中聆聽他的教誨。

自小接受高深佛教教育的達賴喇嘛，不到二十歲時，已經形成了藏民族必須走非暴力抗爭的思想。他深知，與擁有廣大國土和強大軍隊的中國政府發生武裝衝突，對於弱小的藏民族來說，將會帶來慘重後果。藏民族唯一的希望，不是暴力抗爭，而是「和平規勸中國人履行他們在協定上作出的諾言。也許需要經過多年的耐心，最終，非暴力才是唯一能夠幫助我們贏回一些自由的手段。那就意味著，在有可能的時候合作，不可能合作的時候消極抵抗。」

他還認為「暴力反抗不僅不切實際，而且也不道德。非暴力才是唯一的方向。這不僅僅是我個人的深刻信仰，也明顯符合佛陀的教導。作為西藏的宗教領袖，我被約束著去維持這一點。我們也許會遭受侮辱，在一段事件內，我們也許會失去我們最珍貴的遺產，倘若如此，侮辱必定是我們的命運。我確信這點。」

在甘地紀念碑前，達賴喇嘛想，假如他向甘地本人請教如何面對西藏的命運，聖雄會給自己什麼樣的忠告呢？他確信，聖雄甘地會忠告他堅持走和平之路。他也確信，聖雄會竭盡全力為西藏呼籲。

在聖雄甘地紀念碑前，達賴喇嘛堅定了對非暴力的教義的信仰。無論將面臨什麼樣的困難，他決心永遠不與暴力行動相聯繫。正是這個堅定不移的信念，使得西藏的宗教領袖在日後流亡的日子裡，贏得舉世尊重，並且在三十三年之後，為他贏來當代社會的最高榮譽：諾貝爾和平獎。

很多年後，回頭比較，才能理解非暴力抗爭中所蘊藏的大智大勇。慈悲、和平、非暴力不是軟弱，而是智慧的力量。暴力不需要智慧，只需要武力和野蠻心性。在人類社會裡，爭端與衝突在所難免，以暴力來解決爭端，雖然短時間看來是武力強大者得勝，然而，暴力是一把雙刃劍，傷害他人肉體的同時，也傷害自己的心性。暴力播下了仇恨的種子，以暴易暴的結果，只能是暴力的循環。從這個意義上來說，勝利者和失敗者一樣，同是暴力的受害者。

很多年前，我在學校裡一直被教導「暴力革命」的正確性。「革命不是請客吃飯，不是做文章，不是繪畫繡花，不能那樣雅致，那樣從容不迫，文質彬彬，那樣溫良恭儉讓。革命是暴動，是一個階級推翻一個階級的暴烈行動。」這段毛澤東語錄，中國的幾代人都能背誦。然而，「暴烈行動」的結果，是使我們變成一個暴烈的民族。當「一個階級」用血腥手段「推翻一個階級」之後，同時播下了暴力和仇恨的種子。勝利者為了防止被推翻，只能用暴力鞏固政權，用暴力管理國家，用暴力壓制不同意見。更可悲的是，暴烈的心性一旦形成，就很難淨化。當共同的施暴對象消失之後，暴力往往會尋找新的目標，於是轉向自己的同路人。同路人之間的自相殘殺，往往更加殘酷。直到現在，我們似乎仍然不知道，爭端是可以用理性、文明、和平的方式，通過協商、妥協和談判來解決的。我們只知道暴力，用語言暴力和行為暴力來解決爭端成了幾代中國人的生存常態。

一九五六年的印度之行給了達賴喇嘛另一個出走的機會。這時，他對西藏的前景不再抱希望。在與尼赫魯談話的時候，達賴喇嘛告訴尼赫魯，他的一切和平努力都已經失敗。暴力土改在西藏東部激起民眾強烈的反抗，他覺得自己已經無法控制藏人暴力反抗的願望。也許，他留在國外，向世界人民解釋在西藏發生的一切，爭取得到國際社會的同情，通過對中國政府施加壓力來為西藏人民爭取一定程度的自由，是更為可行的方式。

尼赫魯勸說達賴喇嘛留在國內，繼續為《十七條協議》的實施努力，並且答應替他安排會見前來印度訪問的周恩來。次日，達賴喇嘛與周恩來長談，坦率地說出他的憂慮。幾天後，周恩來邀請達賴喇嘛和他的兩位兄長去中國大使館晚宴。周恩來聽取了他們的申述，承諾把他們的話轉告毛澤東，並說「當西藏人可以自理事務時，中國軍隊即可逐漸撤出。」晚宴時，周恩來對達賴喇嘛說，他聽說達賴喇嘛有意留在印度，他希望他放棄這個念頭，儘快返回西藏。

周恩來的承諾和尼赫魯的建議，使達賴喇嘛決定返回西藏，為西藏的自治權做最後的努力。那時候，西藏的局勢已是一觸即發。

不到三年之後，一九五九年三月底，達賴喇嘛回到了印度——他成為一名失去家園的難民。

8

日落時分，空氣清涼。馬克利奧德甘吉沐浴在金色餘暉下，尊勝佛母塔和經堂的金頂閃閃發光。街道上一條條彩色橫幅尚未取下，白色顏料畫在路上的吉祥八寶圖案依然清晰。

幾天前，達賴喇嘛從美國載譽而歸。他在美國接受了國會頒發的國會金獎。國會金獎始於一七七六年，是美國國會授予平民的最高榮譽。國會金獎的第一位得主是美國第一任總統喬治．華盛頓，其他得主包括特蕾莎修女、南非的曼德拉和英國前首相邱吉爾。我離開美國的時候，達賴喇嘛剛剛出席頒獎儀式，他滿臉笑容，舉著金質獎章的照片出現在各報的頭版。在美國，這只是一條新聞，很快就被讓位於別的新聞；但在達蘭薩拉，人們的興奮要比在美國真實、直接得多。

馬克利奧德甘吉幾乎傾城而出，迎接達賴喇嘛。小鎮的居民們在街頭拉上彩色橫幅，上面用英文、藏文和印地文寫著「歡迎達賴喇嘛」，「感謝美國政府和人民」等標語。不少商店提前關門，年輕人用白色顏料在達賴喇嘛將要經過的路上畫上吉祥八寶圖案，很多人一早就在臨街的樓頂上占好了位置。

我站在街邊，看著人群從各處走來，漸漸聚攏在街道兩邊。廣場上，幾名穿著紅色禮服的印度士兵吹著喇叭，打著鼓，使小鎮充滿節日氣氛。一個十幾歲的印度男孩橫背著一隻長鼓，很認真地敲出響亮的節奏，幾個印度人跟著鼓聲跳舞，其餘的人站在一邊拍手。幾個西方人扛著攝影機到處轉悠，不時停下來，對著人群拍攝。一位老喇嘛帶領一群小喇嘛從山下走來，在老喇嘛的指揮下，小喇嘛們停在街邊，各自找到地方站下。不時有放學的印度學生從夾道的人群中間走過，在眾人的注視下，女孩子們羞澀地低頭快步而行，男孩子們開心地做鬼臉。

自從一九六〇年，達賴喇嘛遷來這裡後，四十七年過去了。昔日荒涼的山區如今成了一個熱鬧的小鎮，昔日年輕的西藏領袖現在成了世界名人。從安多小村的農家子到世界級精神領袖，十四世達賴喇嘛不僅把西藏帶入世界，也把古老的藏傳佛教傳到全世界。

四十七年前，達賴喇嘛帶領逃亡路上成立的西藏流亡政府，以及他的家人，來到這片遠離塵囂的荒涼之地。那時，他的當務之急是儘快安置追隨他流亡的幾萬西藏難民，設立學校、成立佛學院、建立寺廟和其他文化機構，以保留西藏文化傳統。同時他一邊繼續研習佛學，一邊與印度和西方學者們展開交流。那時候，達蘭薩拉還是個默默無聞的地方，來這裡的西方人很少。達賴喇嘛出國訪問受到種種阻撓，反而因此得到更多時間修習和思考。到了六〇年代末期，他才開始國際旅行，有機會與愈來愈多的來自各行各業的人們交流。

智者不僅能審時度世，更重要的是，也能審視內心，了解自己的不足之處。達賴喇嘛深知，自己從未接受過現代教育，但是現在他必須在現代社會裡生活，並且必須以西藏精神領袖的身分，爭取世人對西藏人民生存狀態的關注。藏人走向現代，必須從他自己開始。也就是說，他自己應該成為「現代藏人」的典範。

達賴喇嘛開始發展自己對西方哲學和現代科學的興趣。雖然沒有機會在課堂裡學習，但是，達賴喇嘛有幸直接向許多優秀的西方科學家當面請教。只要有機會，他就會去參觀實驗室，與科學家們對話。通過學習現代科學，達賴喇嘛加深了對佛學的理論與實踐的理解，並且對人的心性、存在的真相等等佛學理論有更深刻的體會，對於現代社會裡，科學與宗教之間的關係也有了更深的思考。

達賴喇嘛對現代科學的興趣逐漸集中在量子物理學、腦神經學、天文學、生物學和心理學等學科上，他開始進行科學與宗教的比較研究。在流亡社會的佛學院裡，他對佛學教育進行了一些改革，採用現代教育的管理方式，引進現代科學和西方哲學課程，年輕的喇嘛們在學習佛學理論的同時，也學習基本現代科學和西方哲學，使得學僧們有機會通過比較來加深對佛學的理解。除此之外，學僧們還學習電腦和外文，年輕一代的僧侶們不再與社會脫節。

一九八三年，在巴黎任教的智利神經科學家、哲學家法蘭西斯科．瓦瑞拉（一九四六—二〇〇一），和美國商人亞當．恩格爾同時提出，希望達賴喇嘛能夠出面主導科學與佛教對話。瓦瑞拉和恩格爾都是佛教徒，兩人從一九七四年就開始修習佛教。他們認為，西方科學與東方宗教的對話，於雙方都極有意義。

幾年後，一九八七年十月二十三日至二十九日，第一屆「心智與生命研討會」在達蘭薩拉召開。參加者包括哥倫比亞大學電腦教授紐康・格林立夫、科羅拉多那洛巴學院院長傑瑞米・海沃德、加州大學聖地牙哥分院神經學教授羅伯特・利文斯通、加大柏克利分校認知心理學教授埃利諾・洛什，以及達賴喇嘛和法蘭西斯科・瓦瑞拉。這次科學與佛學對話的內容，由海沃德和瓦瑞拉編輯出版，即《溫和之橋：與達賴喇嘛的精神科學對話》。從那一年開始，「心智與生命研討會」每兩年舉行一次，到二〇〇〇年之後，每年舉辦一次，每次討論不同的主題，地點不再限於達蘭薩拉。

二〇〇五年，達賴喇嘛寫下他多年來對科學與靈性的思考，編撰成《單一原子中的宇宙——科學與靈性的趨合》一書出版。書中他提到他學習現代科學的經歷、與各國科學家的交往，以及對科學和宗教基本問題的比較，揭示二者之間的相同與不同之處。這本書一出版就成為暢銷書。

正是通過不斷的學習，達賴喇嘛對西方社會有很深的理解。他的演講和著作受到西方人的歡迎，絕非偶然。這不是因為他身為西藏宗教領袖的「異國風味」，也不是簡單地出於對弱者的同情。而是因為他能夠用最簡單、最直接、最容易使人接受的方式，向不同種族、不同信仰、不同文化背景的人們講述佛教理論中的智慧。雖然飽經憂患，他沒有仇恨，只有悲憫，因為他深深理解，暴力對施暴者同樣是傷害。他用慈悲的笑容向人們展示，即使在苦難之中，生命依然可以從容優雅。在這個意義上來說，這位來自青海窮鄉僻壤的農家子，已經破除了人我的分別，與世界相融合。這正是一個佛教徒的至高境界。

「來了！來了！」有人叫道。人群一陣騷動，我趕緊扭頭往山下張望。山路兩邊的樹林裡桑煙四起，無數個香爐燃起芬芳的松柏枝葉，桑煙裡，一行車隊緩緩而來。保安人員趕快過來，指揮眾人後退。

車隊駛向小鎮時，站在我對面的一排婦女彎下腰，高高舉起雙手捧著的哈達；僧侶們合十彎腰，把燃著的香捧在面前。幾位西方信徒雙手合十，舉在胸前。鼓樂息音，人群寂靜。此時無聲勝有聲。

在莊嚴的氣氛中，車隊從我面前駛過。在一輛白色的吉普車前座的窗邊，我看到了熟悉的微笑。一九七九年十月底，達賴喇嘛就是從這裡出發，前往美國，十月三十日，他抵達西雅圖。那是他第一次訪美。那一年，他四十四歲，已經流亡印度二十年。

從那一天開始，達賴喇嘛從達蘭薩拉走向世界。幾十年來，他足跡踏遍五大洲。這個出生在牛圈的農家子，自稱「普通僧人」的西藏流亡者，以慈悲和智慧與整個世界結緣。

9

車隊過去之後，人群湧上公路，跟隨車隊走進小鎮。我站在路邊，注視人群湧過。人群裡有金髮藍眼的西方人，有黑髮棕膚的印度人，有彪悍的康巴漢子，有柔弱的日本姑娘，還有幾個身材苗條的非洲女子。

我不禁回憶起一九九九年八月的那個週日，紐約中央公園東草坪。

那天，演講結束時，達賴喇嘛請全場聽眾與他共同祈禱。幾萬個不同種族、不同宗教、不同文化的人，在紐約夏日的驕陽下，同聲念出他親自撰寫的祈禱詞：

願貧窮者獲得財富，
願憂傷者獲得歡樂，
願絕望者獲得希望，
獲得持久的快樂與富足。

願恐懼者獲得勇氣，
願被縛者獲得自由，
願弱者獲得力量，
願人們的心在友誼中相連。

就從那天起，我踏上了走向達蘭薩拉之路。

二〇〇八年七月二十八日，初稿完成於美國紐約
二〇一三年一月十六日，修改於南印度哲蚌寺

歷史大講堂
重生的觀音：第三個西藏的故事

2017年2月初版
定價：新臺幣350元

著　　者　李　江　琳
總 編 輯　胡　金　倫
總 經 理　羅　國　俊
發 行 人　林　載　爵

出　版　者　聯經出版事業股份有限公司
地　　　址　台北市基隆路一段180號4樓
編輯部地址　台北市基隆路一段180號4樓
叢書主編電話　(02)87876242轉225
台北聯經書房　台北市新生南路三段94號
電　　　話　(02)23620308
台中分公司　台中市北區崇德路一段198號
暨門市電話　(04)22312023
台中電子信箱　e-mail：linking2@ms42.hinet.net
郵政劃撥帳戶第0100559-3號
郵撥電話　(02)23620308
印　刷　者　文聯彩色製版印刷有限公司
總　經　銷　聯合發行股份有限公司
發　行　所　新北市新店區寶橋路235巷6弄6號2樓
電　　　話　(02)29178022

叢書主編　陳　逸　達
封面完稿　兒　　　日
內文排版　極　　　翔

行政院新聞局出版事業登記證局版臺業字第0130號

本書如有缺頁，破損，倒裝請寄回台北聯經書房更換。　ISBN 978-957-08-4879-3 (平裝)
聯經網址：www.linkingbooks.com.tw
電子信箱：linking@udngroup.com

國家圖書館出版品預行編目資料

重生的觀音：第三個西藏的故事/李江琳著．
初版．臺北市．聯經．2017年2月（民106年）．288面．
17×23公分（歷史大講堂）
ISBN 978-957-08-4879-3（平裝）

1.西藏問題 2.歷史 3.報導文學

676.62 106001074